GROSSE
WEINKUNDE

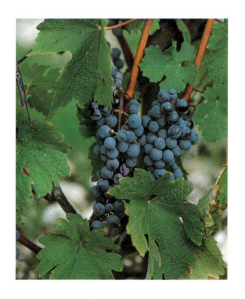

STEVEN SPURRIER
MICHEL DOVAZ

GROSSE WEINKUNDE

Einführung von Michael Broadbent

Albert Müller Verlag
Rüschlikon-Zürich · Stuttgart · Wien

Aus dem Englischen übersetzt von Clemens Wilhelm

Titel des englischen Originals: »Wine Course«
erschienen bei Quinted Publishing Limited, London

Copyright © by Mitchell Beazley International Ltd.

Deutsche Ausgabe:
© Albert Müller Verlag, AG, Rüschlikon-Zürich, 1990.

ISBN 3-275-00994-X.

1/5-90 – Printed in Italy

Inhaltsverzeichnis

Die Académie du Vin

Zielsetzung der Académie du Vin ist die Vermittlung von Wissen über den Wein. Dies geschieht in einem Weinkursus, in dem theoretische Kenntnisse mit praktischen Degustations-Übungen verbunden werden.

Während ein Mindestmass an Faktenwissen notwendig ist, um unterschiedliche Weine würdigen zu können (und je mehr der Verkoster weiss, desto mehr wird er in einem bestimmten Wein entdecken können), ist doch nichts wichtiger als die direkte Erfahrung, wonach bestimmte Weine schmecken und warum sie danach schmecken. Weine sind so verschieden wie die Menschen. Weine sollten gemäss ihrer Herkunft oder *appellation* einer bestimmten Stilrichtung entsprechen und sich in bestimmter Weise verhalten. Bei gleicher Rebsorte und gleichem Boden und insgesamt gleichen Bedingungen müssten die Weine von Jahr zu Jahr identisch sein. Nun gibt es aber variable Faktoren, vom Klima bis hin zum Winzer, der aus den Trauben Wein macht. Es gibt eine Unzahl von Unterschieden, die jedoch alle ihre Ursachen haben, und hierin liegt die Antwort auf die Frage, warum ein Wein so und nicht anders schmeckt. Wir an der Académie du Vin legen zunächst die Fakten vor und lassen die Weine dann in vergleichenden Verkostungen, die unter ein gemeinsames Thema gestellt werden, für sich selbst sprechen.

Seit der Gründung der Académie du Vin im Jahre 1972 in Paris haben wir uns fast nur mit französischen Weinen befasst. Die Kurse der Académie du Vin, die in der ganzen Welt, derzeit in Zürich, Montreal, Toronto und Tokio laufen, und Christie's *Wine Course* (in Zusammenarbeit mit der Académie du Vin) in London behandeln Weine anderer Länder, doch sind ihre Grundlagen unsere Erfahrungen aus den Kursen über französischen Wein. Dieses Buch räumt zwar den französischen Weinen den Vorrang ein, aber es werden auch die übrigen Weinbaugebiete sowohl theoretisch als auch bei den Verkostungskursen behandelt. Die hier abgedruckten Kurse sollen allerdings keinen allgemeinen Überblick über die Weine der Welt geben; der Weinkursus der Académie du Vin dient bewusst dem Ziel, dem Leser zu einem umfassenderen und subtileren Verständnis aller Weine zu verhelfen.

Die Kurse der Académie du Vin kommen ganz aus der Lehrpraxis, und deshalb gilt unser Dank allen derzeitigen und ehemaligen Studenten. Unmöglich ist es uns, die vielen Weinerzeuger, *négociants, sommeliers* und auch Regierungsbeamten aufzuzählen, die uns unterstützt und ermutigt haben; wir sind ihnen zu ständigem Dank verpflichtet. Vom »Stab« der Académie in Paris haben Michel Dovaz als Mitautor und Muriel de Potex als Mitarbeiter an diesem Buch mitgewirkt, und insbesondere möchte ich Jon Winroth danken, der mit mir die Académie du Vin gründete, und meiner (seit 1973) Co-Direktorin Patricia Gastaud-Gallagher.

Steven Spurrier

Einführung

Wenn Sie in Sachen Wein Anfänger sind, wird dieses Buch Sie auf den richtigen Weg bringen; wenn Sie schon ein erfahrener Weinkenner sind, wird es Ihnen das Tor zu tieferem Verständnis öffnen. Dies ist ein praktisches und kompetentes Buch.

Die Hintergründe zu diesem Buch sind ja sehr ungewöhnlich. Man muss sich einmal vorstellen, was es bedeutet, wenn man – noch dazu als Ausländer – im Herzen von Paris ein Institut gründet, um den Franzosen zu sagen, wie sie ihren eigenen Wein geniessen sollen. Wenn ausserdem dieser Ausländer, ein sehr englischer Engländer, erste kalifornische Gewächse in Blindverkostungen gegen französische Weine antreten lässt, dann setzt dies in der Tat dem (Wein)Fass die Krone auf. Es sagt viel über die Toleranz und Noblesse der Alten Welt aus, wenn ein Steven Spurrier den Mut hat, in die Rolle des Advocatus Diaboli zu schlüpfen; es spricht für Steven, dass seinem Vorgehen schliesslich ein stiller Triumph beschert war.

Die Beeinflussungen gehen jedoch in beide Richtungen. Wer immer dieses Buch liest, wird keinen Zweifel daran haben können, dass der Autor, wie ich, Frankreich als die Wiege der Weinkultur betrachtet. Die nunmehr beträchtliche Zahl von Jahren, die er in Frankreich lebte und arbeitete, haben ihn geprägt, und dies ist spürbar. Die Franzosen wiederum sollten einem Mann dankbar sein, der soviel dazu beitrug, dass die ausserordentliche Palette von Weinen, die in diesem grossen, so abwechslungsreichen Land erzeugt werden, in noch weiteren Kreisen Wertschätzung finden. Dabei ist dieses Buch keineswegs ausschliesslich dem französischen Wein gewidmet. Ich persönlich meine, dass die ungewöhnliche Verbindung von britischer Unparteilichkeit und französischer Vorgehensweise den Autor und damit uns die Weine anderer Weltgegenden in einer angemessenen Perspektive sehen lässt. Dies ist das grösste Verdienst dieses Buches.

Der praktische Aspekt ist einfacher darzustellen. Das Buch beruht auf Erfahrungen aus Weinkursen, die Steven Spurrier aufgebaut und in Paris an seiner Académie du Vin verfeinert und vervollkommnet hat. Die Ausdehnung der Aktivitäten auf andere Länder ergab sich als natürliche Notwendigkeit, und die Verbindung der Académie du Vin mit Christie's *Wine Course* darf in ihren Wirkungen gewiss mit der erfolgreichen Aufpfropfung einer noblen Rebsorte auf eine dazu passende Wurzelunterlage verglichen werden. Kurz, dieses Buch ruht auf der besten Grundlage praktischer (und erfolgreicher) Lehrerfahrungen über den Wein.

In der Tat lernt man am meisten durch Lehren. Als Lehrer haben Steven und ich über die Jahre ungemein von der Erfahrung profitiert, die wir sammeln konnten, indem wir den Wein erläuterten und ihn anderen Menschen nahebrachten, indem wir insbesondere das Warum und Wozu des Geschmacks erkundeten. Wie alle, die als Wissensvermittler tätig sind, geben wir gerne zu, dass Lehren eine Zweibahnstrasse ist. Man lernt aus den Reaktionen der Zuhörer und den gestellten Fragen. Steven ist als Lehrer einige Schritte weiter gegangen, denn er hat als erster seine Lektionen zu Kursen formalisiert und jetzt das bisher mündlich Vermittelte schriftlich festgehalten.

Mit diesem Buch in Händen werden wir alle Nutzniesser eines stufenweise aufgebauten logischen Lehrplans, der die formalisierte, sehr lesbare Version eines stark praxisorientierten Unterrichts ist. Es ist die persönliche Leistung eines bemerkenswerten und dennoch bescheidenen Lehrers.

Ich las das Buch mit Vergnügen und lernte viel. Ich bin mir sicher, dass es allen Weinfreunden – Anfängern wie erfahrenen Kennern – ebenso ergehen wird.

Michael Broadbent

Die Académie du Vin

1
Grundkurs

2
Aufbaukurs

3
Kurs für
Fortgeschrittene

4
Spezialgebiete

1
Grundkurs

Bevor wir uns den Hauptthemen des Grundkurses zuwenden (Weinverkostung, Weinbau, Weinbereitung sowie Einkauf, Transport und Lagerung des Weines), sollten wir zunächst ein paar Worte zu den Weinnamen sagen.

Schon bevor es überhaupt eine Weingesetzgebung gab, war man sich darüber im klaren, dass die Herkunft eines Weines klar definiert werden musste. Dies diente vor allem dem Schutz des Erzeugers vor billigen Imitationen, die dem Ansehen seines Weines und seinem Geschäft geschadet hätten.

Es zeigte sich bald, dass die Authentizität verschiedener Weine am sinnvollsten gewährleistet ist, wenn das Herkunftsgebiet angegeben wird. Die französischen Weinerzeuger bildeten schon früh regionale Verbände, da sie es mit ähnlichen Kultivierungsproblemen auf ähnlichen Böden zu tun hatten und mit den gleichen Rebsorten arbeiteten. Deshalb mussten ihre Weine viele Gemeinsamkeiten haben.

Heute kann das Gebiet, nach dem ein Wein benannt wird, sehr gross oder auch sehr klein sein. Dabei versteht es sich von selbst, dass ein Wein aus einem kleinen, eng umrissenen Gebiet eher die Gewähr für eine beständige hohe Qualität bietet. Aus eben diesem Grund erhalten Weine aus einem grossen Gebiet keine individuelle Bezeichnung. Es sind einfache Marken- oder Tafelweine. Die Angabe eines Herkunftsgebiets wie »EG« oder »Vereinigte Staaten« wäre wenig hilfreich; auch eine Angabe wie etwa Frankreich oder Spanien besagt ziemlich wenig. Es sind in jedem Fall Weine vom unteren Ende der Skala.

Verkostung/Zweck

Bei der Weinverkostung gibt es zwei grundsätzlich verschiedene Arten, die sich als »technische« und »hedonistische« Verkostung bezeichnen lassen. Sie unterscheiden sich in der Methode und in ihrem Zweck.

Die technische Verkostung ist Sache der Fachwelt und dient vor allem der Beurteilung des Weines aus kommerzieller Sicht. Ihr Zweck ist erstens die Ermittlung eventueller Fehler und zweitens die Feststellung, ob ein Wein gebietstypisch ist und bestimmten Güteanforderungen genügt. Die technische Verkostung strebt höchstmögliche Objektivität an, und der Verkoster muss eine Reihe von Fragen beantworten, die auf einem Degustationsblatt gestellt werden. Die angenehmen Empfindungen, die ein bestimmter Wein auslösen kann, sind für ihn weniger wichtig. In der Regel werden die Weine bei einer Temperatur von 15°C verkostet; dies mag zwar im Einzelfall zu kalt oder zu warm sein, doch schafft man hierdurch eine Standardbedingung, und in der Tat ist dies für eine kritische Verkostung die günstigste Temperatur.

Die hedonistische Verkostung ist etwas völlig anderes, denn hier liegt der Schwerpunkt auf dem Genuss, den man beim Trinken des Weines empfindet. Der Verkoster muss den Wein unter optimalen Bedingungen probieren. Es ist ein bewusstes Trinken, das zu bewusstem Einkaufen führt.

Unsere Erfahrungen an der Académie du Vin haben uns allerdings gezeigt, dass sich die beiden Verkostungsweisen überschneiden. Man sollte nicht versuchen, die eine zu Lasten der anderen zu perfektionieren. Die erfreulichste Erfahrung für den Trinker resultiert aus der Verbindung von strenger Technik mit der Kunst des Genusses.

Das technische Rüstzeug für die Verkostung besteht im Grunde in der Beherrschung einer Reihe von Verrichtungen, die man bald ganz automatisch ausführt. Wenn dies erreicht ist, kann sich der Verkoster bald auch der Beurteilung des Buketts, der Kraft des Aromas, der Nachhaltigkeit des Geschmacks im Mund usw. zuwenden. Ein »kultivierteres« Weinverständnis entwickelt sich sehr viel später und erst nach einer langen Lehrzeit. Man muss hierfür z. B. die Herkunftsgebiete und ihre typischen Merkmale kennen und die Fähigkeit erwerben, Jahrgangseinflüsse zu erkennen. Auf einer noch subtileren Ebene ist man dann vielleicht sogar in der Lage, die individuellen Merkmale eines bestimmten Erzeugers zu erkennen und die grosse Bedeutung der Rebsorten, des Bodens, des Klimas und der Vinifikationsverfahren zu würdigen.

Gegenüber: Perfekte Bedingungen für eine professionelle Degustation an der Académie du Vin in Paris.

Unten: Hedonistische Verkostung: Mitglieder der Weingenossenschaft von Vaux-en-Beaujolais (das Vorbild für Gabriel Chevalier's Clochemerle) probieren den letzten Jahrgang, während sie auf den Lesebeginn warten.

Verkostung/Bedingungen

Alles was der Verkoster ausser seinen eigenen Fähigkeiten und seiner Erfahrung braucht, ist ein Weinglas – freilich, wie wir noch sehen werden, nicht irgendeines. Die übrigen Vorbedingungen haben mit dem Verkoster selbst und den Umständen der eigentlichen Verkostung zu tun. Zunächst muss der Verkoster in guter körperlicher Verfassung sein – ein Schnupfen oder eine Grippe machen die Verkostung illusorisch. Der Gaumen muss »frisch« sein und darf nicht kurz zuvor mit stark gewürzten Speisen, Schokolade, Pfefferminze, Spirituosen oder Zigarettenrauch »betäubt« werden. Die beste Verkostungszeit ist etwa zwischen zehn und elf Uhr vormittags.

Auch die äusseren Bedingungen spielen eine wesentliche Rolle. Im Idealfall hat der Raum ruhig, gut beleuchtet und belüftet und frei von Gerüchen zu sein; Tabakrauch, Parfums oder Küchengerüche sind unbedingt fernzuhalten. Die Wände sollten in einer hellen Farbe gestrichen sein. Erforderlich ist auch ein Tisch mit weissem Tischtuch. Die Temperatur sollte zwischen 20 und 22°C, die Luftfeuchtigkeit zwischen 60 und 70% liegen. Diese Bedingungen sind auch als Standard für alle Speiseräume anzusehen, in denen feine Weine getrunken werden.

Diese Vorbereitungen haben indes nur dann einen Sinn, wenn auch die Gläser zweckdienlich sind. Als geeignetste Glasform hat sich mittlerweile das von der International Standards Organization (ISO) genormte Glas durchgesetzt.

Diese Standardglas ist klar und relativ dünn. Es zeichnet sich dadurch aus, dass es für die Verkostung der unterschiedlichsten Getränke geeignet ist: für Champagner und andere Schaumweine, alle Rot- und Weissweine, für Portweine und andere verstärkten Weine sowie aus Wein, Obst und Korn hergestellte Spirituosen. Die Tulpenform dieses perfekten und universell einsetzbaren Glases konzentriert einerseits das Bukett im Glas und ermöglicht andererseits die Oxidation und Durchlüftung im Kontakt mit der Umgebungsluft. Fuss und Stiel sind so gestaltet, dass das Glas vom Verkoster ohne Erwärmung der Flüssigkeit gehalten werden kann; ausserdem lässt es sich bei den verschiedenen Aktionen, die der eigentlichen Verkostung vorangehen, besonders gut handhaben.

Das ISO-Degustationsglas
Gesamthöhe 155 ± 5 mm
Höhe des Glaskörpers 100 ± 2 mm
Höhe von Fuss und Stiel 55 ± 3 mm
Durchmesser des Trinkrands 46 ± 2 mm
Grösster Durchmesser
  des Glaskörpers 65 ± 2 mm
Dicke des Stiels 9 ± 1 mm
Fussdurchmesser 65 ± 5 mm
Gesamtinhalt 215 ± 10 ml
Degustationsmenge 50 ml

Verkostung/Das Auge 1

Das Glas wird zunächst auf eine weisse Oberfläche gestellt und zu einem Drittel gefüllt. Das Auge ist dann dasjenige Sinnesobjekt, das als erstes »Kontakt« mit dem Wein aufnimmt. Zwar gibt es heute kaum noch Weine, die allein schon mit dem Auge als fehlerhaft zu erkennen sind, aber die Prüfung der Oberfläche, der Farbe und schliesslich der »Tränen« ist nach wie vor aufschlussreich.

Die Oberfläche

Die Oberfläche des Weines wird von oben wie auch von der Seite geprüft. Sie sollte sauber spiegeln und frei von Staub oder anderen Partikeln sein. Eine matte Oberfläche ist ein sehr sicheres Kennzeichen dafür, dass der Wein krank ist, in der Regel durch die Tätigkeit von Mikroorganismen. Bei der seitlichen Prüfung der Oberfläche können Ausflockungen und Bodensatz zutage treten. Das Vorhandensein von Schwebstoffen im Wein ist auf keinen Fall akzeptabel, denn dies ist ein sicheres Zeichen dafür, dass der Wein schlecht vinifiziert wurde und nicht alterungsfähig ist. Im günstigsten Fall könnte man einen solchen Wein noch als »zweifelhaft« bezeichnen.

Harmlos ist die Ansammlung von Niederschlägen am Boden des Glases. Hierbei handelt es sich in der Regel um unlösbare Weinkristalle oder ausgefülltes Kaliumbitartrat (Weinstein). Die Ursache ist meist ein Kälteschock nach der Abfüllung.

Gute Weine werden als **klar, hell** oder **glanzhell** bezeichnet; fehlerhafte Weine sind **trüb, wolkig, milchig, düster, flockig** usw.

Die Farbe

Die Farbe (das Kleid, das Gesicht) des Weines wird nach ihrer Tönung und Intensität beurteilt. Diese beiden Faktoren ändern sich mit dem Alter des Weines und erlauben häufig Rückschlüsse auf dessen Zustand und Güte. Die Farbe liefert ausserdem Hinweise auf den Jahrgang, und zwar bei Weissweinen, Rosés und Rotweinen; bei letzteren ermöglicht sie auch eine Abschätzung der Alterungsfähigkeit. Bei Weissweinen reichen die Farbstufen von hellem Gelb bis Braun, und auch hier gibt die Farbe einen Hinweis auf das Alter.

Die Farbe spielt bei Bordeaux-Weinen eine so bedeutende Rolle, dass ein bekannter *négociant* die Weine hauptsächlich nach diesem Kriterium kaufte. Er liess die Hofmauer gegenüber seinem Büro weiss streichen und prüfte die Weine, indem er den Inhalt eines Probeglases an die Wand schüttete. Dann kaufte er stets den Wein, der an der Wand (die regelmässig neu gestrichen wurde) die intensivsten Flecken hinterliess. Dieses Verfahren war vielleicht etwas exzentrisch, aber nicht ohne Sinn. Beim Vergleich etwa der Jahrgänge 1960 und 1961 oder 1969 und 1970 hätte dieser Händler die bessere Wahl getroffen (d.h. 1961 und 1970). Die Bedeutung der Farbe ist in der Tat so gross, dass spezielle Färberreben *(teinturiers)* zur Erzeugung von Deckrotweinen kultiviert werden. Die bekannteste von ihnen ist die Alicante Bouchet, mit der in Frankreich über 60000 ha bestockt sind. Früher wurde den Weinen auch der Saft überreifer Beeren zugesetzt – ein Verfahren, das für feine Weine untauglich ist.

Das Vokabular, mit dem das äussere Erscheinungsbild eines Weines beschrieben

Links: »Kleid« und Oberfläche sind am besten im genormten ISO-Degustationsglas zu beurteilen.

Erscheinungsbild und Farbe

Weissweine werden meist wie folgt beschrieben:
Farblos, gelb, gelb in Verbindung mit den Worten hell-, stroh-, zitronen-, grün-, dunkel- und gold-; ausserdem gibt es Weissgold; weitere Nuancen werden durch bleiches Gold, grüngolden, rotgolden und bronzegolden ausgedrückt; ältere Weine können als topasfarben, goldtopasfarben, maderisiert, bernsteinfarben, braun, karamellfarben, mahagonifarben oder schwarz beschrieben werden.
Rosé-Weine werden oft als »gris«, hellrot, »œil de perdrix«, rosa oder violett bezeichnet; für ältere Rosés gibt es Bezeichnungen wie gelbrosa, orangerosa, gelbrot, lachsfarben oder auch Zwiebelschalenfarbe.
Rotweine werden häufig beschrieben als leicht, veilchenartig, dunkel, granatrot, rubinrot, zinnoberrot, purpurn oder schwarz; für ältere Rotweine gibt es Bezeichnungen wie bisquitfarben, orange, ziegelrot oder kastanienfarben.

Verkostung/Das Auge 2

Gegenüber: Der Verkoster neigt das Glas und lässt den Wein an der Glaswand hinablaufen und beobachtet das langsame Herabrollen der Tränen.

Unten: Typische Tränenbildung an der Wand eines Glases.

wird, basiert hauptsächlich auf Analogien. Blumen, Früchte, Hölzer, Edelsteine werden herangezogen, um die Farbe des Weines zu charakterisieren. Theoretisch sind hier den Ausdrucksmöglichkeiten keine Grenzen gesetzt. Immerhin gibt es eine Reihe von Ausdrücken, die sich gewissermassen als Standard eingebürgert haben.

Mit diesen Ausdrücken soll hauptsächlich die Farbtönung des Weines beschrieben werden, die ausserdem mehr oder weniger intensiv sein kann. Deshalb kann der farbliche Ausdruck eines Weines durch Worte wie **tief, dicht, voll, schwer** oder aber **leicht** oder **schwach** näher eingegrenzt werden. Die Beschreibung der Farbtönung eines Weines wird praktisch immer mit einer Beurteilung seines Alters verbunden, so dass noch Bezeichungen wie **frisch, gesund, klar, ehrlich** oder aber **erloschen, zu alt, hat den Höhepunkt überschritten, oxidiert** und **maderisiert** hinzukommen.

Zwar kann man heute die Farbe eines Weines mit einem Spektrometer wissenschaftlich exakt messen, doch ist das Auge des Verkosters immer noch unübertroffen, wenn es gilt, die Farbe zu der Qualität in Beziehung zu setzen.

Die »Tränen«

Die »Tränen« sind der Gegenstand des dritten Schritts der optischen Prüfung.

Der Verkoster neigt sein Glas oder schwenkt es, so dass der Wein an der Wand des Glases hochsteigt und wieder zurückfliesst. Dabei bildet der Wein »Kirchenfenster« oder »Tränen«, die etwas langsamer ablaufen. Dies ist auf zwei Ursachen zurückzuführen. Die erste ist die unterschiedliche Oberflächenspannung von Wasser und Alkohol, wodurch eine Kapillarwirkung entsteht; die andere hängt mit der Viskosität des Weines zusammen, d.h. die Tränen entstehen durch das Zusammenwirken von Glyzerin und Restzucker mit dem Alkohol. Über den Zusammenhang zwischen der Qualität eines Weines und seiner Fähigkeit, Tränen zu bilden, hat es viele und fruchtlose Diskussionen gegeben. Begnügen wir uns mit der Feststellung, dass das Auftreten von Tränen keine Garantie für das Gleichgewicht oder die Harmonie eines Weines ist. Auch zuviel Alkohol oder ein Übermass von Glyzerin begünstigt die Bildung ansehnlicher Tränen. Ein geringer Wein, dem es an Extrakt wie an Alkohol mangelt, wird zu dünnflüssig sein, um Tränen bilden zu können; andererseits wird ein *grand cru* aus dem Burgund, wo die Herkunftsbezeichnung an relativ hohe Alkoholgradationen gekoppelt ist, stets sehr aus-

geprägte Tränen bilden.

Das Vokabular für die Flüssigkeit bzw. Viskosität eines Weines ist etwas begrenzter: **dünnflüssig, flüssig, wässerig** im Gegensatz zu **schwer, sirupartig, reich an Glyzerin, bildet Tränen, bildet Kirchenfenster, weint.** Die Ausdrücke **ölig, zäh, schleimig, dickflüssig** und **fadenziehend** bezeichnen kranke Weine.

Schaumweine

Weine, die weniger als 100 mg/l Kohlensäure enthalten, werden als Stillweine bezeichnet; Weine, bei denen dieser Wert überschritten wird, sind moussierend (Kohlensäure kann ab einer Menge von 1,5 bis 2 g/l wahrgenommen werden).

Bei Weinen mit Kohlensäure ist besondere Aufmerksamkeit geboten, da die Anwesenheit dieses Gases entweder ein Fehler oder eine Tugend ist, je nachdem, ob es in dem betreffenden Wein vorhanden sein soll oder nicht. Im Zusammenhang mit der optischen Prüfung werden bei Schaumweinen die Bläschen begutachtet, d. h. ihr Durchmesser, ihre Menge und die Schnelligkeit, mit der sie sich bilden. Diese Bläschen können an der Oberfläche eines Weines eine feine, cremige Mousse (Champagne Crémant) oder aber eine dicke Schaumkrone bilden, die zwar ebenfalls aus kleinen, stets gleichgrossen Bläschen besteht, die sich jedoch nur wenige Sekunden halten (die Verschmelzung von Gruppen kleinerer Bläschen zu grossen Blasen tritt nur bei Bier auf). Wenn die Schaumkrone zusammengefallen ist, bildet sich am Glasrand ein Bläschenkranz, der *cordon,* der so lange bleibt, wie Bläschen aufsteigen.

Bei den grossen Champagnern sind die reifen den jüngeren vorzuziehen, und man sollte sie niemals zu kalt trinken. Im Zusammenhang mit der optischen Prüfung achtet der Verkoster auf eine ansprechende bleiche Farbe und einen permanenten Strom von Bläschen. Alte Champagner haben ein etwas verändertes Erscheinungsbild: Die übliche blasse Farbe rückt mehr in die Nähe eines Goldtons, während die Bläschen weniger heftig und lebhaft sprudeln.

Verkostung/Die Nase 1

Wenn der visuelle Teil der Verkostung abgeschlossen ist, folgt die olfaktorische oder Geruchsprüfung. Natürlich müssen diese beiden Stufen in ihrem zeitlichen Ablauf nicht streng voneinander getrennt sein; mit einiger praktischer Erfahrung können Auge und Nase während einer rein hedonistischen Verkostung oder bei einem Essen durchaus gleichzeitig in Tätigkeit treten. Für die Zwecke dieses Kurses wollen wir jedoch annehmen, dass das Glas, das für die optische Prüfung benutzt wurde, beiseite gestellt und ein neues Glas für den nächsten Schritt gefüllt wurde. In dieser Weise können wir die Bedeutung des »ersten Geruchseindrucks« erörtern und dann den Zustand der Weine in den beiden Gläsern gegenüberstellen.

Der erste Geruchseindruck

Das neugefüllte Glas bleibt auf dem Tisch stehen. Der Verkoster atmet ganz aus und dann über dem Glas tief ein. Dieser erste Geschmackseindruck ist zwar häufig nur ein schwacher Abglanz des folgenden zweiten Geschmackseindrucks, ermöglicht es jedoch dem Verkoster, die Anwesenheit einer Reihe sehr flüchtiger chemischer Verbindungen festzustellen, die sich rasch in der Umgebungsluft verflüchtigen oder durch Oxidation oder anderweitige Reaktion umgewandelt werden. In vielen Fällen wird der erste Geruchseindruck durch Fremdgerüche, die durch die Lagerung des Weines in der Flasche oder die Anwesenheit von Gasen zustande kommen, die der Erzeuger vor der Abfüllung zu entfernen versucht, erheblich beeinflusst oder sogar beherrscht. Solche Gerüche können von Schwefeldioxid (SO_2), vom Gärprozess, von den Hefen, von Mercaptan, Schwefelwasserstoff und anderen chemischen Verbindungen herrühren.

Der zweite Geruchseindruck

Der zweite Schritt der olfaktorischen Prüfung des Weines beginnt mit einer vertrauten Handlung: Der Verkoster nimmt das Glas am Fuss und schwenkt seinen Inhalt. Dadurch wird der Wein mit dem Luftsauerstoff in Berührung gebracht und der Oxidationsvorgang beschleunigt. Diese Durchlüftung des Weines führt zu einer Freisetzung der gelösten Gase, während die Oxidation die verschiedenen Aromaelemente des Weines zum Vorschein kommen lässt.

Der dritte Geruchseindruck

Die Oxidation ist ein stetiger Prozess, bei dem sich die komplexe chemische Zusammensetzung des Weines durch den Verlust flüchtiger Elemente und die gleichzeitige Oxidation flüchtiger Inhaltsstoffe sowie die Wechselwirkung der übrigen Bestandteile

Gegenüber: Der erste Geruchseindruck; der Verkoster atmet mit der Nase im Glas tief ein.

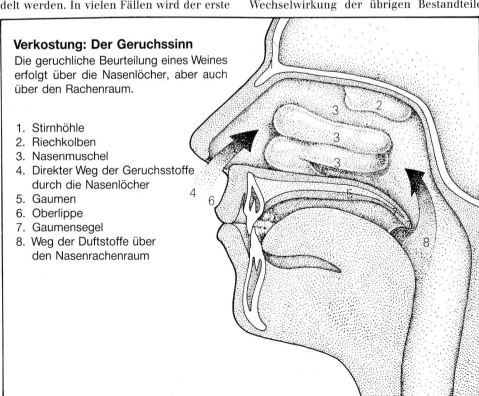

Verkostung: Der Geruchssinn
Die geruchliche Beurteilung eines Weines erfolgt über die Nasenlöcher, aber auch über den Rachenraum.

1. Stirnhöhle
2. Riechkolben
3. Nasenmuschel
4. Direkter Weg der Geruchsstoffe durch die Nasenlöcher
5. Gaumen
6. Oberlippe
7. Gaumensegel
8. Weg der Duftstoffe über den Nasenrachenraum

Verkostung/Die Nase 2

fortlaufend ändert. Aus diesem Grund können wir uns nun wieder dem ersten Glas zuwenden, um zu prüfen, inwieweit diese Vorgänge den Wein bereits beeinflusst haben. Professionelle Verkoster testen zusätzlich den Zustand des Weines im Glas noch einmal nach zwölf Stunden. Ein anderes Verfahren besteht darin, dass man das Glas leert und die olfaktorische Entwicklung der verbliebenen Aromabestandteile prüft. Dieses Verfahren empfiehlt sich besonders bei der Verkostung von sehr alkoholreichen Tropfen wie z. B. verstärkten Weinen und Branntweinen.

Der Geruchssinn spielt bei der Weinverkostung eine grosse Rolle, da er Aussagen über die Art und Identität der Aromaelemente des Weins ermöglicht.

Die häufigsten Ausdrücke zur Beschreibung der Geruchsintensität eines Weines sind, in aufsteigender Reihenfolge: **fehlend, schwach, gering, klein, kurz, verschlossen, durchschnittlich, normal, stark, ausge-**

Die Aromen werden gelegentlich in drei Kategorien unterteilt.

Primäraromen oder **Sortenaromen** sind jene, die einen Hinweis auf die Rebsorte geben. Diese Aromen sind vor allem bei jungen Weinen oder Weinen aus sehr aromaintensiven Rebsorten feststellbar, die jung zu trinken sind (z. B. Elsässer und deutsche Weine).

Sekundäraromen, die gelegentlich auch Gäraromen genannt werden, sind diejenigen, die vor allem mit dem Wein als solchem zu tun haben; sie entstehen durch die Umwandlung des Mosts in Wein, wobei eine Reihe von Inhaltsstoffen gebildet werden, die im unvergorenen Most noch nicht vorhanden waren, wie z. B. Bernsteinsäure. Diese Aromen hängen vom Typ des Mosts (Rebsorten, Böden), von den Hefen und vom Gärverfahren ab.

Tertiäraromen erscheinen erst nach dem Ausbau im Fass oder Tank (Oxidation) und/oder nach einem gewissen Flaschenlager.

Gegenüber: Das Schwenken des Glases beschleunigt die Oxidation und erschliesst die verschiedenen Aromaelemente des Weines.

Gerüche und Aromen

Auch für die verschiedenen Aromakategorien gibt es ein allgemein anerkanntes Vokabular. Wein kann niemals mit einem einzigen Aromaelement beschrieben werden, auch wenn dieses dominiert; es gibt stets mehrere Komponenten. Die Gerüche des Weines können in neun Hauptkategorien eingeteilt werden.

Balsamisch: Alle Harze, Wacholder, Terpentin, Vanille, Pinie;

Rauchig: Alles was trocken oder geräuchert riecht, Toastbrot, Mandeln, Heu, Stroh, Kaffee, Holz; aber auch Leder und Teer;

Chemische Gerüche: alkoholisch, Aceton (Nagellack), essigartig, Phenole, karbolisch, Merkaptan, Schwefel (und seine Abkömmlinge), Milchsäure, Jod, oxidiert, Hefe, Gärgeruch;

Würzig: Alle Gewürze, jedoch insbesondere Nelke, Lorbeer, Pfeffer, Zimt, Muskatnuss, Ingwer, Rosmarin, Trüffel, Lakritz, Minze;

Floral: Alle Blumen, jedoch insbesondere Veilchen, Weissdorn, Rose, Zitronenbaum, Jasmin, Iris, Geranie, Akazie, Linde;

Fruchtig: Alle Früchte, jedoch insbesondere Schwarze Johannisbeere, Himbeere, Kirsche, Granatapfel, Stachelbeere, Pflaume, Mandel, Quitte, Aprikose, Banane, Nüsse, Feige;

Pflanzliche und mineralische Gerüche: kräuterartig, Heu, Tee, welkes Laub, Trüffel, Pilz, feuchtes Stroh, feuchtes Moos, feuchtes Unterholz, Kreide, Farn, Efeu, grünes Laub.

---

prägt, reich, entwickelt, intensiv, voluminös, üppig und **stiebend.**

Diese Ausdrücke unterscheiden sich nicht sehr von jenen, die für die qualitative Beurteilung benutzt werden. Je subjektiver die Verkostung wird, desto deutlicher schlägt sich dies in der Wortwahl wieder. So kann das Bukett als **gewöhnlich, ordinär, uninteressant, simpel, ohne Komplexität** und **banal** oder aber als **verfeinert, fein, raffiniert, elegant, komplex, distinguiert** und **vorbildlich** bezeichnet werden.

Es ist sicher so, dass der Verkoster den grössten Teil der Geruchsempfindungen, die es bei einem bestimmten Glas Wein zu entdecken gibt, meist schon beim ersten leichten »Schnüffeln« über dem Glas empfängt. Allerdings hat es wenig Sinn, sich zu lange beim ersten Geruchseindruck aufzuhalten, da das Anfangsbukett sehr schnell seinen Reiz verliert. Man wendet sich besser den weiteren Phasen der olfaktorischen Prüfung zu, die die Würdigung der Aromen eines Weines erst abrunden und vervollständigt.

Verkostung/Mund und Gaumen

Es ist sicher für jedermann klar, dass der »Geschmack« eines Weines mehr mit der Nase als mit dem Mund zu tun hat. Erfahrene Weinverkoster verlassen sich daher weitgehend auf den ersten, rein olfaktorischen Eindruck eines Weines, weil sie wissen, dass praktisch alle seine Aromen den Mund über die oberen Atemwege erreichen. Dabei tritt ein Verdopplungseffekt ein, da die Geruchsdrüsen nicht nur dann stimuliert werden, wenn sich die Nase über dem Wein befindet, sondern auch ein zweites Mal, wenn man den Wein aufgenommen hat und die im Mund verdunsteten Aromen einige der etwa fünfzig Millionen Geruchssinneszellen erreichen.

Die Kenntnis dieser Zusammenhänge erklärt, warum die Verkostung nach einem bestimmten Ritual erfolgt und warum der Wein stets im Mund verteilt werden muss. Der Verkoster nimmt eine kleine Menge Wein auf und bewegt sie leicht mit der Zunge, während er langsam einatmet. Durch die langsame Erwärmung im Mund kommt es dann zu einer verstärkten Freisetzung der Aromastoffe des Weines.

Manche Verkoster »kauen« den Wein, indem sie ihn ständig im Mund bewegen, damit die Geruchsdrüsen, die bei der olfaktorischen Prüfung festgestellten Eindrücke bestätigen können. Die Empfindungen brauchen allerdings nicht identisch sein, da der erwärmte Wein eine Reihe weniger flüchtiger Moleküle freisetzt, die das Aroma erst vervollständigen.

Eigentliches Mundaroma

Die menschliche Zunge kann vier Grundqualitäten des Geschmacks unterscheiden: Süss an der Zungenspitze, salzig im Bereich dahinter und seitlich davon, sauer an den Zungenrändern und bitter am Zungengrund. Diese vier Grundaromen werden abgewandelt durch Empfindungen der Zunge und der gesamten Mundhöhle, die z.B. Wärme und Kälte, die Konsistenz (Flüssigkeit, Viskosität usw.) und chemische Empfindungen wie z.B. Adstringenz und das Vorhandensein von Säuren betreffen.

Nachtönung

Nach der optischen, geruchlichen und geschmacklichen Prüfung ist die Arbeit des Verkosters noch nicht getan. Es steht noch eine letzte Prüfung bevor, die allein schon genügen würde, um einen grossen Wein von einem gewöhnlichen Tropfen zu unterscheiden. Dies ist die »Länge« oder Nachtönung des Weines im Mund – auf den ersten Blick ein einfaches, in Wirklichkeit jedoch ziemlich komplexes Phänomen. Nach dem Schlucken entfaltet sich die ganze Aromafülle im Mund und klingt allmählich ab; die Dauer dieser Empfindung ist die Länge des Weines. Je nachhaltiger die Nachtönung ist, desto grösser ist der Wein.

Leider besteht hier das Problem, dass die Empfindungen stets gemischt sind, da die aromatischen Komponenten eines Weines von dessen Struktur getragen werden; bei der Bestimmung der Nachhaltigkeit des Weines im Mund spielt jedoch die Wahrnehmung der Struktur keine Rolle. Die Struktur eines Weines wird beeinflusst von der Säure und bestimmten Tanninen. Der Unterschied zwischen Struktur und Länge soll an einem einfachen Beispiel dargestellt werden: Essig hinterlässt im Mund einen nachhaltigen Eindruck, besitzt jedoch keine aromatische Länge, da ausser der Essigsäure nichts zurückbleibt. Die Länge besserer Weine ist jedoch relativ leicht feststellbar, da ihre Struktur, ihr Körper und ihre Aromen in einem ansprechenderen Verhältnis zueinander stehen und daher mit einer Nachtönung enden, die in vollkommener Harmonie ausklingt.

Harmonie und Rhythmus

Mit der Harmonie, die Verkoster von grossen Weinen erwarten, ist eine ununterbrochene Folge von positiven Eindrücken gemeint; mit anderen Worten, das Auge muss die »Nase« ankündigen, die vom Mund bestätigt wird. Dies wäre z.B. nicht der Fall bei einem Rotwein mit Weissweinaroma, während ein Champagner mit dem Geruch eines Bordeaux und dem Geschmack eines Blanquette de Limoux vollkommen uninteressant wäre.

Der erste Eindruck ist das »Einsetzen« des Weines, das sauber, natürlich und präzise sein sollte. Viele südliche Weine oder Weine aus sehr heissen Jahrgängen hinterlassen beim Einsetzen wenig oder gar keinen Eindruck. Zweitens sollte der Mund ganz mit den Aromen des Weines imprägniert sein. Schliesslich folgt die Nachtönung, die eine nahtlose Fortsetzung und ein allmähliches Ausklingen der ursprünglichen Geschmacksempfindungen sein sollte.

In den vergleichenden Verkostungen des Fortgeschrittenenkurses (Seite 140) wird der Leser mit den hier beschriebenen Techniken und den Degustationsausdrücken vertraut gemacht.

Verkostung/Gleichgewicht

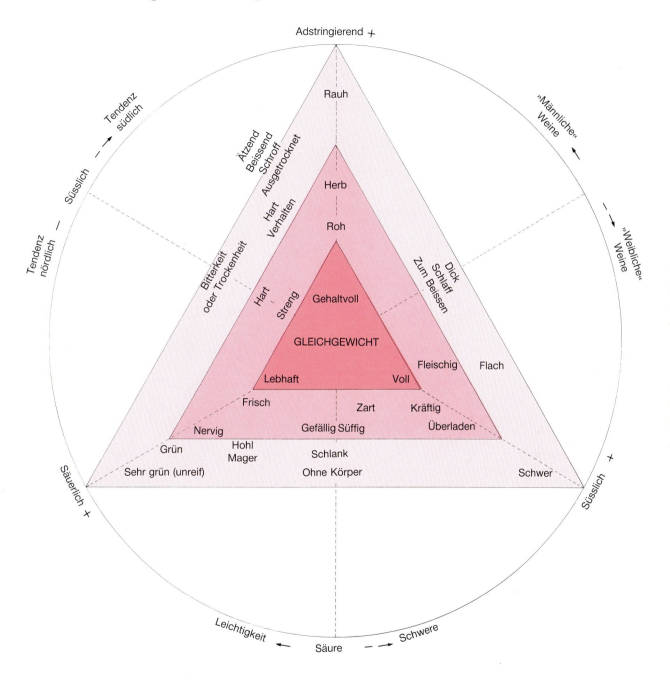

Verkostung: Gleichgewicht

Das Verkosten von Wein ist wie das Hören guter Musik. So wie es unseren Genuss steigern kann, wenn wir die Partitur lesen, die Instrumente erkennen, Modulationen bewusst wahrnehmen, so können wir an einem Wein mehr erleben, in dem wir die wesentlichen Elemente herausfinden und feststellen, welche sich ergänzen und welche miteinander unverträglich sind. Ein Qualitätswein vermittelt einen Eindruck von Gleichgewicht, der durch die harmonische Verschmelzung der Inhaltsstoffe entsteht.

Das obige Diagramm aus »Die hohe Schule für Weinkenner« von Emile Peynaud zeigt die Komponenten und den Mechanismus dieses Gleichgewichtsprozesses bei Rotwein.

Die Rebe/Vegetationszyklus

Rechts: Der Vegetationszyklus der Rebe vom jun-
gen Laub bis zu den rei-
fen Trauben.

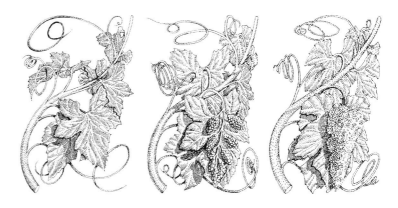

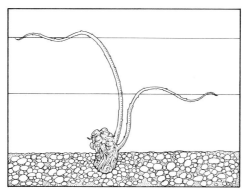

Die Rebe ist ein bescheidenes Gewächs, die Kulturform einer Kletterpflanze, deren Merkmal es ist, dass sie in unterschiedlichen Böden gut gedeiht, auch in armen, sofern das Klima gemässigt ist und ihre Wurzeln keiner übermässigen Feuchtigkeit ausgesetzt sind. Die interessanteste Eigenschaft der Rebe ist – jedenfalls aus unserer Sicht – die Tatsache, dass sie Trauben trägt, aus denen Wein bereitet werden kann. Hier werden wir mit dem Paradoxon konfrontiert, dass die besten Weine von Reben kommen, die man gewissermassen »leiden« lässt. Es ist eine Tatsache, dass auf reichen, gut bewässerten und sonnenverwöhnten Böden keine wirklich grossen Weine wachsen. Andererseits sind auch übermässig feuchte und sonnenarme Böden für den Weinbau ungeeignet. Wissenschaftliche Untersuchungen haben ergeben, dass die besten Weine von Reben kommen, die am Nordrand ihres Verbreitungsgebiets gepflanzt werden. Natürlich eignet sich nicht jedes geographische Gebiet für alle Rebsorten, und sei es nur wegen ihrer unterschiedlichen Vegetationszyklen. Darauf soll im Aufbaukurs noch näher eingegangen werden.

Der Lebenszyklus der Rebe verlangt vom Winzer permanente und unermüdliche Auf-

merksamkeit. In den gemässigten Klimazonen ruht die Rebe im Winter und treibt im Frühjahr aus, wenn sich der Boden zu erwärmen beginnt. In den Tropen können alle Vegetationsphasen gleichzeitig auftreten, so dass ein geregelter Vegetationszyklus nur durch einen rigorosen Rebschnitt zu erreichen ist. In Europa führt die Winterkälte nur zum Erliegen des Wachstums, schadet jedoch der Rebe in der Regel nicht. Nur bei extremem und anhaltendem Frost mit Temperaturen unter −20°C, wie dies 1956 der Fall war, stirbt die Pflanze ab.

Im Frühjahr, wenn die Temperatur etwa 11°C erreicht hat, steigt der Saft auf und tritt an den Stellen des vorjährigen Schnitts aus: Die Rebe weint. Dies ist auch der Zeitpunkt, zu dem die Knospen schwellen und austreiben. Frühe Sorten sind durch Spätfröste gefährdet; diese müssen deshalb entweder durch Beheizen der Weinberge oder durch Besprühen mit Wasser geschützt werden, da die sich bildende Eisschicht die Knospen mit einer isolierenden Schicht überzieht (Chablis, Champagner).

Ein weiterer kritischer Augenblick für die Rebe kommt im Juni zur Zeit der Blüte. Eine Befruchtung ist unerlässlich, wenn die Pflanze Früchte tragen soll, jedoch sind ent-

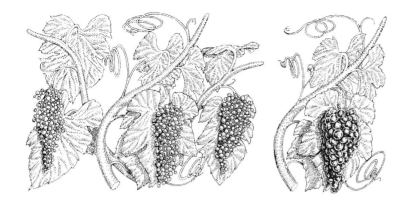

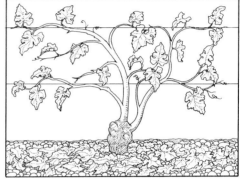

Unten: Die Rebe muss vor widrigem Wetter geschützt werden: Öfen zur Frostbekämpfung im kalifornischen Napa Valley.

sprechende Witterungsbedingungen erforderlich. Gelegentlich bilden sich kleine Trauben ohne Kerne, die zu einem teilweisen Verlust der Ernte führen; man spricht hier vom Verrieseln der Trauben. In dieser Phase entscheidet sich der Ertrag des Jahres.

Zwischen Blüte und Ernte vergehen einhundert Tage, und während dieser Zeit braucht die Rebe möglichst viel Sonne. Temperaturen um 30°C sind ideal, und willkommen sind auch einige Niederschläge zwischen dem 15. und 20. August. Zuviel Regen schadet jedoch der Rebe und verhindert das Reifen eines wirklich grossen Weines, selbst wenn alle anderen Voraussetzungen optimal erfüllt sind (ein Beispiel dafür ist der Bordeaux des Jahres 1974). Nach der Lese röten sich die Blätter, und das Laub fällt ab. Dann kehrt im Weinberg die Winterruhe ein.

Die Rebe/Anbau

Rebstöcke werden in der Regel in einem Alter zwischen vierzig und fünfzig Jahren gerodet, doch steht der Winzer hier vor einem Dilemma. Während nämlich der Ertrag eines Rebstocks mit dem Alter abnimmt, nimmt die Qualität des Weines zu, und es muss eine Entscheidung zwischen Qualität und Quantität fallen. Je älter der Rebgarten ist, desto geringer ist die Erntemenge und desto teurer der Wein, wie dies bei allen ersten Hochgewächsen von Bordeaux der Fall ist. In der Praxis sind die Dinge jedoch nicht ganz so einfach, weshalb die Reben fortlaufend ersetzt werden, um die Qualität gleichbleibend zu halten.

In Frankreich muss die Rebe mindestens vier Jahre alt sein, bevor die Trauben zu einem Wein der *appellation contrôlée* verarbeitet werden dürfen. Die grossen Châteaux warten sogar acht Jahre, bis sie die Trauben ihren *grands vins* zugeben. Die Neubestockung hängt von der angebauten Rebsorte und der Besatzdichte ab, die zwischen 5000 und 10000 Reben/ha schwanken kann. Zu erwägen ist auch die Art des Pflanzmaterials, da seit der Reblauskatastrophe alle Reben auf einer Unterlage (*porte-greffe*) aufgebaut werden, die das Edelreis trägt. Diese Pfropfreiser liefern dann die Trauben.

Anbau und Behandlung

Obschon die Rebe, wie bereits erwähnt, auf schlechten Böden gut gedeiht, ist es doch klar, dass im Rebgarten grosse Mengen von Natur- und Kunstdünger eingesetzt werden müssen. Zur Vorbereitung des Bodens werden zunächst 25 bis 30 Tonnen Stallmist, sowie eine halbe Tonne Phosphatdünger ausgebracht; zum Zeitpunkt der Bepflanzung kommt noch eine Tonne Kalium dazu. Diese Behandlung wird in ähnlicher Weise alle vier Jahre wiederholt. Im Weinberg ist die Arbeit nie zu Ende: Im Herbst wird zum Schutz der Rebenbasis angehäufelt, im Frühjahr wieder abgehäufelt; der Boden zwischen den Rebenzeilen muss gewendet und im Mai verdichtet werden; Arbeiten im Sommer schliesslich sind die Kopfdüngung und das Hacken.

Manche Winzer lassen zwischen den Reben eine natürliche Bodenbedeckung stehen, aber weitaus die meisten arbeiten mit

Unten: Die Reben von Châteauneuf-du-Pape auf dem typischen steinigen Boden.
Unten rechts: Die Reben müssen wiederholt gespritzt werden, um sie vor Bakterien, Pilzen und Insekten zu schützen; Handspritzung in einem Rebgarten des Jurançon (Südwestfrankreich).

Herbiziden. Alle stehen im ständigen Kampf gegen Rebkrankheiten, die auf Mängel des Bodens, auf Bakterien oder Pilze zurückzuführen sind (echter und falscher Mehltau, Schwarzflecken-Krankheit, Grauschimmel) und mit Fungiziden bekämpft werden. Auch Insekten können als Schädlinge auftreten (Rüsselkäfer, Raupen, Reblaus und Spinnen).

Rebschnitt

Die Qualität des Weines steht und fällt mit der Qualität der Traube. Jean-Paul Gardère, der ehemalige Direktor von Château Latour, sagt es so: »Geben Sie mir gute Trauben und gute Fässer, und ich mache Ihnen einen grossen Wein.« Gute Trauben erhält man indes nur durch einen entsprechenden Rebschnitt. Ohne Rebschnitt würden die Reiser zu lang werden und der Ertrag sinken, da die älteren Zweige keine Früchte mehr ausbilden würden; durch einen falschen Rebschnitt kann andererseits der Ertrag auch zu hoch werden; man erhält dann schwaches und geschmackloses Lesegut.

Der Winterschnitt. Der Rebschnitt ist nicht bei allen Sorten gleich. So gibt es z. B. den Kronenschnitt (Gobelet), der in Südfrankreich, im Rhônetal, im Beaujolais, im Burgund und in der Champagne angewandt wird. Bei dieser Methode trägt das Stockgerüst drei bis fünf »Hörner« mit jeweils ein bis zwei Ruten, die bogenartig aufgebunden werden.

Der Chablisschnitt ist eine Variante des Gobeletschnitts, wobei vier Hörner direkt vom Stockgerüst abgehen.

Weiterhin gibt es den Cordonschnitt (Cordon Royat) und den Streckbogen- oder Doppelstreckerschnitt (Guyotschnitt), wobei ein bzw. zwei Streckbögen mit sechs bis acht Trieben (zweimal drei oder zweimal vier bei der Doppelstreckererziehung) am Draht gezogen werden. Zweck des Rebschnitts ist in jedem Fall, eine möglichst gute Besonnung der Rebe zu erreichen, die Kultivierung zu vereinfachen und schliesslich ggf. eine mechanische Ernte zu ermöglichen.

Arbeiten im Frühjahr und Sommer. Dazu gehört u. a. das Ausbrechen unerwünschter Schosse, das Entspitzen der obersten Triebe, das Einkürzen der Zweige und schliesslich das Ausdünnen des Laubs.

Unten: Rebschnitt in der Champagne.

Die Rebe/Boden und Klima

Die Fachleute sind sich einig, dass die Qualität eines Weines einzig und allein von vier Faktoren abhängt: vom Boden, vom Klima, von der Rebe und von der Vinifikation, wobei auch das Wachsen und Reifen zu berücksichtigen sind. Gelegentlich wird auch auf die Bedeutung der Verkostungsbedingungen verwiesen, doch werden bei der Académie du Vin hauptsächlich die vorgenannten Bereiche untersucht und erforscht.

Unterboden und Humusschicht

Es ist nicht immer einfach, die Grenze zwischen Unterboden und Humusschicht zu ziehen. Die Rebe treibt bei ihrer Suche nach Nährstoffen die Wurzeln häufig bis in grosse Tiefen. So stiess man auf Château Ausone und Château Pavie in Saint-Émilion beim Anlegen von Kellern unter den Rebgärten in

einer Tiefe von 10 bis 15 m auf die Wurzeln sehr alter Rebstöcke. Die Rebe gedeiht nicht auf sehr feuchten Böden, stösst aber doch in grosse Tiefen vor, um das lebensspendende Element Wasser zu erreichen. Im Idealfall sollte daher der Boden eine gute natürliche Entwässerung aufweisen und für die Wurzeln gut zu durchdringen sein. Diese Bedingungen erfüllen tiefer Kies und in geringerem Masse auch Böden mit sternförmigem Kalk, wie sie im Médoc und in Saint-Émilion vorkommen.

Sandige und silikathaltige Böden liefern Weine, die zwar fein, aber häufig sehr leicht sind, während auf kalkigen und lehmigen Böden Weine wachsen, die eher robust als verfeinert sind. Steine verbessern die Durchlüftung und Entwässerung des Bodens und wirken als Wärmespeicher, indem sie nachts

Rechts: Die Reben von Châteauneuf-du-Pape wachsen häufig auf Geröllhängen; die Steine bewirken eine gute Belüftung und Entwässerung des Bodens und speichern ausserdem tagsüber Wärme, die nachts wieder abgegeben wird.

die am Tage aufgenommene Sonnenwärme wieder abgeben. Dies ist etwa im Gebiet von Châteauneuf-du-Pape der Fall, wo die Reben auf einem richtigen Geröllhang wachsen. Auch die Farbe des Bodens spielt insofern eine Rolle, als helle Mergel-, Kreide- und Tuffböden besser für Weissweine geeignet sind, während dunklere Böden eher den blauen Rebsorten zusagen.

Klima

Die vier wichtigsten Klimafaktoren sind Sonnenschein, Niederschläge, Temperatur und Wind. Gebiete mit reichlich Sonnenschein liefern zuckerreiche und säurearme Weine. Zuviel Sonne kann aber den Wein plump machen. Zu wenig Sonnenschein wiederum liefert Weine mit hoher Säure und geringem Alkohol, die dünn und schwach wirken.

Die Rebe braucht 40–60 mm Niederschläge pro Jahr, die möglichst im Winter und zeitigen Frühjahr und möglichst nicht im Sommer und Frühherbst fallen sollten.

Hinsichtlich der Temperatur wird der Weinbau bei jährlichen Durchschnittstemperaturen unter 10°C problematisch. Die Qualität der Ernte entscheidet sich meist im August und September, wobei Temperaturen über 30°C die Aussichten auf einen guten Jahrgang verbessern.

Nordwinde sind in heissen Gegenden willkommen, da sie den Rebgarten durchlüften; heftiger Wind kann jedoch auch Schäden anrichten.

Links: Kritische Begutachtung des staubigen Bodens in einem Rebgarten des kalifornischen Napa Valley.

Die Rebe/Veredelung

Verschiedene Krankheiten, die sich nachteilig auf die Qualität des Weines auswirken können, wurden bereits genannt. Noch nicht erwähnt wurde die Reblaus (Viteus vitifolii), die Anfang der 60er Jahre des vorigen Jahrhunderts aus Amerika eingeschleppt wurde und beinahe das Ende des europäischen Weinbaus bedeutet hätte. Im Jahre 1863 erschien die Reblaus in den weitläufigen Rebgärten des Départements Gard im Languedoc und breitete sich in nördlicher Richtung nach Orange, in die Départements Vaucluse und Drôme aus; 1868 waren auch Rebgärten im Bordeaux-Gebiet und in Portugal befallen. Ein halbes Jahrhundert später waren die Rebgärten Europas verwüstet. Schwefelkohlenstoff – das einzige Mittel, das sich bei der Bekämpfung als wirksam erwies – war nicht nur feuergefährlich und übelriechend, sondern hatte auch toxische Wirkungen auf den Menschen.

Keinen Erfolg hatte auch der Versuch, die abgestorbenen europäischen Rebstöcke durch reblausresistente amerikanische Reben zu ersetzen, da diese nicht die Qualität brachten, die man in Europa suchte. Schliesslich entdeckte man, dass die Trauben von europäischen Edelreisern, die man auf amerikanische Unterlagsreben pfropfte, die Eigenschaften der Edelreiser behielten. Heute werden Qualitätsreben in der ganzen Welt auf diese Weise veredelt.

Seit diesem gewaltigen Neubestockungsprogramm – 1¼ bis 1½ Millionen Hektar wurden in dieser Weise rekultiviert – hält unter den Fachleuten die Diskussion über die verschiedenen Vorzüge der Veredelung und ihre Auswirkungen auf die Qualität des Weines an. Vergleiche sind schwierig, weil die Reben aus der Zeit vor der Reblaus sehr alt sind. Der letzte Qualitäts-Rebgarten, auf dem noch wurzelechte Reben standen, war bis zum Ende des Zweiten Weltkriegs Romanée-Conti; heute kultiviert noch das bekannte Champagnerhaus Bollinger zwei kleine Versuchsparzellen mit wurzelechten Pinotnoir-Reben.

Bei jeder ernsthaften Diskussion muss berücksichtigt werden, dass die wurzelechte Rebe ein hohes Alter erreichen kann – bis zu einhundert Jahren. Wie schon erwähnt, verbessert sich die Qualität des Weines mit dem Alter der Rebe, da das Bukett vielschichtiger und die Struktur komplexer wird.

Was sind nun, abgesehen von der Reblausresistenz, die Vor- und Nachteile veredelter Reben? Während wurzelechte Sorten praktisch auf jedem Boden gedeihen, sofern er nicht zu feucht, lehmig oder salzig ist, sind die amerikanischen Unterlagsreben, die in den heutigen Rebgärten vorherrschen, für Kalkböden weniger geeignet. Andererseits gibt es sie in vielen verschiedenen Sorten und Varietäten; in Frankreich hat der Winzer die Auswahl zwischen etwa dreissig unterschiedlichen Rebstöcken, so dass ihm je nach Bodenart und gewünschter Rebsorte stets die richtige Unterlage für das Edelreis zu Verfügung steht. Merkmale wie die Robustheit, der Zuckergehalt, der Ertrag und die Widerstandskraft gegenüber Krankheiten können durch die Auswahl geeigneter Unterlagen optimal auf die jeweiligen Bedingungen eingestellt werden.

Die Rebenzüchter bieten immer wieder neue Stöcke an, die an bestimmte Böden, insbesondere Kalkböden, besser angepasst und dabei noch ertragreicher sein sollen. In jüngster Zeit machte in Frankreich der Fercal von sich reden, von dem man sich in Saint-Émilion und in der Champagne Grosses erwartet. Allein in Frankreich dienen über 4000 ha der Nachzucht junger Rebstöcke.

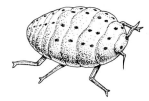

Oben: Die Reblaus (viteus vitifolii).

Rechts: Pfropfreiser mit Jupiter-Kapulation.

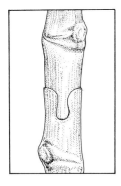

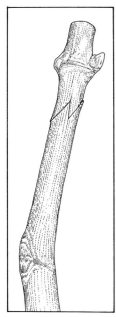

Ganz oben: Der moderne Omega-Schnitt, der maschinell ausgeführt wird.
Oben: Der traditionelle Jupiter-Schnitt.
Rechts: Das Zuschneiden und Verbinden amerikanischer Wurzelreben (dunkle Zweige) mit der gewünschten französischen Sorte (helle Zweige).

Die Rebe/Mechanisierung im Weinberg

Die Mechanisierung der Weinberge nahm kurz nach dem Zweiten Weltkrieg ihren Anfang. Der neuentwickelte Stelzenschlepper mit seinen vielfältigen Einsatzmöglichkeiten veränderte das Leben der Winzer. Diese Fahrzeuge haben eine verstellbare Spurbreite, und die aufwendigeren Typen sind mit hydraulischen Nivelliervorrichtungen ausgerüstet, die auch an steilen Hängen ein sicheres Arbeiten ermöglichen, wo die Rebenzeilen nicht gleichmässig der Hangneigung folgen. Auf sehr steilen Weinbergen arbeitet man heute mit Seilzügen; diese er-

Unten: Ein Rebgarten in Savoyen wird mit einem Stelzenschlepper gedüngt.

möglichen auch die Wiederbestellung von Rebgärten, die wegen der Schwere der Arbeit und der Verteuerung der Arbeitskräfte bereits aufgegeben waren (z. B. in Sancerre und in der Schweiz). Zur Zeit laufen Versuche mit neuartigen Traktoren, die statt der Räder Gelenkbeine haben und an Hängen von jedem Steilheitsgrad in horizontaler Lage arbeiten können. Dieser Traktortyp eignet sich besonders für terrassierte Rebgärten, die bisher nur von Hand bearbeitet werden konnten.

Die Traktoren können mit Zusatzvorrich-

tungen für verschiedene Aufgaben versehen werden, wie z.B. das An- und Abhäufeln, aber auch mit sensorgesteuerten Pflügen, die zwischen den Rebzeilen arbeiten, ohne die kostbaren Pflanzen zu beschädigen. Diese Maschinen werden auch zum Behandeln der Stöcke eingesetzt, besonders zum Spritzen mit den zahllosen Fungiziden und Insektiziden, die für den modernen Weinbau unerlässlich sind.

Für den automatischen Rebschnitt wurde bislang noch kein Gerät erfunden; immerhin verringern pneumatische und hydraulische Antriebe den Kraftaufwand beim Schneiden und erhöhen die individuelle Arbeitsleistung. Überdies gibt es eine Maschine, die die abgeschnittenen Zweige und Ruten zerkleinert und in Asche verwandelt oder als zusätzlichen Dünger im Boden vergräbt.

Auf Traktoren montierte Abspitzgeräte helfen, den Rebgarten so sauber und aufgeräumt wie einen richtigen Garten aussehen zu lassen. Das Auslichten muss jedoch mit äusserster Sorgfalt erfolgen, da die Pflanze ohne die Photosynthese der Blätter keinen Zucker bilden kann.

Für die automatische Ernte schliesslich kann der Traktor in ein pneumatisches Entlaubungsgerät umgewandelt werden, das die Trauben von den unerwünschten Blättern trennt.

Mechanische Ernte

Wenn die Rebzweige einwandfrei gebunden sind, müssen die Trauben in einer bestimmten Höhe über dem Boden wachsen, so dass es für die Erntemaschinen kein Problem ist, die Beeren und Trauben auf ein fahrendes Förderband zu werfen, wo die Blätter mit starken Gebläsen entfernt werden; unter normalen Bedingungen arbeiten diese Maschinen ebensogut wie Lesehelfer.

Maschinen haben auch den Vorteil, dass sie rund um die Uhr arbeiten können, wenn schlechtes Wetter droht. Zudem kann der Winzer, der über Maschinen verfügt, genau dann lesen, wenn die Trauben vollreif sind. Interessant ist noch zu wissen, dass mechanisches Ernten in der Champagne verboten ist.

Unten: Erntemaschine im Einsatz in einem Rebgarten bei Cahors.

Vinifikation/Einteilung

Unter Vinifikation versteht man die Summe der Massnahmen und Verfahren, durch die aus Trauben Wein gemacht wird. In den Standardwerken über den Wein aus der Zeit vor dem Zweiten Weltkrieg ist von Vinifikation noch nicht die Rede; seither hat die Kunst der Weinbereitung grosse Fortschritte gemacht, und es entstand ein neuer Beruf, der des Önologen. Das Können des Önologen ist ein ebensowichtiger Faktor wie die Rebsorten, der Boden und das Klima. Ein guter Önologe kann einem Wein zu Distinktion verhelfen; ein schlechter Önologe wird auch aus exzellentem Traubengut einen schlechten Wein herstellen.

Bei den begabten Önologen kann man zwei Typen unterscheiden; die einen sind reine Techniker, die anderen mehr Ästheten. Dementsprechend erzeugen die Techniker technische Weine, die zwar fehlerlos, aber ohne Charme sind; bei den eher künstlerischen Önologen ist wieder zwischen jenen zu unterscheiden, die dem Wein ihren Persönlichkeitsstempel aufprägen, häufig zum Schaden der Typizität, und anderen, die sich selbst im Hintergrund halten und die charakteristischen Merkmale der Rebe für sich selbst sprechen lassen.

Die Winzer wissen, dass die Art der Vinifikation zu mindestens fünfzig Prozent für die endgültige Qualität eines Weines verantwortlich ist. Aus diesem Grund beschäftigt sich die Académie du Vin intensiv mit den damit verbundenen Problemen.

Die gleiche blaue Traube kann entweder einen Wein liefern, der leicht, frisch und fruchtig und jung zu trinken ist, oder aber einen Wein, der voll, tieffarben und ausladend ist, extraktreich, von grosser aromatischer Komplexität und für den Genuss nach frühestens zehn Jahren bestimmt. Aus derselben Traube liesse sich sogar ein leichter, roséfarbener Sommerwein oder ein feiner und weiniger Weisswein machen.

Dasselbe gilt für die weissen Reben. Man kann aus ihnen einen fruchtigen Wein mit verführerischem Primärbukett herstellen, einen eher problemlosen Weisswein als Begleiter zu Vorspeisen, einen wahrhaft grossen Weisswein mit voll entwickelten Sekundäraromen oder schliesslich einen weissen Schaum- oder Perlwein.

Typ und Eigenschaften des fertigen Produkts hängen daher von der Kellertechnik ab; an der Académie du Vin versuchen wir, durch Verkosten das angewandte Verfahren festzustellen und Weine zu vergleichen, die, obwohl sie aus der gleichen Gemeinde stammen, unterschiedliche Eigenschaften aufweisen, weil sie auf unterschiedlichen Gütern erzeugt wurden.

Rechts: Die Güte eines Weines hängt zum grossen Teil vom Können und Geschmack des Kellermeisters ab; Weinverkostung vom Fass im Beaujolais.

Gegenüber: Pesage auf Margaux, Bordeaux.

Vinifikation/Der Gärkeller

Neben dem eigentlichen Gärraum, in dem der Most in Wein umgewandelt wird, befindet sich ein Bereich, in dem meist ein *fouloir-érafloir* (oder *égrappoir*) steht, der in einem Arbeitsgang die Stiele von den Trauben trennt und diese anquetscht. Nach der Gärung reift und altert der Wein in Lagertanks und Fässern. Anschliessend wird der Wein geschönt, filtriert, und abgefüllt. Schliesslich werden die Flaschen etikettiert und in Kisten verpackt.

Für jeden dieser Arbeitsgänge hat man spezielle Geräte entwickelt. Die Traubenmühle dient zum Zerdrücken der Trauben, wobei die Haut aufplatzt und der Saft austritt. Früher wurden die Trauben zu diesem Zweck in riesigen Bottichen eingetreten; heute werden die Beeren zwischen zwei Rollen hindurchgeführt, die gerade so eng stehen, dass die Trauben aufgerissen werden, ohne die Kerne zu zerquetschen. Dies ist wichtig, da die Kerne Substanzen enthalten, die dem Wein einen unangenehmen Geschmack verleihen.

Der *érafloir* oder *égrappoir* ist eine Maschine, die die Beeren entrappt, wenn auch auf bestimmten Gütern, wie z.B. Château Palmer, diese Arbeit traditionell noch von Hand verrichtet wird.

Die Gärbehälter können aus Holz, Beton, Kunststoff, emailliertem Metall oder Edelstahl sein. In Burgund sind sie offen, in Bordeaux geschlossen. Die Gärtankkapazitäten reichen von einigen wenigen bis zu mehre-

ren Tausend Hektolitern; manche Weissweine gären in Zwei-Hektoliter-Fässern! Die notwendige Kontrolle der Gärtemperatur geschieht über Wasserkühlsysteme, Wärmepumpen oder Wärmetauscher. Pumpen bewegen den Wein im Tank von unten nach oben; dieser als *remontage* bezeichnete Vorgang ist für die Qualität der Rotweine von grosser Bedeutung. Ebenfalls mit Pumpen erfolgt der Transport des Weines von einem Behälter zum anderen *(écoulage)*. Der Tresterkuchen *(marc)*, der im Behälter zurück-

Oben rechts: Altertümliche Presse, aus der noch heute feiner Sauternes erzeugt wird (Château d'Yquem).

Rechts: Eine moderne Horizontalpresse auf Château Beychevelle im Médoc.

bleibt, kommt in eine Presse; Weissweine werden direkt abgepresst.

Die heutigen Pressen sind entweder pneumatisch oder elektrisch angetriebene Horizontalpressen mit Druckregelung. In der Presse drücken zwei mit Spindeln angetriebene Platten den Kuchen aus Hülsen, Kernen und manchmal Stielen zusammen. Bei einem neuartigen Pressentyp wird ein Gummibalg mit Pressluft gefüllt, so dass die Trauben gegen einen geschlitzten Stahlzylinder gedrückt werden. Das Pressen erfolgt in mehreren Arbeitsgängen, zwischen denen der Tresterkuchen jeweils aufgelockert wird. Wenn kein Saft mehr abläuft, wird die Presse geleert; der getrocknete Trester wird kompostiert oder kommt in die Brennerei, wo aus ihm Tresterbranntwein *(marc)* erzeugt wird.

Anschliessend kommt der Wein in einen isolierten Tank, der erwärmt werden kann, um den biologischen Säureabbau in Gang zu bringen, bzw. gekühlt, um den Weinstein auszufällen. Schliesslich wird er in grossen Tanks bis zur Abfüllung gelagert oder in die Ausbaukeller gepumpt, wo er in Holzfässern ruht.

In den folgenden Kapiteln werden die verschiedenen Vinifikationsverfahren und ihre jeweiligen Auswirkungen auf den Geschmack des fertigen Weins ausführlicher behandelt.

Oben: Edelstahltanks in einer modernen kalifornischen Kelterei. Sie können zur Gärung und Lagerung verwendet werden.

Links: Alte Fässer im Ausbaukeller eines französischen négociant; das Alter und das Herstellungsverfahren eines Fasses können den Geschmack des fertigen Weines beeinflussen.

41

Vinifikation/Rotwein

Rotwein entsteht aus der Vergärung blauer Trauben, wobei manchmal auch einige weisse Beeren hinzugefügt werden – was im Burgund toleriert, im Rhônetal regelmässig praktiziert und im Chiantigebiet bis vor kurzem noch eine – freilich vielfach ignorierte – Vorschrift war. Damit der Wein rot wird, müssen die Pigmente, die den Beerenhäuten ihre charakteristische Farbe geben, im farblosen Traubensaft gelöst werden; dies geschieht unter der Einwirkung von Wärme und/oder Alkohol.

Sortieren und Pressen

Wenn die Trauben am Kelterhaus ankommen, sind sie mehr oder weniger gut sortiert: In der Champagne ist die Sortierung vollständig, im Rhônetal ist sie obligatorisch (im Châteauneuf-Gebiet z. B. werden 5% ausgesondert), und dies hat bereits einen ersten Effekt auf die Qualität. Das Erntegut kann auch bereits gepresst und/oder entrappt sein, und das manuelle Entrappen, wie es auf Château Palmer praktiziert wird, kann eine zusätzliche Auslese notwendig machen. Obwohl die ganze Lese gepresst wird (Ausnahmen siehe Seite 54, 55), ist das Entrappen ein Problem für sich, denn das Mitpressen der Stiele kann bei bestimmten Rebsorten vorteilhaft, bei anderen nachteilig sein. Allgemein lässt sich sagen, dass das Entfernen der Rappen dem Wein Auszeichnung und Rasse verleiht; in bestimmten Fällen können geeignete Stiele jedoch auch den Tanningehalt erhöhen und den Wein langlebig machen.

Gärung

Die abgepressten Trauben kommen in den Gärbehälter, wobei der Weinbereiter drei Parameter hat: Gärverlauf, Temperatur und Anzahl der Pressvorgänge.

Die Gärung hört bei Temperaturen unter 15°C auf, während bei über 35°C die Hefen durch die Wärme abgetötet werden. Niedrige Temperaturen begünstigen die Primäraromen, die für jung zu trinkende Weine typisch sind; durch warme Gärführung werden die Polyphenole und Tannine extrahiert, die für die Bereitung grosser Jahrgangsweine so wichtig sind. Ähnliche Kriterien gelten für die Gärdauer: Kurze Gärzeiten (24 bis 36 Stunden) liefern leichte Weine; lange Gärzeiten bis zu einem vollen Monat ergeben anspruchsvollere Weine.

Bei der Festlegung der Gärdauer richtet sich der *vigneron* nach dem Potential des Jahrgangs, der Rebsorte und seinem persönlichen Geschmack. Er darf auch den Alkoholgehalt eines Weines erhöhen, indem er während der Gärung Zucker hinzufügt. Dieser als Chaptalisierung bezeichnete Vorgang ist nicht unumstritten, unterliegt aber genauen gesetzlichen Vorschriften (bis zu 2% zusätzlicher Alkohol). In geringen Jahren muss die Gärzeit ggf. verlängert werden, was bei ungesundem Lesegut allerdings nicht möglich ist.

Der Einfluss der Rebsorte ist sehr wichtig. Die Gärdauer für die Rebsorten des Bordeaux ist z. B. doppelt so lang wie für den Pinot. Es kann manchmal geschehen, dass der *vigneron* beim Probieren des Weines die Gärung eigentlich noch etwas verlängern möchte; dies kann jedoch gefährlich sein, weil immer das Risiko bakteriologischer Krankheiten (flüchtige Säuren usw.) besteht.

Remontage

Der Weinbereiter muss sich ausserdem überlegen, wie oft er die *remontage* durchführen will. Während der Gärung schwimmen die Feststoffe nach oben und bilden dort den Tresterhut. Dieser wird durch das aufsteigende Kohlendioxidgas an der Oberfläche gehalten, muss jedoch immer wieder untergetaucht werden; eine andere Möglichkeit besteht darin, den Wein von unten über den Tresterhut zu pumpen, wodurch dieser ständig feucht bleibt. Durch diese wichtigen Massnahmen wird die Extraktion von Inhaltsstoffen verbessert.

Vorlauf und Pressmost

Als nächstes folgt das Abziehen des vergorenen Weines aus dem Tank *(écoulage)*. Dies ist der Vorlaufmost, der von feiner, manchmal hervorragender Qualität ist. Die im Gärtank verbliebene Maische wird zwei- bis dreimal gepresst und liefert den Pressmost, der etwa 20% der Gesamtmenge ausmacht. Es handelt sich um eine sehr dunkle, ausserordentlich tanninreiche Flüssigkeit, die etwas weniger Alkohol und sehr viel mehr Säure besitzt. Pressmost ist weniger verfeinert und verkostet sich nicht sehr angenehm. Ein Teil davon oder alles wird schliesslich dem Vorlaufmost zugefügt, je nach dem Zustand des letzteren und dem Geschmack des Weinbereiters. In jedem Fall durchlaufen Vorlauf und Presswein einen biologischen Säureabbau, wobei die Apfelsäure in Milchsäure umgewandelt wird.

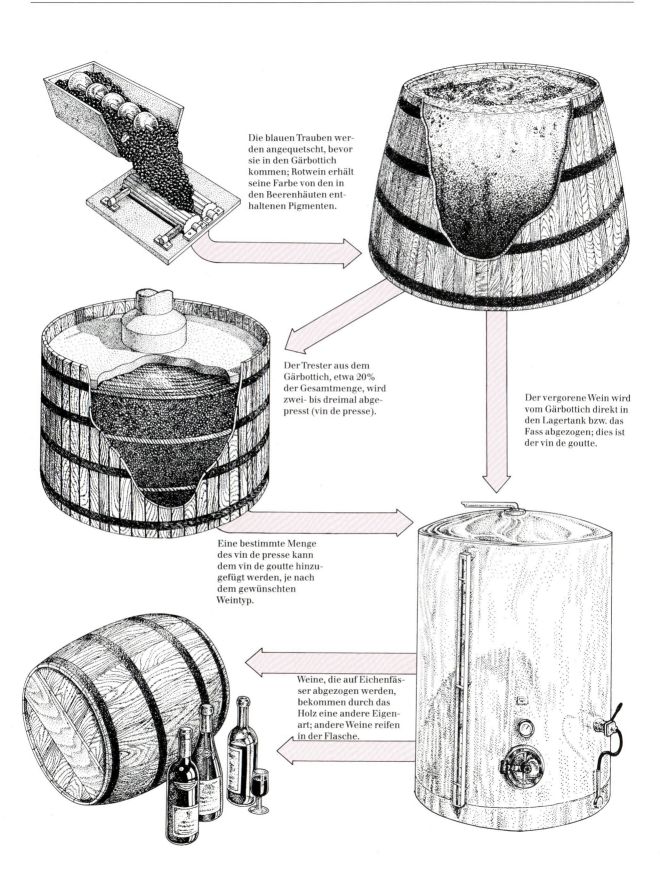

Die blauen Trauben wer-
den angequetscht, bevor
sie in den Gärbottich
kommen; Rotwein erhält
seine Farbe von den in
den Beerenhäuten ent-
haltenen Pigmenten.

Der Trester aus dem
Gärbottich, etwa 20%
der Gesamtmenge, wird
zwei- bis dreimal abge-
presst (vin de presse).

Der vergorene Wein wird
vom Gärbottich direkt in
den Lagertank bzw. das
Fass abgezogen; dies ist
der vin de goutte.

Eine bestimmte Menge
des vin de presse kann
dem vin de goutte hinzu-
gefügt werden, je nach
dem gewünschten
Weintyp.

Weine, die auf Eichenfäs-
ser abgezogen werden,
bekommen durch das
Holz eine andere Eigen-
art; andere Weine reifen
in der Flasche.

Vinifikation/Rosé

In Europa dürfen mit Ausnahme eines einzigen Gebietes Roséweine nicht durch Vermischen von Rotwein mit Weisswein erzeugt werden. Die Ausnahme ist die Champagne, wo die *vignerons* ihrem Weisswein Farbe geben dürfen, indem sie Rotwein aus dem gleichen Gebiet *(appellation)* hinzufügen. Im übrigen gibt es drei Typen von Rosé, die jeweils das Produkt eines speziellen Vinifikationsverfahrens sind: Es sind die abgepressten Rosés *saignés* und die Rosés aus rosafarbenen Trauben.

Der abgepresste Rosé wird aus blauen Trauben nach dem Weissweinverfahren erzeugt, wobei man sich darüber im klaren sein muss, dass gute blaue Trauben mit farblosem Saft gefüllt sind. Diese Trauben werden angequetscht, entrappt und gepresst, wobei bei sehr warmer Witterung ein Teil der in den Schalen enthaltenen Pigmente herausgelöst wird. Diese relativ hellfarbenen Rosés werden häufig als *vin gris* verkauft und ähneln geschmacklich einem Weisswein *(vin gris de Toul, vin gris d'Orléans)*. Die Cabernets von Anjou und Saumur werden in dieser Weise vinifiziert und liefern den berühmten Rosé d'Anjou.

Anders als bei den weissen Trauben werden Vorlauf und Pressmost an der Maische belassen und gären wie Weissweine, d. h. bei niedrigen Temperaturen und unter Sauerstoffabschluss. Ob ein biologischer Säureabbau durchgeführt wird, liegt wie beim Weisswein im Ermessen des Erzeugers.

Bei den Rosés *de saignée* handelt es sich im Grunde um rote Trauben, die kurzzeitig mazeriert oder vergoren werden. Anders als die gepressten Rosés entstehen sie also durch Vinifikation blauer Trauben nach dem Rotweinverfahren, wobei die Mazeration auf einen Zeitraum von wenigen Stunden bis zu zwei oder drei Tagen beschränkt wird, je nach der gewünschten Farbe; nach dieser Zeit wird das Fass abgestochen, wobei ein Viertel bis ein Drittel des Inhalts entnommen wird; der Rest wird zu normalem Rotwein verarbeitet. Die abgezogene Menge gärt weiter, liegt jedoch nicht mehr auf den Beerenschalen und kann daher keine weiteren Farbstoffe mehr aufnehmen. Diese Rosés sind den gepressten Rosés qualitativ überlegen und werden stets einem biologischen Säureabbau unterzogen.

Der dritte Rosétyp ist der seltenste und kommt praktisch nur im Juragebiet vor. Er entsteht durch »rote« Vinifikation einer sehr ungewöhnlichen Traube, des Poulsard. Ungewöhnlich ist sie wegen ihrer rosafarbenen Schale und ihres rosafarbenen Safts. Das bedeutet, dass die Trauben lange mazerieren können, so dass genügend Farb- und Aromastoffe ausgezogen werden können. Der Wein wird wie ein Rotwein vinifiziert und – wenn auch nicht ganz korrekt – manchmal als sehr leichter Rotwein bezeichnet. Ein weiteres Merkmal des Poulsard-Rosés, das ihn in die Nähe eines Rotweines rückt, ist seine Langlebigkeit. Gepresste Rosés dagegen sollten bald getrunken werden, d. h. innerhalb von zwölf Monaten, während die Rosés *de saignée* etwas länger warten können, sich aber mit dem Alter kaum verbessern.

Gegenüber: Trauben aus den Tavel-Rebgärten der Côtes-du-Rhône, einer der wenigen Appellationen, in denen rote und weisse Rebsorten gemischt werden dürfen.

CHATEAU DE TRINQUEVEDEL

TAVEL

APPELLATION TAVEL CONTROLÉE
MIS EN BOUTEILLE AU CHATEAU
F. DEMOULIN, PROPRIÉTAIRE-RÉCOLTANT A TAVEL (GARD) FRANCE

75 cl

Domaine de Fesle
1979
Cabernet d'Anjou

APPELLATION CABERNET D'ANJOU CONTROLÉE

Vol. Mini.
73cl

Jean Brouard

PROPRIÉTAIRE A SAINT-SATURNIN 49320 FRANCE

Vinifikation/Weisswein

Weisswein wird durch direktes Abpressen weisser Trauben oder blauer Trauben mit farblosem Saft erzeugt, wobei die grossen Weissweine – mit Ausnahme des Champagners – stets aus weissen Trauben erzeugt werden.

Mahlen und Pressen

Die geernteten Trauben werden sofort gemahlen und entrappt und anschliessend gepresst. Durch das Abtropfen nach dem mechanischen Abbeeren können 75% des Mosts gewonnen werden, der von hoher Qualität ist. Die anschliessenden Pressungen liefern eine geringere Qualität, wobei die verbleibenden 10–15% säurearm und reich an Tannin und sehr eisenhaltig sind; dieser Most ist in jedem Fall gefärbt und wird daher nicht zur Weissweinbereitung verwendet.

In allen Vinifikationsphasen muss der Most vor Sauerstoff geschützt werden. Dies geschieht durch Schwefelung, d. h. durch Hinzufügen von Schwefeldioxid (8–10 g/hl), das den Sauerstoff fernhält (Reduktionsmittel) und die Wirkung der Oxidasen hemmt. Bei letzteren handelt es sich um Enzyme, die Weissweine beeinträchtigen und sogar zerstören können (Rahnwerden); sie greifen die phenolischen Inhaltsstoffe an und machen den Wein bitter, rauh und hochfarben. Da sie sich an die festen Bestandteile der Beeren anlagern, müssen diese Feststoffe durch Schönen *(débourbage)* entfernt werden. Die Débourbage kann auf natürlichem Wege durch Kühlung des Mosts auf –10°C erfolgen, wobei sich die Trubstoffe niederschlagen, oder durch Filtrierung (Bentonit), Ausfällung oder Zentrifugieren.

Gärung

Zur Einleitung der Gärung des nunmehr geklärten Traubenmosts werden Reinzuchthefen zugefügt. Je nach Art des gewünschten Weines und der Grösse des Guts sind die Gärbehälter entweder Holzfässer mit einem Inhalt von etwa 2 hl, oder es sind riesige Beton- oder Edelstahltanks mit einem Fassungsvermögen von bis zu 1000 hl. Besondere Beachtung muss bei der Weinbereitung der Gärtemperatur geschenkt werden, da erfahrungsgemäss Temperaturen über 19–20°C dem Aroma schaden können. Weisswein wird am besten in kleinen Mengen vergoren. Beim Gärprozess werden grosse Wärmemengen freigesetzt, so dass es in grossen Behältern leicht zur Überhitzung kommen kann, während in kleinen Behältern die Oberfläche der Wand relativ grösser ist. Dieses Problem lässt sich aber auch durch die Installation von Kühleinrichtungen überwinden.

Bei Kälteanwendung kann die Gärung bis zu einem Monat dauern; als trocken gilt ein Wein, der höchstens 2 g/l mehr Zucker als Säure enthält, jedoch insgesamt nicht mehr als 9 g/l.

Biologischer Säureabbau

Zu diesem Zeitpunkt steht der Weinbereiter vor der schwierigen Entscheidung, ob er einen biologischen Säureabbau (Apfelmilchsäuregärung) durchführen soll oder nicht. Ausgelöst wird er durch die Erwärmung des Weines; andernfalls wird geschwefelt (10 g/hl), wodurch die Milchsäurebakterien abgetötet werden. Die Entscheidung hängt von der Gesamtsäure des Jungweines sowie davon ab, welcher Weintyp erzeugt werden soll. Der biologische Säureabbau wird im Burgund praktiziert, wo eine gewisse Geschmeidigkeit gewünscht wird, und in der Schweiz, obwohl die Chasselas-Trauben relativ säurearm sind. In Deutschland, in Bordeaux und weitgehend auch im Champagnegebiet wird er vermieden. Es ist zu beachten, dass die Umwandlung von Apfelsäure in Milchsäure den Säuregrad des Weines verringert, da aus 10 g Äpfelsäure 6,7 g Milchsäure und 3,3 g Kohlendioxid entstehen, das als Gas entweicht. Generell gilt ein normaler trockener Weisswein mit 11–11,5° Alkohol als gelungen, wenn sein Säuregehalt bei 4–5 g/l liegt.

Unten: Chardonnay-Trauben werden bei Cramant für die Erzeugung eines Champagners des Typs Blanc de Blancs verlesen.

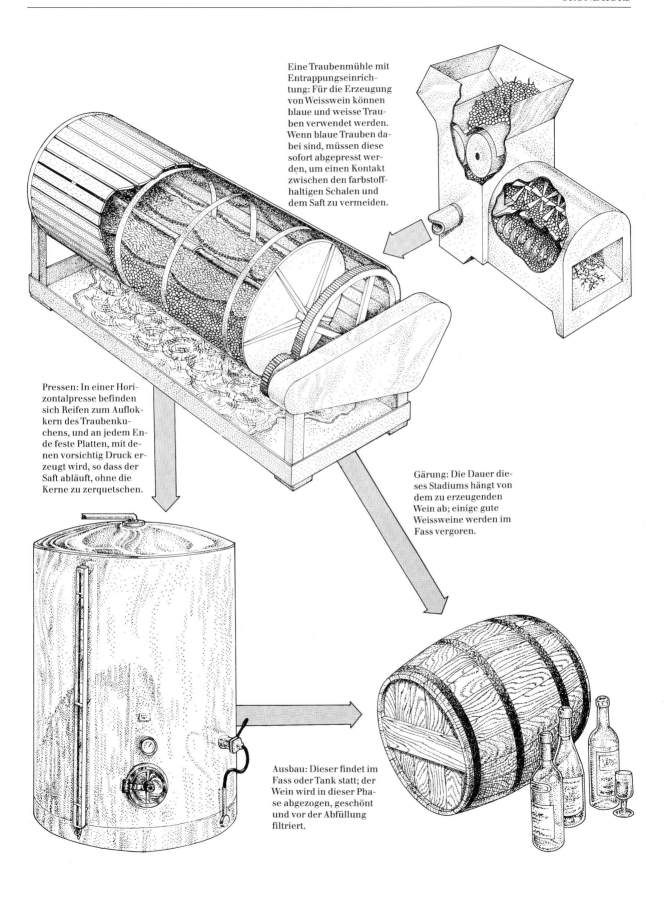

Eine Traubenmühle mit Entrappungseinrichtung: Für die Erzeugung von Weisswein können blaue und weisse Trauben verwendet werden. Wenn blaue Trauben dabei sind, müssen diese sofort abgepresst werden, um einen Kontakt zwischen den farbstoffhaltigen Schalen und dem Saft zu vermeiden.

Pressen: In einer Horizontalpresse befinden sich Reifen zum Auflockern des Traubenkuchens, und an jedem Ende feste Platten, mit denen vorsichtig Druck erzeugt wird, so dass der Saft abläuft, ohne die Kerne zu zerquetschen.

Gärung: Die Dauer dieses Stadiums hängt von dem zu erzeugenden Wein ab; einige gute Weissweine werden im Fass vergoren.

Ausbau: Dieser findet im Fass oder Tank statt; der Wein wird in dieser Phase abgezogen, geschönt und vor der Abfüllung filtriert.

47

Vinifikation/Ausbau

Mit der Umwandlung der Trauben in Wein ist die Arbeit des *vigneron* noch nicht getan. Sie endet erst, wenn der Wein abgefüllt wird, und dies kann bald oder auch nach längerer Zeit geschehen. Wir müssen hier zwischen zwei Weintypen unterscheiden: zwischen jenen, die auf Holz liegen *(faire du bois)*, und den übrigen. Unter Holzausbau versteht man eine relativ lange Lagerung in Holzfässern (meist 225 l) anstatt in »neutralen« Tanks. Neutral sind sie deshalb, weil Metall-, emaillierte oder Kunststofftanks keinerlei Einfluss auf den Wein haben.

Holzfässer dagegen beeinflussen den Wein sehr wohl, und zwar abhängig von der Holzart, dem Alter des Fasses und der Lagerdauer. Zwei Faktoren spielen vor allem eine Rolle. Zum einen gibt das Holz Tannin ab (200 mg/l im ersten Jahr bei neuen Fässern), zum anderen oxidiert der Wein, weil das Holz eine geringe Menge Sauerstoff hindurchtreten lässt. Untersuchungen haben ergeben, dass die jährliche Sauerstoffaufnahme durch das Holz zwischen 2 und 5 cm³/l liegt – eine sehr geringe Menge gegenüber den 15 bis 20 cm³/l, die der Wein über seine Oberfläche aufnimmt. Ausserdem wird der Wein viermal im Jahr abgezogen *(soutirage)*, um ihn vom Bodensatz und den Hefen zu trennen und ihn zu belüften. Dabei werden jeweils weitere 3 bis 4 cm³/l Sauerstoff im Wein gelöst. Durch diesen Vorgang sowie durch einen geringfügigen Alkoholabbau werden die Primäraromen in Sekundäraromen umgewandelt, wobei sich gleichzeitig die Farbe des Weines entwickelt: Das Violettrot der Anthozyane, die ausgefällt werden, wird durch das bräunlich-gelbliche Rot der Tannine ersetzt.

Der Weinbereiter steuert den Ausbauprozess und den Tanningehalt des Weines nach seinem Geschmack, indem er je nach Jahrgang neue oder gebrauchte Fässer nimmt, die Anzahl der *soutirages* verändert und den Wein mehr oder weniger lange im Fass lässt.

Vor der Abfüllung wird der Wein geklärt bzw. geschönt. Weissweine werden acht bis zehn Tage auf Temperaturen bis unter 0° C gekühlt, um den Weinstein auszufällen. Dadurch wird der Wein geschmeidiger, und gleichzeitig wird die Bildung eines Weinsteindepots verhindert.

Eine Schönung wird bei fast allen Weinen durchgeführt. Dabei werden durch Zugabe von Hausenblase, Ochsenblut, Kasein, Gelatine, Eiweiss, Bentonit und ähnlichem Verunreinigungen ausgeflockt. Nach oder anstelle der Schönung kann der Wein auch durch Filter unterschiedlicher Feinheit filtriert werden.

Rechts: Erhitzen feuchter Fassdauben, die am Ende mit einem Reifen versehen sind, so dass das andere Ende durch Zusammenziehen eines Drahtseils geformt werden kann.
Ganz rechts: Neue Eichenfässer auf Château Lascombes, Margaux.

Manche *maîtres de chai* ziehen es heute vor, die Reihenfolge der Arbeitsgänge umzukehren, d. h. vor dem Fassausbau zu filtrieren (z. B. Château Cos Labory), doch sind heute noch keine Aussagen darüber möglich, welche Vorteile dieses Verfahren bietet. Anzumerken ist noch, dass Weine, die über längere Zeiträume (z. B. drei Jahre) in klei-nen Behältern ausgebaut werden, sich selbst klären. Allerdings findet man kaum einmal einen Wein, der weder geschönt noch filtriert wurde.

Links: Das Probenziehen: Mit einer velenche (Stechheber) wird der Wein geprüft und verkostet, der in Fässern auf Château Grand-Puch, Entre-Deux-Mers, Bordeaux, heranreift.

Vinifikation/Spezialverfahren 1

Weine sind entweder still oder schäumend: Erstere enthalten nur eine geringe Menge gelösten Kohlendioxids, das weder am Gaumen noch optisch feststellbar ist. Bei Schaumweinen dagegen kann durch die vorhandene Kohlensäure in der Flasche ein Druck bis zu 6 bar herrschen. Dies kommt nur bei Weissweinen und Rosés vor, da sich Kohlensäure und Rotwein schlecht vertragen. Einige Barberas bilden gelungene Ausnahmen von dieser Regel.

Vins sur lie

Wenn ein Weissweinetikett die Aufschrift *mis sur lie* oder *mis en bouteilles sur lie* trägt, bedeutet dies, dass der Wein jung zu trinken ist. Ein leichtes Prickeln auf der Zunge verrät überdies, dass der Wein ein wenig Kohlensäure enthält. Dies ist kein Vinifikationsfehler, sondern wird bewusst gemacht, um dem Wein Spritzigkeit zu geben und den Mangel an Säure auszugleichen (Schweizer Weissweine). Vins sur lie werden direkt aus dem Gärbehälter, während sie noch »auf der Hefe« liegen, in Flaschen gefüllt, bevor das Kohlendioxid durch wiederholtes Abziehen entweichen kann. Dieses Verfahren hat verschiedene Vorteile: Das Umfüllen verstärkt die Sauerstoffaufnahme und schadet somit dem Weisswein, während die Hefen die Oxidation vermindern (Muscadet, Vin de Savoie usw.).

Schaumweine

Völlig andere Verfahren werden für die Erzeugung von Schaumweinen angewandt, die aufgrund ihrer Geschichte, ihres Geschmacks und der Art, wann und wie sie genossen werden, einen besonderen Rang einnehmen. Manche Weine werden mit Kohlensäure versetzt, doch entstehen auf diese Weise meist rauhe, grobe Sorten ohne Herkunftsbezeichnung. Die besseren Weine bekommen ihre Bläschen durch die *méthode rurale,* d. h. durch die Vinifikation im geschlossenen Behälter, oder durch die *méthode champenoise.*

Die Méthode rurale ist zweifellos das älteste Verfahren. Nach ihr wird der vermutlich älteste Schaumwein der Welt hergestellt, der Gaillac, der sich diesen Titel höchstens noch mit dem Blanquette de Limoux teilen muss. Nach diesem Verfahren arbeitete Dom Pérignon, und es dauerte bis zur ersten Hälfte des 18. Jhs., ehe die *vignerons* der Champagne ein neues Verfahren zur Schaumweinbereitung perfektionierten.

Die Méthode rurale ist denkbar einfach: Der Wein wird vor Beendigung der Gärung abgefüllt. Nach Ablauf der Gärung enthält die Flasche Kohlendioxid und die Nebenprodukte der Gärung – das als *lie* bezeichnete Depot. Dieses Depot kann entfernt werden, wenn man die Flasche auf dem Kopf lagert und nach dem Entkorken eine geringe Menge Weines herausfliessen lässt *(dégorge-*

ment). Eine andere Möglichkeit besteht in dem Entkorken in einem Druckgefäss bei niedriger Temperatur, mit anschliessender Filtrierung und Wiederabfüllung unter dem gleichen Druck.

Bei der Méthode champenoise wird durch Zusatz von Zucker und Hefe *(liqueur de tirage)* eine zweite Gärung eingeleitet. Der Wein gärt in der Flasche, und zwar sehr langsam bei niedrigen Temperaturen (10°C), so dass optimale Ergebnisse erzielt werden. Die Entfernung des Depots erfolgt wiederum durch *dégorgement.*

Die Erzeugung von Schaumwein in geschlossenen Behältern *(cuve close)* erfolgt in einem druckfesten Behälter durch Zusatz von *liqueur de tirage.* Dadurch wird eine zweite Gärung eingeleitet; anschliessend erfolgt eine Filtrierung und Abfüllung unter Druck. Solche Weine können von guter Qualität sein, sofern die zweite Gärung durch Kälte gezügelt wird. Der Asti Spumante ist ein Schaumwein aus geschlossenen Behältern, aus dem durch Filtrieren und Zentrifugieren die Stickstoffverbindungen entfernt wurden und der anschliessend sterilisiert wird, um eine erneute Vergärung des noch vorhandenen Zuckers zu verhindern.

Links: Das tägliche Rütteln der Flaschen (remuage) in den Kellern eines Champagnerhauses; da die Flaschen schräg mit dem Hals nach unten gelagert weden, wandert das Depot bei der remuage zum Korken.

Unten: Depot in einer Champagnerflasche nach der zweiten Gärung.

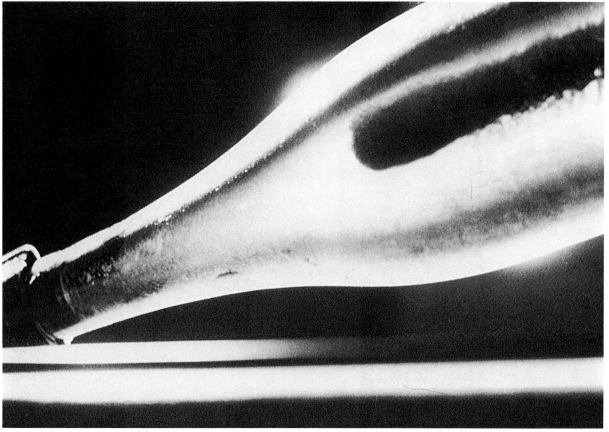

Vinifikation/Spezialverfahren 2

Weissweine dürfen als trocken bezeichnet werden, wenn sie weniger als 4 g/l Restzukker enthalten. Oberhalb dieser Grenze sind die Weissweine halbsüss (20 g/l Restzucker) oder süss (40 g/l Restzucker); was darüber liegt, ist verstärkter Wein.

Das Vorhandensein von Restzucker, d.h. Zucker, der nicht in Alkohol umgewandelt wurde, stellt für den Weinbereiter ein Problem dar, da die Hefen, die den Zucker in Alkohol umwandeln, keine hohen Alkohol-konzentrationen vertragen. Sie vermehren sich in zuckerhaltigen Flüssigkeiten bei mässigen Temperaturen (etwa 10–35° C) bis zu einem Alkoholgehalt von 15–16%; darüber werden sie vom Alkohol selbst abgetötet.

Da aus 17 g Zucker ein Prozent Alkohol entsteht, sollten zuckerreiche Moste theoretisch Weine mit 20% oder mehr Alkohol liefern. Aus den genannten Gründen verbleiben jedoch 5% potentiellen Alkoholgehalts

Rechts: Auf den Premières Côtes de Bordeaux werden die Trauben für süssen Weisswein gelesen.

Ganz links: Verkostung eines Barsac mit dem Stechheber.
Links: Edelfaule Sémillon-Trauben kommen auf Château d'Yquem in die Presse und werden zu bestem Sauternes verarbeitet.

in Form nicht abgebauten Zuckers, d.h. der Wein hat 15% vorhandenen Alkoholgehalt (oder 85 g Restzucker).

In den letzten beiden Jahrhunderten – in Ungarn (Tokay) schon länger – haben die Winzer die Trauben eintrocknen lassen *(vin de paille,* Jura) oder überreife, von der Edelfäule befallene Beeren gelesen *(pourriture noble,* Sauternes), um den Zuckergehalt ihrer Ernten zu erhöhen. Trotzdem ist der Zuckergehalt selten hoch genug, und ausser in überragenden Jahren oder auf einigen wenigen Gütern (Yquem) muss bei der Weinbereitung der Gärprozess künstlich beendet werden (»Abstoppen« der Gärung oder »Stummachen« des Mosts), um ein akzeptables Gleichgewicht zwischen Zucker und Alkohol zu erreichen. Dieses Gleichgewicht stellt sich in der Regel bei 14% tatsächlichem und 4% potentiellem Alkoholgehalt ein.

Es gibt verschiedene Verfahren zum Abtöten von Hefen, wobei das einfachste das Hinzufügen von Alkohol ist. Diese künstliche Verstärkung *(mutage)* ist bei der Erzeugung von Wein verboten, jedoch für bestimmte *vins doux naturels* (u.a. Port, Sherry, Banyuls) zulässig. Das üblichere Verfahren besteht in der Hinzufügung von Schwefeldioxid. Erfolgversprechend ist dieses Verfah-

ren jedoch nur, wenn erhebliche Mengen Schwefeldioxid eingesetzt werden, was jedoch den gültigen Gesetzen widerspricht und den Geschmack ruiniert. Nur die besten Weinerzeuger wissen dieses Mittel sinnvoll einzusetzen, und zwar meist in Verbindung mit anderen Verfahren wie z.B.:
– Entfernung des Stickstoffs, den die Hefen benötigen, bei gleichzeitigem Filtrieren und Zentrifugieren;
– Sterilfiltrierung zur Entfernung der Hefen;
– Kühlung des Mosts, wodurch die Gärung stehenbleibt, die Hefen jedoch nur ruhen.

Weitere Verfahren sind die Teilpasteurisation bei 45°C, die Durchflusspasteurisation bei 70°C und die normale Pasteurisation bei 70° und mehr – sämtlich etwas drastische Verfahren, die grossen Weinen niemals zugemutet werden.

Die Vergärung verstärkter Weine ist ebenfalls ein schwieriges Geschäft, da durch den reichlich vorhandenen Zucker Botrytizin entstehen kann, ein vom Edelfäulepilz erzeugtes Antibiotikum. Da eine Schönung praktisch unmöglich ist, besteht stets das Risiko der Oxidation und flüchtiger Säuren. Verstärkte Weine weisen ein sehr reiches und sehr komplexes Aroma auf, sind aber auch am schwierigsten zu vinifizieren.

Vinifikation/Spezialverfahren 3

Kohlensäuremazeration

Wir haben uns bisher mit den sogenannten traditionellen Weinbereitungsverfahren befasst, nach denen überall die grossen Jahrgangsweine erzeugt werden. Sehr viele Weine werden jedoch nach anderen Verfahren vinifiziert, zu denen u. a. die Kohlensäuremazeration gehört.

Es ist möglich, dass einst alle Weine auf diese Weise erzeugt wurden und dass die »traditionelle« Methode die jüngere ist. Dies würde bedeuten, dass z. B. die *vignerons* des Beaujolais keine neue und spezielle Technik erfanden, sondern nur ein altes Verfahren wieder aufleben liessen.

Der grosse Vorteil der Kohlensäuremazeration liegt in der Möglichkeit, intensive Aromen zu extrahieren; nachteilig ist der Umstand, dass der Wein dabei nicht die Struktur erhält, die für gutes Reifen und Altern notwendig ist. Bei diesem Verfahren werden die Trauben, die nicht entrappt und nicht gemahlen werden, sorgfältig in einen geschlossenen Gärbehälter geschichtet. Dieser wird dann mit Kohlendioxid aus einem anderen Tank oder aus der Gasflasche gefüllt. Der dadurch bewirkte Sauerstoffabschluss lässt eine Gärung nur innerhalb der einzelnen Beeren zu, in denen sich 2% Alkohol bilden, während gleichzeitig die Hälfte der Apfelsäure abgebaut wird und der Saft Farbe annimmt. Dieser enzymatischen Gärung verdanken die *vins de primeur* ihr unverkennbares Aroma. Nach Ablauf einer Woche wird dem Tank Sauerstoff zugefügt, und die Hefen treten in Tätigkeit. Es kommt zum biologischen Säureabbau, und *vin de goutte* und *vin de presse* vermischen sich.

Dieses Vinifikationsverfahren ist in das Rhônetal vorgedrungen und wird sogar bei einigen Appellationsweinen um Crozes-Hermitage und Châteauneuf angewandt. Man kann kohlensäuremazerierte Weine mit traditionell vergorenen Weinen verschneiden (Château Beaurenard), um die aromatische Fülle der ersteren mit der Struktur und den Rundungen der letzteren zu verbinden. Generell sind *vins de primeur* spritzige, sehr fruchtige, geschmeidige Weine für den raschen Konsum, die sich mit dem Alter nicht verbessern.

Vin jaune

Es gibt noch einen Typ oxidierten Weines, den *vin jaune*, der eigentlich allen Gesetzen der Önologie Hohn spricht. Es ist ein Weisswein, der sechs Jahre lang in einem offenen 225 l-Fass ruht, das niemals aufgefüllt wird *(ouillage)*. Grundsätzlich wird ein Wein, dem man solches zumutet, sauer und ergibt be-

stenfalls Essig; beim *vin jaune* bildet sich
jedoch eine Kahmdecke, die den Wein vor
Sauerstoff schützt. Diese *fleur du vin* besteht
aus Hefen (Saccharomyces oviformis), die
bewirken, dass ein Teil des Alkohols im Wein
zu Äthylaldehyd oxidiert wird, wodurch ein
typisches, an Walnüsse erinnerndes Aroma
entsteht.

Das *vin jaune*-Verfahren ist selten, kost-
spielig und nicht immer erfolgreich. Der berühmteste Vertreter ist wohl der Château-
Chalon, ein kraftvoller, trockener gelber
Wein, der sofort nach der Abfüllung trinkreif
ist. Er ähnelt etwas dem Sherry und entsteht
wie dieser durch die wundersamen Wirkungen der *fleur du vin* oder *flor*.

Erhitzung der Maische
Bei jedem Gärprozess wird Wärme frei. Bei
der Vergärung des Weines wird diese natürliche Wärme manchmal künstlich auf

50–80°C gesteigert; die Trauben können dabei gemahlen sein oder auch nicht. Bei diesen Temperaturen wird die Farbextraktion
gesteigert (die Ausbeute an Anthozyanen beträgt fast das Doppelte); nach der Kühlung
folgt die Vergärung des jetzt dunkler gefärb-
ten Mosts. Anschliessend wird der Wein wie
üblich ausgebaut.

Dieses Verfahren hat drei Vorteile: Es zerstört die Oxidasen, ermöglicht auch die Ver-
arbeitung angefaulter Früchte und stimuliert die Extraktion der Anthozyane. Die Auswirkungen dieses Verfahrens auf das Aroma
sind umstritten. Auf Château de Beaucastel
(Châteauneuf-du-Pape) wird es seit etwa
fünfzig Jahren angewandt, und das Prinzip
selbst ist seit mindestens 200 Jahren bekannt.

Jahrgang/Einführung

Das Jahr, in dem ein Wein erzeugt wird, ist von ganz besonderer Bedeutung, und es liegen stets gewichtige Gründe vor, wenn es nicht angegeben wird. Die Qualität – und der Preis – eines Weines können starken jährlichen Schwankungen unterliegen, und in schlechten Jahren kommen Weine aus besten Lagen nicht auf den Markt, weil sie mit dem Qualitätsanspruch des Weinguts bzw. Châteaus nicht vereinbar sind.

Nicht jedes Weinbaugebiet ist gleichermassen von Jahrgangsschwankungen betroffen. Manche Gebiete erfreuen sich eines sehr gleichmässigen Klimas, doch lässt sich darüber streiten, ob ein solches Klima durchschnittliche Witterungsbedingungen und deshalb auch gleichmässig durchschnittliche Weine hervorbringt oder geradezu ideale Bedingungen, unter denen unaufhörlich perfekte Jahrgänge entstehen.

An der Académie du Vin neigen wir der Ansicht zu, dass Jahrgangsunterschiede nur die Vielfalt der Weine selbst unterstreichen, wobei die Launen des Wetters bestimmte Merkmale eines Weines besonders hervorheben. Der Jahrgang verleiht dem Wein eine zusätzliche Dimension, die der Kenner sofort wahrnimmt.

Über die Qualität eines Weines kann man erst reden, wenn man ihn gesehen und verkostet hat, und ein bestimmter Jahrgang kann nicht selektiert oder empfohlen werden, wenn man ihn nicht persönlich kennt. Jahrgangstabellen können als Gedächtnisstütze hilfreich sein; generell kann man sagen, dass sich die Fachleute bezüglich der Einstufung einig sind, während die Weinhändler weniger davon halten, weil sie auch die »kleinen« Jahrgänge verkaufen müssen. Jedenfalls ist die Entwicklung eines Weingedächtnisses in diesem Zusammenhang von grösster Bedeutung, und dies wird in unseren Kursen immer wieder betont.

Ein Verständnis der Wechselwirkungen zwischen Klimabedingungen und Qualität ist unerlässlich für die Auswahl eines Weines. Es ist z.B. klar, dass ein küstennahes Weingebiet deutlich von den Wärmeschwankungen des Meeres beeinflusst wird. Die Temperatur ist indes nur *ein* Klimafaktor, und das Meer schützt nicht vor Regen und garantiert auch keine Sonne. Eine gründliche Kenntnis dieser drei Faktoren – Temperatur, Niederschläge und Sonnenscheindauer – liefert eine gute Basis zur Bewertung eines Jahres; für sich genommen sind sie aber nicht ausreichend. Unerlässlich sind genaue Informationen über die Sonnenstunden, das Wissen, ob gegen Ende des Sommers die Sonne schien, ob es vor oder während der Lese regnete und ob die Temperaturen genügend hoch waren.

Auf die Verteilung kommt es ganz wesentlich an. Jahresstatistiken über die Temperatur, Niederschläge und Sonnenscheindauer sagen nichts darüber aus, ob es jeden Tag ein wenig regnete oder ob die ganzen Jahresniederschläge innerhalb zwei Wochen fielen. Sie sagen auch nichts darüber aus, ob der Winter zu warm oder der Sommer zu kühl war. Um dies festzustellen, braucht man Zahlen für die Wachstumsperiode von März bis Oktober, wobei die ganz speziellen Erfordernisse der Rebe zu berücksichtigen sind. In der Tat gibt es heute bereits Arbeiten zur Aufbereitung all dieser Informationen. Es wird in absehbarer Zeit möglich sein, die wahrscheinlichen Auswirkungen des Klimas auf jeden Jahrgang vorherzusagen und daraus eine Standard-Weinbeurteilung abzuleiten.

Oben: Der Jahrgang des Weines ist Teil seiner einzigartigen Persönlichkeit, einer der wesentlichen Faktoren, die die Qualität und den Preis bestimmen.

Links: Reifender Weisswein im Keller eines négociants (Calvet) in Beaune.

Jahrgang/Haupteinflüsse

Die Wetterbedingungen beeinflussen die Trauben in zweierlei Weise. Zum einen können sie das Wachstum und Reifen der Trauben beschleunigen oder verzögern; zum anderen können sie die Ausbreitung von Schädlingen begünstigen oder behindern. Beides beeinflusst die Quantität und die Qualität.

Es wird häufig gesagt, dass Quantität und Qualität nicht vereinbar sind, obwohl dies nicht in jedem Fall zutrifft. Selbstverständlich geht bei einem übermässigen Hektarertrag die Menge zu Lasten der Güte, und die Eigenart eines Weines wird verwischt. Dies geschieht immer dann, wenn es kurz vor der Ernte, wenn die Rebe noch kräftig wächst, regnet. Die Beeren nehmen über die Wurzeln viel Wasser auf, und das Ergebnis ist ein Wein, dem es mit ziemlicher Sicherheit an Farbe, »Stoff« und Dichte fehlt. Katastrophal können solche Niederschläge sein, wenn davor monatelange Trockenheit herrschte. Die Beeren sind dann klein und besitzen manchmal eine spröde Haut, die unter dem Andrang des Safts aufplatzt: Die Ernte ist verloren.

Niederschläge wirken sich von Fall zu Fall unterschiedlich aus. Kühler Regen steigert den Hektarertrag, während warme, milde Niederschläge das Auftreten von Graufäule begünstigen. Das ist besonders für den Rotwein, der für das Ausziehen von Farbstoffen auf der Maische gären muss, verhängnisvoll. Frühjahrsregen kann die gesamte Ernte gefährden, wenn der Blütenstaub von den Blüten abgewaschen wird, so dass sich keine Trauben bilden können.

Ein frühzeitiges Austreiben der Rebe ist ebenfalls unerwünscht, da Frühjahrsfröste die Knospen und Staubblätter zerstören können. Wenn die Rebe allerdings diese Feuerprobe besteht, sind ihre Erfolgsaussichten um so besser. Da die Trauben in der Regel hundert Tage nach dem Blühen der Pflanzen geerntet werden, kann die Ernte früher stattfinden. Um die Zeit der Herbst-Tagundnachtgleiche (21. September) gibt es häufig Niederschläge, und es ist besser für den Wein, wenn die Trauben bis dahin schon eingebracht sind.

Bis 1978 waren alle grossen Jahrgänge das Ergebnis früher Ernten; in jüngster Zeit sind die Reben aber sehr viel widerstandsfähiger gegenüber Parasiten geworden, die im Gefolge von schlechtem Wetter auftreten. Dies ist eine Folge bestimmter Behandlungen, die noch besprochen werden.

Auch ein Übermass an Wärme und Sonnenschein bekommt der Rebe nicht. Der Wein wird dadurch zwar tieffarbener, doch leidet gleichzeitig die Säure und die Verfeinerung. Ausserdem sind Weine aus sehr warmen Jahren häufig wenig entwicklungsfähig.

Rechts: Die zarten Triebe sind besonders empfindlich gegen Frühjahrsfröste. Ein Mittel zur Frostbekämpfung ist der Einsatz von Brennern.
Seite gegenüber: Syrah-Trauben in der vollen Sonne der Côtes-du-Rhône.

Jahrgang/Auswahl

Rechts: Die Rebe wird gehegt und gepflegt: Handspritzung in Burgund gegen Parasiten.

Während das Jahr für südliche Rebgärten eine nicht ganz so wichtige Rolle spielt, ist es für die nördlichen Gebiete, wo das Klima rauher ist, absolut entscheidend. Ein weiterer wichtiger Faktor ist die Rebsorte, da nicht alle Trauben Klimaeinbrüchen gleich gut widerstehen. Für jedes Gebiet gibt es daher Rebsorten, die dem jeweiligen Klima am besten angepasst sind. Der Cabernet Sauvignon z.B. braucht intensive Wärme und kommt daher nördlich der Loire nicht vor; der dünnhäutige Grenache und der fäulnisempfindliche Merlot wiederum vertragen keinen Regen.

Bei der Auswahl eines Weines ist es hilfreich, etwas über die speziellen Eigenarten der Rebe und das Alter des Rebgartens zu wissen. Junge Reben sind sehr witterungsempfindlich, so dass z.B. während des langen, heissen Sommers des Jahres 1976 die jüngsten Rebstöcke sämtlich eingingen. Die anpassungsfähigeren älteren Reben, deren Wurzeln weiter in die Tiefe reichten, überstanden die Hitze problemlos.

Auch die geologischen Gegebenheiten sind aufschlussreich, zumal in schwierigen Jahren. Die Durchlässigkeit eines Bodens bestimmt die Folgen starker Niederschläge; die Vorteile mächtiger Kiesschichten (10 bis 15 m) sind evident. Das Vorhandensein undurchlässiger Bodenschichten wie z.B. auf Château Haut Bailly (Graves) behindert die Entwässerung und das Wurzelwachstum, so dass der Wein sehr jahrgangsempfindlich ist.

Neben den direkten Folgen der Klimabedingungen gibt es die indirekten Folgen des Auftretens von Schädlingen. Bei deren Bekämpfung wurden allerdings in den letzten Jahren grosse Fortschritte erzielt, besonders durch systematische vorbeugende Spritzungen, so dass die Reben die gefährlichen Perioden schadlos überstehen und die Trauben voll ausreifen können. Die hervorragenden Späternten der Jahre 1978 und 1979 in Bordeaux bezeugen diesen Erfolg.

Diese Behandlungen haben die Robustheit weisser und blauer Trauben erheblich verbessert, sind jedoch kaum in Rebgärten anzuwenden, die süsse Weissweine liefern, da hier spät geerntet wird. Der Herbst ist die entscheidende Jahreszeit, und ein Jahr, das wegen eines mittelmässigen Sommers für einen Rotwein als mittelmässig eingestuft wird, kann wegen herbstlicher Morgennebel und sonniger Nachmittage für einen süssen Wein höchst gelungen sein. Dies geschah z.B. 1967, obwohl meist das Umgekehrte der Fall ist.

Unten: Zum Schutz vor Vogelfrass können die Reben mit Nylongespinsten abgedeckt werden.

Weinkauf und Transport

Wein kann man auf verschiedenen Wegen beziehen – direkt beim Erzeuger, beim Versandhandel, im Supermarkt oder im Weinfachgeschäft. Es ist indes wahrscheinlich, dass die Qualität und der Geschmack desselben Weines bei jeder dieser Bezugsquellen unterschiedlich ausfallen.

Ideal, für viele aber zu aufwendig, ist der Einkauf direkt beim Erzeuger; hier wird der Wein geboren und erzogen, und der Winzer muss auf seinen Ruf achten. Ausserdem kann man vor dem Kauf verkosten. Hierzu ein Ratschlag: Lassen Sie sich nicht überreden, dabei kleine Käsehäppchen oder Nüsse zu sich zu nehmen, da dadurch mögliche Weinfehler verdeckt werden können.

Grosshändler haben zwar in der Regel gute Lagermöglichkeiten, verkaufen aber nicht immer an Privatkunden. Der Kaufmann verfügt nicht unbedingt über geeignete Lager-

Oben links: Einkauf beim Erzeuger: Schild eines Winzers in Chinon an der Loire.
Unten links: Direktverkauf des Erzeugers: Maurice Gousset, l'Aiglerie, Anjou.

Rechts: Sortiment von Bergerac- und Bordeaux-Weinen in einem Weingeschäft in Périgueux.

möglichkeiten, und der Wein steht möglicherweise zu warm.

Supermarktweine bekommen in der Regel zuviel Wärme und Licht. Insbesondere Weissweine sind durch photosynthetische Reaktionen gefährdet; aus diesem Grund sind Champagnerflaschen häufig in Papier eingeschlagen. Der Weinfachhandel bietet die beste Garantie für gute Weine sowie eine grössere Auswahl der besseren Jahrgänge und Güter.

Reisen

Der Transport des Weines nach dem Einkauf verlangt die gleiche Sorgfalt, die man auch sonst im Umgang mit Wein walten lässt. Wenn Sie den Wein direkt beim Erzeuger kaufen, sei es in Flaschen oder offen (Fass, »bonbonnes« = Ballonflaschen oder cubitainer), laden Sie ihn vorsichtig ein und ver-

meiden Sie jegliche Wärmeeinwirkung, sei es durch die Sonne oder die Heizung. Vermeiden Sie auch plötzliche Temperaturschwankungen. Es schadet dem Wein, wenn er aus einem Keller mit 11°C in ein Auto mit 25°C kommt, und umgekehrt. Etwas weniger gravierend ist das Problem beim Einkauf im Laden, da die Entfernungen kürzer sind.

Wenn der Wein zum baldigen Konsum gedacht ist, sollte er aufrecht transportiert und gelagert werden; nach jedem Transport sollten die Flaschen ein oder zwei Tage stehen, gute Weine auch eine Woche. Eine gute Flasche, die man Freunden zum Genuss am gleichen Tag bringt, hat sich schon oft als eine herbe Enttäuschung erwiesen.

Weinlagerung

Wenn es die Umstände erlauben, kann der Einkauf offenen Weines für die Abfüllung zu Hause eine lohnende Investition sein. Wein, der in Kunststoffbehältern transportiert wird, muss baldmöglichst abgefüllt werden; Wein im Fass lässt man zwei Wochen stehen, vorzugsweise an dem Platz, wo er abgefüllt wird, wobei für genügend Luftzutritt zu sorgen ist.

Die Abfüllung sollte bei trockenem, schönem Wetter und hohem Luftdruck erfolgen – Regen und Gewitter sind verhängnisvoll. Die Abfüllung darf unter keinen Umständen unterbrochen werden; wenn man ein halbleeres Fass stehen lässt, ist der ganze restliche Wein verloren. Vor Arbeitsbeginn vergewissert man sich daher, dass ein genügender Vorrat sauberer Flaschen und geeigneter Korken vorhanden ist. Man hebert den Wein heraus und lässt ihn am Flaschenrand einlaufen, um Schaumbildung zu vermeiden, die zu Oxidation führt. Soll der Wein reifen, müssen die Korken zwischen 38 und 52 mm lang sein; vor dem Einsetzen müssen sie in sehr heissem, aber nicht kochendem Wasser oder besser noch im Dampf erweicht werden. Anschliessend sind sie in kaltem Wasser abzuspülen und soweit einzusetzen, dass möglichst wenig Luft zwischen Kork und Wein verbleibt. Wenn der Korken trocken ist, kann die Flasche mit einer Kapsel versehen oder versiegelt und etikettiert werden.

Der Keller

Der Keller muss dem Wein alle Möglichkeiten zur Entwicklung und Verbesserung bieten, und die Flaschen sind so sinnvoll anzuordnen, dass sie für den Konsum und zur Kontrolle gut zugänglich sind. Vorgefertigte Weingestelle sind ideal und in jedem Supermarkt zu haben.

In einem guten Keller ist der Wein vor Fremdgerüchen, Erschütterungen und Licht geschützt. Heizölkeller oder Keller neben einer U-Bahn sind ungeeignet. Der Keller sollte ruhig sein, mit einer relativen Luftfeuchtigkeit von etwa 90% und einer konstanten Temperatur von 10 bis 11°C. Kleinere Temperaturschwankungen sind zulässig, wenn 16°C nicht überschritten werden. In einem warmen Keller altert der Wein schneller, und er verliert gerade seine besten Eigenschaften.

Das Kellerbuch

Wenn die Weine auf ihrem Höhepunkt getrunken werden sollen, ist ein Kellerbuch unerlässlich. Neben dem Kellerbestand enthält es auch Notizen über die Entwicklung und den Reifezustand des Weines, die nach jeder Verkostung eingetragen werden.

Rechts: Abfüllung in den Kellern von Marc Brédif, négociants aus Vouvray, Loire.

Links: Mechanische Abfüllanlage im Champagnerhaus Pommery & Greno.

Unten: Eine Auswahl traditioneller Flaschenformen; von links nach rechts: Tokay, Verdicchio, Chianti, Elsass/Rhein, Bordeaux, Burgunder und Champagner.

Die chemische Zusammensetzung des Weines

Komponenten und Wirkungen

INHALTSSTOFF	GEWICHT	WEIN	BEMERKUNGEN
SÜSS			
Zucker	1–4 g	Trockene Weissweine Rotweine Halbsüsse Weissweine Süsse Weissweine Dessertweine	Zucker ist nicht vergoren
Ethanol (Alkohol)	70–120 g	Alle Weine	Konservierend. Verleiht Körper.
Glyzerin	5–10 g bis 18 g	Qualitätsweine Dessertweine	Verleiht »Stoff« (in der Fachwelt umstritten).
BITTER (und ADSTRINGIEREND)			
Tannine (Leukoanthocyane) (phenolisch)	1–4 g 0,1–0,3 g	Rotweine Weissweine	Farbstruktur, baut sich mit dem Alter ab. Macht Weissweine robuster, aber auch härter.
Anthocyane (phenolisch)	0,1–0,5 g	Rotweine	Farbe junger Weine. Verschwindet nach zwei Jahren. Monoglucide in europ. Weinen Diglucide in amerik. Weinen
Äpfelsäure	0,1–5 g	Weissweine (nicht alle)	Grasigkeit, säuerlich, kommt in der Traube nicht vor.
Bernsteinsäure	0,5–5 g	Alle Weine	Gärprodukt
SAUER			
Bernsteinsäure	0,5–1 g		Abbauprodukt der Äpfelsäure
Milchsäure	2–8 g	Alle Weine	Gärprodukt Fällt bei Kälte aus.
Weinsteinsäure Zitronensäure	Spuren		Verschwindet bei der Vinifikation
Essigsäure (flüchtige Säure)	0,6 g 0,9 g	Alle Weine Dessertweine	Ein Zuviel zeigt Krankheit und unsachgemässe Vinifikation an.
SALZ			
Bernsteinsäure	0,5–1 g	Alle Weine	Gärprodukt
Organische und anorganische Säuren Spurenelemente	2–3 g Spuren	Alle Weine	Verleihen Frische

Komponenten ohne Geschmacksstoffe oder Aromen

INHALTSSTOFFE	MENGE	
Wasser	850–900 g	Reines Wasser, volumenmässig grösster Bestandteil
Stickstoff-verbindungen	1–3 g	Nähren die Hefen; bei den heutigen Weinen kaum mehr vorhanden.
Vitamine	Spuren	Helfen den Hefen
Harze	0–3 g	Bei den heutigen Weinen kaum mehr vorhanden
Kohlendioxid Schwefeldioxid	2–3 mg	Reizen die Schleimhäute. CO_2 ist in tanninreichen Weinen nicht akzeptabel, kann jedoch manche Weissweine und Rosés verbessern. Feststellbares SO_2 ist stets ein Fehler.

Aromen

Im Wein sind einige Hunderte von aromatischen Inhaltsstoffen vorhanden, u. a. Säuren, Alkohol, Aldehyde und Ketone.

AROMEN	INHALTSSTOFFE	
FLORAL		
Geranien	Hexadien	
Rosen	Geraniol Phenylalkohol Phenylacetat	
Iris	Iron	
FRUCHTIG		
	Isoamyl-, Methyl-, Ethyl-, Butyl-, Isobutyl-, Isobutylamyl-, Hexylacetat	
Banane	Isoamyl-, Butylamylbutyrat	
	Verschiedene Alkohole	Methanol Ethanol Propanol Butanol Pentanol Hexanol
Kirsche	Benzaldehydcyanhydrid	
Erdbeere Himbeere Schwarze Johannisbeere	Verschiedene Säuren, Alkohol, Aldehyde und Ketone	
Bittermandel	Benzoealdehyd, Acetin (Keton)	
Haselnuss Apfel	Diacetylketon 50 Inhaltsstoffe	
Pfirsich	Undekalacton (Alkohol)	
GEWÜRZE UND ANDERES		
Zimt	Zimtaldehyd	
Lakritz	Glycyrrhyzin	
Honig	Phenylethylsäure	
Ranzige Butter	Übermass an Diacetylketon	
Essigstich	Ethylacetat (Ester)	

2
Aufbaukurs

Der Wein ist ein komplexer Gegenstand, und seine Harmonie und seine Balance sind von filigraner Zartheit. Jedes Element beeinflusst jedes andere, und dies ist der Grund, warum jede einseitige Untersuchung einer einzelnen Komponente zum Scheitern verurteilt ist. Dennoch hat sich die Académie du Vin entschlossen, den Rebsorten einen eigenen Kurs zu widmen, weil wir der Meinung sind, dass dieser Gegenstand von fundamentaler Bedeutung für ein besseres Verhältnis aller anderen Zweige der Kunst der Weinbereitung ist. Mit ihrer Vielfältigkeit, ihrer Empfindlichkeit für unterschiedliche Böden und Klimata und den Möglichkeiten, die sie dem Weinproduzenten bietet, ist die Rebe ein ganz ausserordentliches Gewächs.

Anschliessend an unsere Darstellung der wichtigsten Rebsorten folgt eine Reise durch Frankreich und die ganze Welt, denn jedes Weinbaugebiet und jedes Land hat seine eigenen Stöcke, die es pflegt, verbessert und mit anderen Stöcken kreuzt, um die biologischen Genotypen direkt und künstlich zu verändern. Nach der Beschreibung dieser

Rebsorten und ihrer Beeinflussung durch Boden, Klima und Vinifikation sind wir gerüstet für den Fortgeschrittenenkurs, der sich mit dem Wein selbst in all seiner grossartigen Vielgestaltigkeit befasst.

Gemäss den bewährten Grundsätzen der Académie du Vin werden wir versuchen, einige der kausalen Zusammenhänge zwischen den Bedingungen, unter denen ein Wein erzogen und ausgebaut wird, und dem Wein selbst aufzuzeigen.

Zweifellos ist dieses Thema für sich genommen schon interessant genug; daneben glauben wir jedoch auch, dass der Weinfreund, der über die Entstehung des Weines Bescheid weiss, eher in der Lage ist, einen Wein zu würdigen, im Gedächtnis zu behalten und klug auszuwählen. Weingenuss ist schliesslich mehr als ein angenehmer Zeitvertreib. Wenn die Lebenskunst ein kulturelles Phänomen ist – wovon wir fest überzeugt sind –, dann sind auch Kenntnis und Gebrauch des Weines kulturelle Aktivitäten und fester Bestandteil eines zivilisierten und befriedigenden Daseins.

Rebsorten/Einleitung

Das Fachgebiet, das sich mit dem Studium, der Beschreibung und der Klassifikation der Rebsorten befasst, ist die Ampelographie. Diese Wissenschaft ist zwar alt, aber trotzdem noch mit vielen Ungenauigkeiten behaftet, und Meinungsunterschiede sind häufig. So wird z. B. in den Ratifikationstexten, die das französische *Institut National des Appellations d'Origine Contrôlée (INAO)* im *Journal Officiel,* dem französischen Staatsanzeiger, veröffentlicht, der Chardonnay stets als Pinot Chardonnay bezeichnet, trotz der Tatsache, dass Pinot und Chardonnay nichts miteinander zu tun haben, dass sie nicht zur gleichen Familie gehören, dass diejenige weisse Rebe, die mit dem Pinot nahe verwandt ist, die Pinot blanc ist und dass schliesslich die Rebe einzig und allein durch die Bezeichnung Pinot blanc vrai richtig be-

nannt ist. Der Ausdruck Pinot Chardonnay stiftet also nur Verwirrung.

Eine einwandfreie Nomenklatur ist wichtig, weil die Rebsorten für jede *appellation* festgelegt und amtlich zugelassen sind. Der Winzer kauft seine Reben in Rebschulen, und wenn er Cabernet pflanzt, dann möchte er auch Cabernet-Trauben ernten. Aufgabe der Ampelographie ist es, die Rebsorten zu definieren und richtig zu klassifizieren. Die Aufgabe wird allerdings dadurch erschwert, dass sich die Wissenschaft nur mit reinen Varietäten befassen darf; diese können jedoch nicht als rein eingestuft werden, bevor sie nicht definiert sind. Es wurden viele Definitionssysteme vorgeschlagen. Manche basieren auf dem jeweiligen Zeitpunkt des Knospenaustriebs, der Blüte, der Reife und des Laubabwurfs, während andere sich auf

Unten: Merlot-Trauben aus Saint-Estèphe.

den Typ des Schösslings, der Wurzeln, der Blüten oder auch der Blätter stützen. Dieses letztere, höchste Sorgfalt erfordernde System basiert auf den Winkeln der Blattnerven und hat einen neuen Wissenschaftszweig hervorgebracht, die Ampelometrie. Die neueste Klassifikation, die auf Phänotypen aufbaut, bezieht sich auf alle sichtbaren Erbmerkmale des Rebstocks.

Ein ernsthaftes Studium der Rebsorten muss sich mit den Pfropfreben wie auch den Unterlagsreben befassen. Während die Varietät der Pfropfrebe die Traubenvarietät bestimmt, hängt die Qualität von der Unterlagsrebe ab, die den Stock trägt. So erhöht z.B. die Unterlagsrebe SO4 (Berlandieri-Riparia Nr.4, selektiert in Oppenheim) den Hektarertrag und verringert den Zuckergehalt der Trauben.

Die Traubenqualität wird auch durch die Selektion verändert. In jüngster Zeit ist die Klonenselektion in Mode gekommen, was die Aussicht auf Rebgärten eröffnet, die nichts weiter als eine endlose Reproduktion eines einzelnen Rebstocks sind. Dadurch würde eine erhebliche Verarmung der Weinvielfalt eintreten.

Da sich die Rebe geschlechtlich vermehrt, kann sie auch gekreuzt werden. Bei Fremdbefruchtung entstehen Hybriden, die manchmal direkt produktiv sind, während bei Selbstbefruchtung (zwischen Varietäten der gleichen Art) Hybriden mit bemerkenswerten Eigenschaften entstehen. So ist die in Deutschland häufigste Rebe, die Müller-Thurgau, eine Kreuzung zwischen Riesling und Silvaner.

Links: Gamay-Trauben im Beaujolais.

71

Rebsorten/Einfluss

Der Einfluss der Rebsorte auf den fertigen Wein kann nicht hoch genug eingeschätzt werden. Sie gibt ja dem Wein weit mehr als nur Farbe, wie sich z. B. beim Vergleich eines deutschen und eines Elsässer Weines zeigt, die vom gleichen Boden, vom gleichen Weinberg und den gleichen Vinifikationsverfahren herstammen, aber die Namen unterschiedlicher Reben tragen: Einen Riesling kann man nicht mit einem Gewürztraminer verwechseln. Die Wirkungen des Bodens und des Klimas dürfen zwar nicht unterschätzt werden, aber es ist doch die historische, in vielen Jahrhunderten gewachsene Verbindung zwischen bestimmten Rebsorten und bestimmten Anbaugebieten, die die idealen Kulturbedingungen geschaffen hat.

Im Laufe der Jahre haben sich drei unterschiedliche Verfahren der Weinbereitung entwickelt. Beim ersten und einfachsten wird Wein aus einer einzigen Rebsorte erzeugt. Dies ist z. B. in Deutschland, im Elsass, Burgund und Loire-Gebiet der Fall.

Beim zweiten Verfahren kommen unterschiedliche Rebsorten gleichzeitig in die *cuves* (Gärbottiche) und gären zusammen. Dieses Verfahren ist im Rhônetal und in einigen Gebieten Italiens üblich und eignet sich sowohl für die Erzeugung von Rot- wie Weissweinen; dabei können auch weisse und blaue Trauben zusammen zu Rotwein verarbeitet werden. Der Châteauneuf-du-Pape z. B. entsteht aus der gleichzeitigen Vergärung von einer bis dreizehn Sorten *Vitis vinifera*.

Die dritte Möglichkeit, aus verschiedenen Traubensorten einen Wein herzustellen, wird als Verschnitt oder *assemblage* verzeichnet. Dabei werden zwei, drei oder vier Rebsorten getrennt zu Wein ausgebaut. Im Februar oder März nach der Ernte werden diese Weine in einem Verhältnis gemischt, das der Kellermeister nach der Verkostung festlegt. Nach diesem Prinzip werden die Rot- und Weissweine von Bordeaux und Südwestfrankreich hergestellt.

Unten: Gewaltige Mengen Trauben stehen bei einem Winzer in Pays d'Aude zum Keltern bereit.

Die Vor- und Nachteile des Mischens von Trauben oder Weinen sind Gegenstand endloser Diskussionen. Die Befürworter des Traubenverschnitts führen ins Feld, dass durch die gemeinsame Vergärung Wechselwirkungen zwischen den einzelnen Inhaltsstoffen jeder Sorte stattfinden, und die Komplexität der chemischen Reaktionen während der Gärung spricht in der Tat für diese Theorie. Nicht alle Trauben werden aber genau zum gleichen Zeitpunkt reif; wenn man sie getrennt vinifiziert, können sie jeweils zum richtigen Zeitpunkt gelesen werden. Zudem kann man den Inhalt eines Fasses nicht mehr ändern, während bei der *assemblage* genaue Anpassungen möglich sind. Dass die Dinge hier im Fluss sind, zeigt die Champagne, wo zu Zeiten von Dom Pérignon die Trauben gemischt wurden, während man heute Grundweine verschneidet. Auch gemischte Verfahren sind möglich, d.h. zuerst werden die Trauben und dann auch die Weine gemischt.

Links und unten: Degustation für den Verschnitt beim Champagnerhaus Moët & Chandon; chef de cave Dominique Foulon arbeitet an der cuvée, bevor die zweite Gärung stattfindet.

Rebsorten/Internationale Blaue Sorten 1

Die Cabernets

Dieser noblen Familie gehören der Cabernet Sauvignon, der Cabernet Franc und die eng verwandten Petit Verdot und Carmenère an.

Cabernet Sauvignon

Die Ursprünge dieses Patriarchen der Cabernet-Familie liegen im dunkeln, jedoch dürfte es sich ursprünglich um eine Wildrebe des Bordeauxgebiets gehandelt haben. Dies ist eine spätreifende Rebsorte mit spätem Austrieb, die gut an warmes Klima angepasst ist. Der Sauvignon ist heute kosmopolitisch und wird u. a. in Europa, Nord- und Südamerika, Afrika, Australien und Neuseeland angebaut.

In Frankreich ist sie an der Loire, im Midi, im Südwesten und natürlich in Bordeaux zu finden. Die ziemlich kleinen, runden, schwarzen Beeren mit ihrem farblosen Saft liefern sehr tanninreiche, adstringierende und tieffarbene Weine von mässigem Alkoholgehalt und einem komplexen Aroma, in dem auch Zedernholz, vor allem aber das Aroma Schwarzer Johannisbeeren zu finden ist. Dieser rauhe Wein ist langlebig und verbessert sich mit dem Alter. Er ist wesentlicher Bestandteil der Médocs (50–80%) und in geringem Masse auch der Weine von Graves und Saint-Émilion. Ausserdem findet man ihn in den Rotweinen und Rosés von Anjou und Saumur.

Cabernet franc

Dies ist der Bouchy der Pyrenäen und der Breton der Loire. Es ist eine spätreifende Sorte, die etwas früher als der Cabernet Sauvignon austreibt und im Glanz des letzteren nur ein Schattendasein führt. Die Weine sind weniger tanninreich, haben ein üppigeres Bukett (Veilchen, Himbeere, Schwarze Johannisbeere, Stachelbeere, Lakritz) und sind verfeinerter. Sein bester Wein ist der Château Cheval Blanc (Saint-Émilion), in dem er zwei Drittel des Inhalts ausmacht.

Petit Verdot

Eine sehr späte Sorte des Médoc, die nicht

Unten: Cabernet Franc.

immer ausreift. Sie liefert tieffarbene, tannin- und alkoholreiche Weine.

Carmenère

Eine hervorragende Médoc-Sorte, die verschwunden ist. Sie wird z. Z. auf dem Versuchsgut von Château Dillon (Médoc) rückgezüchtet.

Merlot noir

Eine weitere sich ausbreitende Rebsorte, die im Bordeaux-Gebiet mehr Fläche bedeckt

Ganz links: Cabernet-Sauvignon.

als die beiden Cabernets zusammen. Sie erstreckt sich bis Südfrankreich und wird in Italien, Nord- und Südamerika, Südafrika und vielen anderen Ländern sehr geschätzt.

Der Merlot noir ist eine früh austreibende Sorte, die nicht selten Frühjahrsfrösten zum Opfer fällt. Die dünne Haut der Beeren macht ihn anfällig gegenüber Fäule; die zahlreichen, eher kleinen schwarzen Beeren haben einen farblosen Saft. Die Erträge können sehr hoch liegen (100 hl/ha). Merlot-Weine sind kraftvoller als Cabernet-Weine, jedoch von geringer Säure, geschmeidig und samten mit animalischen und Trüffelaromen. Sie sollten bald getrunken werden.

In Frankreich wird der Merlot ausserhalb der grossen Appellationen mehr und mehr reinsortig erzeugt. Die Traube erscheint zu 20–40% im Médoc, 40% im Graves, 60% im Saint-Émilion und bis zu 85% und mehr im Pomerol.

Seit etwa 75 Jahren wird auch Merlot blanc angebaut, der aber einen schwachen Wein von geringer Qualität liefert.

Pinot noir

Diese sehr alte traditionelle Traube des Burgund, die möglicherweise von dort stammt, ist in Deutschland unter dem Namen Blauer Spätburgunder bekannt.

Der Pinot noir ist eine frühreife Rebe, die von Nord bis Süd gut gedeiht, wenn auch nächtliche Wärme der Finesse der Weine schadet. Durch den frühen Austrieb ist sie frostgefährdet. Die feinsten Weine wachsen auf Kalkböden und in eher nördlichen Bereichen. Die schwarzblauen Beeren sind klein, kugelig und kompakt und mit einer dicken Schale versehen, wobei gerade ihre Kompaktheit Schimmelbefall begünstigt. Der Saft ist farblos. Pinot-Weine sind in der Regel herber als Cabernet-Weine, aber auch weniger tanninreich, tief rubinfarben und weisen Aromen von weichen roten Früchten auf. Pinot-Trauben werden stets reinsortig vinifiziert, mit Ausnahme des Bourgogne Passe-Tout-Grain ($\frac{1}{3}$ Pinot noir und $\frac{2}{3}$ Gamay).

Optimal gedeiht der Pinot im Burgund. In der Champagne wird er als Weisswein vinifiziert, und im Elsass ergibt er hellfarbene Weine. Besonders erfolgreich ist die Traube als Rosé. In Deutschland und östlich davon bereitet man aus ihr hellfarbene Rotweine. In Kalifornien liefert sie fettere und üppigere Weine.

Pinot meunier

Diese Mutation des Pinots ist bereits seit dem 16. Jh. bekannt. Sie treibt später aus und reift später als der Pinot noir, wird in

Kalkböden weiss und ist frostbeständig. Die Trauben sind gross mit runden, kompakten, blauschwarzen Beeren mit guten Erträgen. Die Weine sind weniger herb, weniger kraftvoll und weniger verfeinert als die des unvergleichlichen Pinot noir. Die Weine reifen schnell und haben ihren optimalen Platz in der Champagne.

Oben: Pinot Noir.

Rebsorten/Internationale Blaue Sorten 2

Zinfandel

Diese Rebe ist höchstwahrscheinlich österreichisch-ungarischen oder auch italienischen Ursprungs, hat indes den Boden ihrer Wahl in den Vereinigten Staaten gefunden, wo sie 1851 von Baron Agoston Haraszthy erstmals bei San Diego gepflanzt wurde.

Der Zinfandel treibt spät aus und reift noch später als der Cabernet Sauvignon. Die langen Trossen blauvioletter, kompakter, mittelgrosser Beeren liefern sehr unterschiedliche Hektarerträge. Er bevorzugt kreidig-kalkige, leicht sandige Böden und trockene Hanglagen.

Über 25jährige Reben in guten Lagen liefern tieffarbene Weine mit würzigen Aromen von schwarzem Pfeffer und Himbeeren. Die Stöcke sind langlebig, und die besten Weine wachsen auf den hohen Hügeln des kalifornischen Napa Valley.

Cot oder Malbec

Diese Rebsorte soll aus dem Bordeaux-Gebiet stammen, trägt aber in jeder Gegend einen anderen Namen: Malbec an ihrem vermuteten Geburtsort, Auxerrois bei Cahors, Cot im Loiretal, Pressac bei Saint-Émilion. Trotz ihrer vielen Namen ist die Rebsorte im Verschwinden begriffen, auch wenn sie noch die Basis der Weine von Cahors bildet. Ein Grund für den allmählichen Rückgang ist die hohe Ausfallrate, die u.a. mit dem frühen Austrieb und der damit verbundenen Frostgefährdung zusammenhängt. Diese frühreifende Rebsorte trägt mittelgrosse Trauben mit runden, kleinen bis mittleren, fleischigen schwarzen Beeren mit farblosem Saft. Die Erträge können beachtlich sein.

Der Wein aus der Malbec ist tieffarben mit ausgeprägtem Tannin. Er ist von guter Konstitution, doch ist das Aroma etwas schwach, weshalb man immer mehr den Cabernets und Merlots den Vorzug gibt. Er wird im Südwesten und am Ufer der Loire angebaut, wo aus ihm Rosés und unkomplizierte Rotweine erzeugt werden.

Gamay noir

Die angeblich von einem gleichnamigen Ort an der Côte d'Or stammende Rebe ist so eng mit dem Beaujolais verbunden, dass sie manchmal auch Gamay-Beaujolais genannt wird. Sie ist heute eine der beliebtesten blauen Trauben, frühreif und praktisch an allen Standorten wachsend; sie hat bereits die Ausläufer des Lyonnais, Jura und Savoyens erreicht, wächst auf den höheren Lagen von Loire und Rhône und ist im Südwesten bis Gaillac vorgedrungen. Gehemmt wird ihre Ausbreitung – zumindest derzeit

Oben: Gamay Noir.

noch – durch das Elsass im Osten, das Bordelais und den Midi im Süden. Wärmeres Klima scheint den hübschen Trossen mittelgrosser ovaler Beeren mit farblosem Saft und den hohen Erträgen (100 hl und mehr) weniger zu behagen. Diese frühaustreibende Sorte fühlt sich am wohlsten in Granitböden, und obwohl ihr Frühjahrsfröste sehr schaden können, ist sie ziemlich robust, da neue Triebe erscheinen, die wiederum Trauben tragen.

Um optimal zur Geltung zu kommen, müssen die Trauben unzerquetscht vinifiziert werden (Semi-Kohlensäuremazeration). Gute Gamay-Weine sind leicht, frisch, mit ansprechendem Bukett, sofern sie nicht übermässig chaptalisiert wurden (Aufzukkern des Weines während der Gärung). Sie sind stets jung zu trinken. In lehmigen Kalkböden kulitivierte Gamay-Reben (z. B. Côte d'Or) liefern uninteressante Weine.

Einige Gamays wurden wegen des dunklen Safts ihrer Trauben *teinturiers* genannt. Diesen Weinen mangelte es an Finesse, doch eigneten sie sich gut dazu, anderen Weinen Farbe zu verleihen.

Syrah

Dies ist eine Qualitätsrebe, sofern ihr Ertrag 40 hl/ha nicht überschreitet. Durch klonierte Selektion gelang es, den ursprünglichen Ertrag von 30 hl/ha auf 100 hl/ha zu steigern, was die Qualität des Weines jedoch erheblich beeinträchtigte.

Der Syrah ist eine spätreifende Sorte, die seit über 1000 Jahren im Rhônetal kultiviert wird. Heute findet man sie auch in Kalifornien, Südafrika und Australien und anderen Gebieten. Die Beeren sind klein, oval, purpurviolett und bemehlt und sitzen in mittelgrossen Trauben.

Die Qualität der Syrah aus der nördlichen Rhône ist so gut, dass sie lange Zeit die grossen Weine von Bordeaux verbesserte, auch Château Latour, was man als »hermitager« bezeichnete. Durch das System der *appellation* ist dieses Verfahren natürlich hinfällig geworden.

Der Wein aus der Syrah ist tieffarben und alkoholreich (11–13°), tanninreich und mit einem Bukett von Veilchen, unterlegt mit Kirschen und schwarzen Johannisbeeren, ausgestattet. Optimal präsentiert sich der Syrah in den Weinen von Hermitage.

Links: Syrah.

Rebsorten/Lokale Blaue Sorten

Grenache noir

Wie der Name vielleicht vermuten lässt, ist der Grenache mit seinen runden, mittelgrossen Beeren mit farblosem Saft spanischer Herkunft und eine der wichtigsten Rebsorten der Rioja (dort Garnacha tinta genannt). Es ist eine sehr spät reifende, sehr wärmeliebende Rebe. In Australien und Kalifornien werden aus ihr in grösserem Umfang Rosés bereitet.

Sie hat jedoch einige Nachteile: Sie treibt früh aus, so dass ihr Frühjahrsfröste gefährlich werden können; ausserem leidet sie häufig an unregelmässiger Blüte und neigt zur Fäulnis. Der daraus bereitete Wein ist säurearm und oxidiert ausserordentlich schnell. Wie kann eine solche Rebe so erfolgreich sein? Nun, wenn sie in Hanglagen gepflanzt wird, auf eine nicht zu triebstarke Unterlage gepfropft wird und man mit der Hälfte des Ertrags in der Ebene (130 hl/ha) zufrieden ist, liefert sie Grundweine, die hoch im Alkohol und fleischig sind, gepaart mit einem üppigen, runden Aroma. Sie wird im Gärtank mit anderen Trauben vermischt (u. a. Cinsault, Mourvèdre, Syrah, Carignan) und erreicht beim Châteauneuf-du-Pape und dem Côtes-du-Rhône einen Anteil von 70%.

Im Roussillon gibt es auch eine Grenache blanc, aber diese Sorte ergibt keine grossen Weine, da sie zu alkoholreich ist, zu schnell oxidiert und zu arm an Säuren ist.

Aus der Grenache gris werden die aufgespriteten *vins doux naturels* im Roussillon erzeugt.

Carignan

Diese Rebsorte hat ihren Namen von der spanischen Stadt Cariñena, wo vermutlich ihr Ursprung liegt. Sie bedeckt fast 220 000 ha französischen Bodens, was sie zur meistangebauten Rebe macht. Quantität ist freilich noch kein Zeichen der Qualität. Die Trauben reifen nur bei reichlich Sonnenschein, und aus diesem Grund findet man sie hauptsächlich an der Mittelmeerküste. Die spät austreibende und spät reifende Rebsorte erreicht ihr Optimum in der Nähe der Pyrénées-Orientales, sofern sie in Hanglagen angebaut wird und die Reben ein gewisses Alter haben, was den Ertrag senkt. In der Ebene kann sie mehr als 150 hl/ha liefern. Die meist grossen, kompakten Trauben werden aus mittelgrossen, kugeligen Beeren gebildet, die eine schwarze, sehr tanninreiche Haut und einen farblosen Saft besitzen.

Carignan-Weine bringen es in der Ebene auf 9 und am Hang auf 13% Alkohol; sie sind tieffarben, sehr rauh in ihrer Jugend und selbst im Alter häufig noch bitter. In AOC-Weinen dürfen sie höchstens zu 40%, bei den besseren Weinen überhaupt nicht vorhanden sein. Reinsortig wird der Carignan praktisch nie angebaut. Untersuchungen im Languedoc haben gezeigt, dass der Carignan mindestens 20% Cinsault und 20% Grenache braucht, um Verfeinerung, Körper und Geschmeidigkeit zu bekommen.

Cinsault

Diese Weintraube ist wegen ihrer grossen, dünnhäutigen Beeren auch gut als Tafeltraube geeignet. Sie stammt aus Südfrankreich, dem Midi, wird heute jedoch auch andernorts angebaut, da immer mehr Winzer ihre Vielseitigkeit schätzen. Cinsault verleiht den grossen Appellationsweinen (Châteauneuf-du-Pape, Gigondas usw.) Finesse und Geschmeidigkeit, kann es jedoch auch auf hohe Erträge bringen (100 hl/ha). Deshalb sollte diese spät reifende Sorte niemals auf zu triebstarke Unterlagen gepfropft oder in der Ebene gepflanzt werden.

Die Trauben sind gross, die Beeren schwarz, elliptisch und kompakt mit farblosem Saft, bemehlt und fleischig. Die Cinsault-Weine sind meist tieffarben, sehr weich, tanninarm bei mittlerer Alkoholstärke und reifen sehr schnell. Ihre floralen Aromen sind elegant und vielschichtig. In Rotweinen bildet sie eine hervorragende Ergänzung zu den grossen noblen Sorten.

Verwirrung stiftet manchmal die Tatsache, dass sie in Südafrika auch Hermitage genannt wird, um so mehr als diese weltberühmte Appellation nur aus einer einzigen Rebsorte stammt, der Syrah.

Mourvèdre

Diese wichtige Rebsorte spanischer Herkunft war in der Zeit vor der Reblaus im Süden Frankreichs weit verbreitet. Mangels geeigneter Unterlagen wurde sie nicht mehr kultiviert. Dieses Problem wurde indessen nach dem Zweiten Weltkrieg gelöst, und heute verbessert der Mourvèdre in steigendem Umfang Weine der Côte de Provence, Châteauneuf-du-Pape und andere Midi-Weine.

Es ist eine recht widersprüchliche Pflanze, da sie einerseits viel Wärme braucht, aber empfindlich gegen Trockenheit ist, und andererseits Hanglagen bevorzugt, aber schwere Böden braucht. Es ist eine spät austreibende, sehr spät reifende Rebsorte mit mittelgrossen Trauben. Die sehr kleinen, schwarzen und kompakten Beeren mit dikker Haut weisen beim Verzehr einen unerträglichen Teergeschmack auf. Die Erträge sind niedrig bis mittel. Mourvèdre-Weine sind meist durchschnittlich im Alkohol, tieffarben, gut strukturiert und sehr tanninreich mit einem würzigen Bukett, das Anklänge an Veilchen hat. Einmalig ist die Traube durch ihre antioxidativen Eigenschaften. Die Bedeutung der Mourvèdre hat in den letzten Jahren so zugenommen, dass sie jetzt der Syrah in der südlichen Rhône Konkurrenz macht.

Tannat

Diese sehr alte, robuste Rebe aus der Gegend von Béarn treibt spät aus und reift entsprechend spät. Die kompakten Trauben mit ihren dichtgepackten, kleinen runden Beeren liefern gute Erträge.

Tannat-Weine sind tieffarben und sehr tanninreich, worauf vermutlich auch ihr Name zurückzuführen ist. Die Weine sind langlebig und werden erst im Laufe der Jahre zugänglicher.

Der Tannat wurde früher mit Bordeaux-Weinen verschnitten, um ihnen Körper und Farbe zu geben. Heute wird er am Ort der Ernte mit anderen Qualitätstrauben weicherer Art verschnitten, wie z. B. mit der Bouchy alias Cabernet franc. Auf diese Weise entsteht z. B. der Madiran.

Poulsard

Diese etwa 2000 Jahre alte Traube kommt aus dem Jura und ist unter ihrem heutigen Namen seit dem 14. Jh. bekannt. Sie scheint nur in den lehmigen Schieferböden und dem blauen Mergel des Jura zu gedeihen.

Es ist eine früh austreibende, aber eher spät reifende Sorte mit grossen, lockeren und ovalen Beeren mit dünner Haut von rosa-violetter Farbe. Der Saft ist zart hellrot. Poulsard ist eine Tafel- und Weintraube, aus der natürliche Rosés erzeugt werden.

Trousseau

Eine weitere Rebsorte des Jura, über die Olivier de Serres berichtet. Sie treibt spät aus und reift im Herbst. Die Trauben tragen schwarze, eiförmige Beeren von mittlerer Grösse mit dicker Haut. Die Weine sind tieffarben, kraftvoll, tannin- und alkoholreich und lagerfähig.

Negrette

Eine Sorte aus dem Südwesten Frankreichs, die spät austreibt, aber relativ früh reift. Sie ist vor allem im mittleren Garonne-Becken verbreitet, wo sie fruchtige, geschmeidige und tieffarbene Weine liefert, die innerhalb von zwei Jahren zu trinken sind. Ihr bekanntester Vertreter trägt das AOC-Etikett Côte du Fronton-Villaudric. Es ist der Hauswein der Toulouser.

Jurançon noir

Diese Sorte aus dem Südwesten wird häufig auch Folle noire genannt. Sie treibt spät aus und reift Mitte Oktober. Die Trauben sind gross, die Beeren rund von mittlerer Grösse und bläulich mit hohem Ertrag.

Die Weine sind hellfarben und angenehm, aber eher anspruchslos.

Mondeuse

Dies ist eine typische, spät austreibende Sorte aus Savoyen von mittlerer Qualität, die grosse Trauben kleiner, blauschwarzer, ovaler Beeren hervorbringt. Der Hektarertrag ist hoch. Die Mondeuse-Weine sind von tiefem Rubinrot. Sie sind sauber, ehrlich und unkompliziert, fest und ziemlich rauh in ihrer Jugend, werden jedoch im Alter zugänglicher. Gute Mondeuse-Weine findet man unter dem Etikett Vin de Savoie Chautagne.

Die Sorte ist jedoch sehr im Rückgang begriffen und wird nach und nach durch Pinot noir und Gamay ersetzt.

Grolleau

An ihrem Geburtsort, dem Loiretal, trägt diese Rebe verschiedene Namen: Gros Lot de Cinq Mars oder Pineau de Saumur; am treffendsten wird sie jedoch wohl durch ihren Spitznamen beschrieben: Aramon du Val de Loire, eine Anspielung auf die südliche Sorte Aramon, eine Tafeltraube, die einen »gros rouge qui tache« liefert (wörtlich »ein grober Rotwein, der Flecken macht« – ein freundlicher Ausdruck für »Schlabberwein«). Flecken macht der Grolleau aber nicht, da er farbschwach ist und meist als Rosé ausgebaut wird (Anjou und Touraine). Die Trauben sind gross mit mittelgrossen, bläulichen, runden und kompakten Beeren voller farblosem Saft, der stattliche Erträge bringt (120 hl/ha).

Pineau d'Aunis

Diese authentische blaue Rebsorte der Loire wird manchmal auch als Chenin noir bezeichnet. Es ist eine spät reifende Rebe, die gute, wenn auch hellfarbene zarte Weine mit einem Himbeerton liefert (Coteaux du Loire).

Rebsorten/Internationale Weisse Sorten 1

Chardonnay

Diese Rebe der grössten trockenen Weissweine der Welt ist möglicherweise burgundischen Ursprungs. Vielleicht stammt sie auch aus dem Mâconnais, will man den Quellen glauben, nach denen sie in der Nähe der gleichnamigen Stadt selektiert wurde.

Sie ist unter verschiedenen Namen bekannt: als Beaunois in Chablis (eine Anspielung auf die Stadt Beaune), als Melon blanc in Arbois (Jura) und, recht unsinnig und irreführend, als Pinot Chardonnay.

Diese relativ frühreife Traube treibt etwas später aus als der Pinot und reift etwas später als dieser. Es überrascht daher nicht, dass sie in den gleichen Gegenden vorkommt, zumal sie die gleiche Vorliebe für arme, felsige, lehmig/kalkige Böden zeigt.

Diese Eigenschaften des Chardonnay werden sorgfältig selektiert, denn die Rebe ist sehr anfällig gegenüber *court noué*, eine Viruserkrankung, die nach dem Krieg die Qualität des Montrachet und anderer Weine einigermassen beeinträchtigte.

Die kleinen, kugeligen gelben Beeren nehmen zum Zeitpunkt der Reife etwas Farbe an; die Erträge können in fruchtbarem Boden 100 hl/ha erreichen. Hervorstechende Eigenschaften des Chardonnay sind seine Delikatesse, die Balance zwischen Säure und Alkohol, die Aromafülle und die Fähigkeit, sich mit dem Alter zu verbessern.

Colombard

Der Vegetationszyklus dieser Rebe ähnelt dem der Folle blanche, mit der sie auch sonst viele Gemeinsamkeiten hat. Wie beim Folle blanche kann der Wein als solcher getrunken werden oder aber zu Cognac oder Armagnac destilliert werden. Colombard-Branntweine reichen qualitativ nicht ganz an die aus der Folle blanche heran und sind ungefähr mit jenen gleichzusetzen, die aus der Destillation von Ugni blanc-Wein (Saint Émilion) entstehen.

Der Colombard kann mit Trauben der grossen klassischen Sorten zu Bordeauxweinen wie z.B. Entre-Deux-Mers verschnitten werden; reinsortig ergibt er den Côtes de Blaye.

Die Rebsorte reift ziemlich spät. Die mittelgrossen Trauben haben hellgoldene, ovale Beeren von einem Zentimeter Durchmesser; die Erträge können 100 hl/ha überschreiten.

Colombard-Weine haben einen ganz spezifischen Charakter. Die Farbe ist ein sattes Gelb, das Bukett angenehm, die Balance zwischen Alkohol und Säure gelungen; sie sollten möglichst jung getrunken werden.

Riesling

Der Riesling ist für Deutschland das, was der Chardonnay für Frankreich ist. Von den Ufern des Rheins herkommend, breitete er sich ins Elsass und nach Luxemburg aus, bevor er nach Italien, Jugoslawien und Ungarn vordrang und schliesslich auch in den Vereinigten Staaten, Südafrika und Australien heimisch wurde. Es ist eine spätreifende Rebe (15. Oktober), die aber auch spät austreibt und dadurch den Gefahren später Fröste entgeht. Sie braucht jedoch einen milden Herbst und ist an kontinentales Klima am besten angepasst. Die Trauben sind klein, kompakt und in grosser Zahl vorhanden; die kleinen runden Beeren sind goldfarben mit einer Spur Grün. Die Erträge sind hoch (100 hl/ha). Die Traube ist für Edelfäule *(pourriture noble)* anfällig, die durch den Morgennebel am Rhein begünstigt wird und Ertragseinbussen bis zu 90% zur Folge haben kann.

Der Riesling kann daher sowohl trockene

Unten: Riesling.

als auch süsse Weine liefern und ist die delikateste aller deutsch/elsässischen aromatischen Sorten. Daneben ist der Riesling auch sauber, ehrlich, prägnant, distinguiert und elegant mit exzellentem Säure/Alkoholverhältnis. Er ist frei von jeglicher Überfülle, wie sie andere aromatische Sorten zeigen können.

Rieslingweine gehören zu den besten der Welt; das Säurepotential der Trauben lässt sie gut altern und mit den Jahren immer besser werden.

Gewürztraminer

Diese Rebe stammt vermutlich aus Deutschland, genauer aus der Pfalz; sie ist aber auch im Elsass, in Österreich und in Übersee in den Vereinigten Staaten, Südafrika und anderswo heimisch geworden.

Der Vegetationszyklus des Gewürztraminers geht demjenigen des Rieslings voran, mit dem er häufig zusammen angebaut wird. Auch er ist optimal an kontinentales Klima angepasst.

Die kleinen Trauben mit den ebnfalls kleinen, ovalen und aufgelockert sitzenden Beeren sind leicht an ihrer rosa Tönung zu erkennen. Der Hektarertrag ist mässig. Trotz der dicken Beerenhäute sind die Trauben sehr anfällig für Edelfäule, wodurch die Erträge drastisch sinken können. Der stille, geschmeidige, goldene Gewürztraminer ist unverwechselbar. Das an Muskat, Gewürze und Rosen erinnernde Aroma wird von einer mittleren Säure gestützt, so dass am Gaumen ein Eindruck der Fülle entsteht, der bei spätgelesenen Weinen noch durch den Restzucker verstärkt werden kann.

Chenin blanc

Dies ist in jeder Hinsicht eine universelle Rebe – zum einen, weil sie in Europa, den Vereinigten Staaten, Südafrika, Australien und anderen Gebieten zu finden ist, zum anderen wegen ihrer Verwendbarkeit für trockene, halbsüsse, süsse oder Schaumweine. In Frankreich ist sie praktisch nur im Loiretal anzutreffen, von wo sie offenbar herstammt; dort wird sie Pineau de la Loire genannt.

Es ist eine spätreifende Rebe mit sehr frühem Austrieb, der häufig Frühjahrsfröste zum Verhängnis werden.

Die mittelgrossen Trauben goldener, ovaler Beeren mit einem Durchmesser von über einem Zentimeter können Erträge bis zu 100 hl liefern, die allerdings in den besseren Rebgärten auf kreidigem Untergrund *(tuffeau)* nicht erreicht werden.

In Jahren ohne ausreichenden Sonnenschein entwickeln Chenin-Weine eine übermässig hervortretende Säure, während sie in sonnigen Jahren Aromen von Zitronen und Aprikosen, Akazienhonig und Quitten aufweisen; die Schaumweine, die sich – mehr als Champagner – mit dem Alter verbessern, nehmen Aromen von Kalk und Honig an.

Links: Gewürztraminer.

Rebsorten/Internationale Weisse Sorten 2

Ugni blanc – Trebbiano

Diese aus der Toskana stammende Sorte ist die am weitesten verbreitete Rebe in Italien und Frankreich (100000 ha). Sie braucht zum Reifen sehr viel Sonne, da sie spät austreibt und spät erntereif ist. In Frankreich liefert sie nur im Süden und in Korsika trinkbare Weine, doch wird sie auch in Cognac und Armagnac viel zur Erzeugung von *vin de chauffe* (Brennwein) gepflanzt.

Der lokal auch als Saint-Émilion bezeichnete Ugni blanc erreicht Erträge bis zu 150 hl/ha. Die Trauben sind sehr gross, und die runden, goldenen Beeren werden im vollreifen Zustand dunkler.

In Südfrankreich und Italien – besonders in der Toskana, wo die Rebe Trebbiano genannt wird – entstehen hellgelbe, alkohol- und säurereiche Weine, was in warmen Gegenden, wo die Weissweine häufig weich sind, sehr erwünscht ist. Allerdings ist der Ugni blanc sehr aromaschwach. Er erscheint als Verschnittwein in einem sehr bekannten Rotwein, dem Chianti. Dies ist eigentlich bedauerlich, da er dem Chianti nichts gibt.

Pinot blanc

Der Pinot blanc ist selbst eine Mutation der Pinot noir. Er stammt zwar aus dem Burgund, ist dort aber kaum mehr zu finden. Im Elsass wird er als Clevner (Klevner) bezeichnet; in Italien wird er zu trockenem Schaumwein verarbeitet, während er in Kalifornien unter seinem eigentlichen Namen verkauft wird. Der ertragreiche Pinot blanc ist die Grundlage harmonischer Weine mit guten Rundungen, die es jedoch an Komplexität mit den Chardonnay-Weinen nicht aufnehmen können.

Pinot gris

Diese Rebe, ein weiterer Abkömmling des Pinot noir, wird als Pinot Beurot in kleinen Mengen im Burgund angebaut; im Elsass heisst er irrtümlich Tokay und in Deutschland Ruländer. Die rosafarbenen Beeren dieser Sorte liefern gutstrukturierte und körperreiche Weine von mittlerer Säure und einem beachtlichen Alkoholgehalt.

Rechts: Pinot gris.

Silvaner

Die wahrscheinlich aus Siebenbürgen stammende Silvanerrebe wird in ganz Mitteleuropa angebaut. In Deutschland liegt er an dritter Stelle im Rebsortiment. In Kalifornien wird er manchmal auch Riesling genannt – unverständlicherweise, denn der banale Silvaner hält keinen Vergleich mit jenem noblen Wein aus.

Der Austrieb erfolgt weder früh noch spät und die Beeren reifen im Spätherbst. Die Trauben sind mittelgross wie auch die runden, kompakten und hellgelben Beeren. Der Silvaner neigt zu Übererträgen (über 100 hl/ha); in diesem Fall mangelt es dem aromaschwachen, blassen, dünnen Wein an Charme.

Die Traube ähnelt entfernt dem Chasselas und eignet sich auch als Tafeltraube.

Die besten Silvaner werden in Deutschland vinifiziert. Deutscher Silvaner ist ein vorzüglicher Wein – ganz im Gegensatz zu manchen aus dem Elsass.

Muskat

Die aus Griechenland stammende Muskatrebe tritt in verschiedenen echten und falschen blauen und weissen Sorten in der ganzen Welt auf. Die Trauben können destilliert oder in trockene Weissweine wie aus dem Elsass, in Schaumweine wie Clairette de Die und Asti Spumante oder sogar in *vins doux naturels* wie Rivesaltes, Beaumes de Venise, Lunel, Frontignan usw. verwandelt werden. Zu den vinifizierbaren Sorten gehören die Muscats de Frontignan, deren kleine Beeren die besten sind, der Muscat d'Alexandrie und Muscat Ottonel. Die Trauben reifen ziemlich spät, während der Austrieb früh erfolgt. Die kleinen bis mittelgrossen roten Beeren sind gelb mit einer Spur Rot. Wegen der späten Reife wird sie im Elsass durch die früher reifende Muscat Ottonel ersetzt. Der Muscat d'Alsace ist einer der ganz wenigen trockenen Stillweine auf Muskat-Basis, die in Frankreich erzeugt werden. Er ist überaus delikat, sehr aromatisch und muss jung getrunken werden.

Die Weine aus der Muscat d'Alexandrie ähneln jenen aus den Frontignan-Reben, sind indes deutlich weniger verfeinert. Es ist eine Sorte, die sehr spät reift und optimal an sehr warme, sehr trockene Gegenden (Aude-Pyrénées-Orientales) angepasst ist. Die mittelgrossen Trauben tragen sehr grosse, elliptische gelbe Beeren mit dünner Haut und fleischiger Konsistenz. Aus dieser Universaltraube werden in Italien aromatische Schaumweine erzeugt.

Sauvignon

Diese Sorte erfreut sich einer universellen, fast übertriebenen Beliebtheit. Sie trägt verschiedene Namen, u. a. Blanc Fumé unter der *appellation* Pouilly Blanc Fumé und Fumé blanc in Kalifornien. Es ist eine relativ früh blühende und früh reifende Rebe. Die zahlreichen kleinen Trauben goldgelber, ovaler Beeren liefern beachtliche Erträge bis 100 hl/ha. In einem relativ kühlen Klima steigern Kalkböden die floralen Bukettnuancen des Weines, Kies- und Kieselböden dämpfen sie.

Bis vor kurzem spielte der Sauvignon im Bordeaux-Gebiet nur eine untergeordnete Rolle in den grossen süssen Weinen auf Sémillon-Basis. Er verdrängt aber allmählich den Sémillon, obwohl dieser in Bordeaux noch immer an erster Stelle steht und mehr und mehr auch trockene Weissweine liefert. Unbestritten ist dagegen seine Herrschaft an den Ufern der Loire bei Sancerre, Pouilly-sur-Loire, Quincy, Reuilly usw.

Seine häufig ausgeprägten Aromen erinnern an Gewürze, Stroh, Laub von Schwarzen Johannisbeeren und Stachelbeeren. Am Gaumen ist er aggressiv fruchtig mit exzellenter Säure.

Rebsorten/Lokale Weisse Sorten

Sémillon

Die Sémillon-Rebe, die fast ein Viertel der bestockten Fläche von Bordeaux einnimmt, ist damit die Hauptrebsorte dieser Gegend, wenn auch im Rückgang begriffen. Viele Winzer haben dort die Sémillon durch Sauvignon ersetzt, weil der Zeitgeschmack in Richtung trockener Weissweine geht, für die sich der Sauvignon besser eignet.

Der Sémillon treibt mittelfrüh aus und reift ziemlich spät. Die Farbe der etwa einen Zentimeter grossen runden Beeren reicht von Grüngelb bis Gelbrosa. Es mangelt der Traube etwas an Frucht am Gaumen, und das Aroma vor allem der jungen trockenen Weine erinnert ein wenig an grüne Äpfel. In der Flasche entwickelt der Wein erst nach fünf Jahren üppige und komplexe Tertiäraromen.

Die Rebe wird leicht von Edelfäule befallen und dient zur Erzeugung der grossen Sauternes, wobei fast immer ein wenig Sauvignon (10–20%) hinzugefügt wird.

Der Sémillon wird mit grossem Erfolg in Australien angebaut, wo er häufig mit Chardonnay oder Sauvignon gemischt wird.

Ein exemplarischer trockener Sémillon-Wein ist der Laville-Haut-Brion (60% Sémillon); dieser bewundernswert trockene, goldfarbene und geschmeidige Graves ist körperreich und von überragender Aromafülle.

Muscadelle

Unter den drei Rebsorten, die für die grossen weissen Bordeaux-Weine verwendet werden, ist die Muscadelle die am wenigsten angebaute. Trotz eines geringfügigen Rückgangs halten ihr die Winzer von Bordeaux die Treue, und sie liefert ihnen dafür gute Weine. Die Pflanze selbst ist ziemlich empfindlich und stets die erste, die von Rebkrankheiten befallen wird, so dass sie für die Winzer eine wichtige Alarmfunktion ausübt. Trotzdem ist sie sehr beständig und liefert Jahr für Jahr ihre relativ wenigen Trauben.

Die Muscadelle treibt spät aus und reift entsprechend spät. Die grossen Trauben tragen runde, mittelgrosse, gelbrosa Beeren, die im Reifezustand dunkler sind und ihr muskatartiges Aroma an den Wein weitergeben.

Chasselas

Der Chasselas wird weit häufiger als Tafeltraube denn als Weintraube angebaut, bildet aber auch die Grundlage von Weinen mit kontrollierter Herkunftsbezeichnung wie z. B. Crépy, Ripaille, Marignan (AOC Savoie) in Hochsavoyen, Pouilly-sur-Loire und insbesondere der Weissweine der Welschschweiz, wo sie als Fendant oder Dorin bezeichnet wird; im Elsass und in Deutschland heisst sie Gutedel.

Diese unkomplizierte, frühreife Rebe ist mit so unterschiedlichen Klimata zufrieden, wie sie im Languedoc, im Elsass und den Ebenen des Voralpengebiets herrschen. Die Trauben sind mittelgross; die grüngelben, sehr saftigen und dünnhäutigen Beeren werden kaum grösser als einen Zentimeter. Der Hektarertrag kann 100 hl erreichen.

Aligoté

Diese vermutlich aus dem Burgund stammende und seit alten Zeiten dort kultivierte Rebe kann in diesem Gebiet mit dem unvergleichlichen Chardonnay nicht konkurrieren. Sie erhielt die *appellation* Bourgogne Aligoté, um Verwechslungen mit letzterem zu vermeiden.

Folle blanche

Diese Rebsorte trägt verschiedene Namen. Im Gebiet von Nantes heisst sie Gros Plant und hat auch dem VDQS-Wein Gros Plant du Pays Nantais, einer Art nachrangigem Muscadet, seinen Namen gegeben.

In Südfrankreich nennt man sie Picpoul; dort ist sie die Grundlage eines weiteren VDQS-Weines, des Picpoul de Pinet. Sehr häufig ist sie in den Gebieten Cognac und Armagnac, deren beste Branntweine aus der Destillation der schlanken, leichten und herben Weine der Folle blanche entstehen.

Mauzac oder Blanquette

Der Mauzac ist eine sehr alte Rebsorte aus dem Südwesten Frankreichs. In Aude, wo sie Blanquette genannt wird, hat sie der *appellation* Blanquette de Limoux, allgemein als Schaumwein nach der *méthode champenoise* bekannt, ihren Namen gegeben. Allerdings ist der Vin de Blanquette, der nach der *méthode rurale* zum Schäumen gebracht wird, vermutlich noch besser. Ausserdem erzeugt man aus dieser Rebe die Still- und Schaumweine von Gaillac.

Diese mittelfrüh austreibende Rebsorte reift spät. Die grossen Trauben sind von kugeligen, dickschaligen Trauben mit grossen Kernen dicht besetzt, so dass sie sich nicht zum Verzehr eignen. In flachen, offenen Lagen sind die Erträge hoch (100 hl/ha), doch leidet die Qualität, während in Hanglagen der Ertrag sinkt und die Qualität steigt. Wenn der Mauzac überreif oder von Edelfäule befallen geerntet wird, liefert er üppige süsse Weine.

Clairette

Die Clairette hat ihren Namen einer Reihe von Herkunftsbezeichnungen gegeben und ist in Südfrankreich, wo sie seit Jahrhunderten kultiviert wird, weit verbreitet. Der hohe Zuckergehalt ihrer Trauben und somit die alkoholische Kraft der Clairette-Weine sowie ihre Fähigkeit zu maderisieren, machte die Traube einst zum idealen Grundmaterial für Aperitifweine. Heute ist die Clairette-Traube bei geeigneter Pflege für AOC-Weine reserviert, sofern die Erträge 50 hl/ha nicht übersteigen. Auf fruchtbaren Schwemmböden erreicht der Ertrag mindestens das Doppelte, aber dort liefert die Clairette nur Tafelweine.

Clairette-Weine sind hervorragend, sofern sie nicht mehr als 12,5% Alkohol haben; das Bukett ist blumig, sie oxidieren schnell und sind säurearm. Unsachgemässe Vinifikation macht den Wein plump und schwer. Reinsortig vinifiziert liefert die Traube den Clairette de Bellegarde, den Clairette du Languedoc und den Schaumwein Clairette de Die nach der *méthode champenoise*. Zusammen mit anderen Rebsorten erzeugt man aus ihr Côtes-du-Rhône und Châteauneuf-du-Pape (Weisswein) sowie den Schaumwein Clairette de Die Tradition (mit Muskat).

Melon und Muscadet

Der Melon de Bourgogne stammt tatsächlich aus dem Burgund und heisst erst Muscadet, seit er im 16. Jh. in der Gegend von Nantes, in der Loire Atlantique und in Anjou angebaut wurde. Er soll an die Stelle der dortigen Rebsorten getreten sein, die den strengen Wintern zum Opfer gefallen waren.

Diese in der Tat frostharte Rebe wird in Burgund nicht mehr angebaut, wo sie wegen ihrer Fäulnisempfindlichkeit (Graufäule) den Beinamen *pourrisseux* erhielt; die kristallinen Schiefer der Gegend um Nantes scheinen ihr besser zuzusagen. Es ist eine frühreifende, früh austreibende Sorte; die mittelgrossen Trauben tragen kleine, runde Beeren mit dicken, goldenen Häuten. Die Erträge sind beachtlich, jedoch nicht übermässig. Die Weine aus der Melon de Bourgogne, d. h. Muscadet, sind blassgolden mit grünlichen Reflexen. Die delikaten, prononciert floralen Aromen sind nicht besonders voll oder komplex, dafür sauber und leicht. Im Mund trägt ein Muskatton dem Namen der Rebe Rechnung.

Andere weisse Sorten

Viognier

Weissweintraube aus dem nördlichen Rhônetal. Eine aussergewöhnliche, spätreifende Sorte mit niedrigem Ertrag, jedoch von sehr üppiger und komplexer aromatischer Kraft (Condrieu, Château Grillet).

Roussanne

Eine ausgezeichnete Traube mit niedrigem Ertrag aus dem nördlichen Teil des Rhônetals; reift spät. Der Wein ist von grosser Finesse und verbessert sich mit dem Alter (Hermitage, Saint-Joseph). Leider wird sie von profitsüchtigen Winzern durch Marsanne ersetzt. In Savoyen Bergeron genannt.

Marsanne

Eine ertragsstarke, sehr spät reifende Sorte mit grossen Trauben und runden Beeren. Liefert Wein ähnlich der Roussanne, jedoch weniger verfeinert und weniger intensiv.

Traminer-Savagnin

Auch als Naturé bekannt. Die einzige Rebsorte des berühmten Château Chalon (Jura). Niedrig im Ertrag, spätreifend. Kompakte Trauben aus kleinen Beeren.

Jacquère

Eine typisch savoyische Rebe, die für das Gebiet spät reift. Die ertragreichen Stöcke liefern runde und kompakte Beeren mit dikker Haut. Liefert mässig gute lokale Weine, deren repräsentativster der savoyische AOC-Wein Apremont ist.

Bourboulenc

Eine weisse Traube, die im Châteauneuf-du-Pape enthalten ist. Die Trauben sind ziemlich kompakt, kräftig im Aroma, köstlich frisch und nachhaltig.

Maccabeu (Maccabeo)

Treibt spät aus und reift sehr spät; nur für trockene Gegenden. Der Wein ist golden, körperreich, kraftvoll und fruchtig, doch mangelt es ihm an Finesse. Sehr gut für Dessertweine geeignet. Wird im Roussillon angebaut.

Ondenc

Eine Rebsorte aus dem Südwesten Frankreichs mit frühem Austrieb und früher Reife. Die Erträge sind niedrig, aber der Wein ist harmonisch und alkoholreich. Dient meist zum Verschnitt.

Baroque

Eine gute Rebsorte aus dem Südwesten Frankreichs (Tursan) mit steigender Popularität. Reift spät. Der Wein ist harmonisch und alkoholreich.

Weinbaugebiete/Frankreich/Bordeaux 1

Das Herkunftsgebiet Bordeaux umfasst 100 000 ha bestockter Fläche und ist der Welt grösster Erzeuger edler Weine.

Es gibt drei Bodentypen: den Boden von Graves, Kalkboden und sandigen Boden, wobei jedoch Überschneidungen vorkommen. Das Gebiet fällt ungefähr mit dem Département Gironde zusammen und lässt sich in drei Abschnitte unterteilen:
das linke Ufer von Garonne und Gironde;
das rechte Ufer von Dordogne und Gironde;
das Gebiet zwischen Garonne und Dordogne.

Innerhalb dieser Bereiche gibt es jeweils mindestens ein Dutzend *appellations* auf Bezirks- oder lokaler Ebene. Die letzteren sind die Heimat der *crus,* der Châteaux, der Clos und der kleineren Güter, die für Bordeaux so typisch sind. Die grossen Weine entstehen aus drei roten (Cabernet Sauvignon, Cabernet franc und Merlot) und drei weissen Rebsorten (Sémillon, Sauvignon und Muscadelle). Fast alle guten Bordeaux-Weine werden aus mehr als einer Rebsorte gemacht. Die wenigen Ausnahmen, wie etwa Château Pétrus, bestätigen diese Regel.

Um den kommerziellen Teil ihrer Arbeit zu vereinfachen, schufen die Bordolesen ein nach der Qualität (d. h. nach dem Preis) abgestuftes Klassifizierungssystem für ihre Gewächse *(crus).* Diese berühmte Klassifizierung von 1855 umfasst fünf Kategorien von Médoc und Sauternes-Barsac sowie einen Graves. Die einzige Änderung gab es 1973, als Château Mouton-Rothschild vom zweiten zum ersten *cru* hochgestuft wurde. Klassifiziert sind insgesamt 87 Châteaus.

1953 und 1959 wurden 14 Châteaus von Graves (weiss und rot) ohne Rangfolge klassifiziert; für die Saint-Émilions wurden 1955 und 1958 drei Kategorien geschaffen, in denen 84 Châteaus erfasst sind.

Die Weine von Pomerol und den übrigen Gebieten sind nicht klassifiziert, doch gehört Château Pétrus (Pomerol) zum engsten Kreis der ganz Grossen, als da sind Margaux, Latour, Mouton-Rothschild, Lafite Rothschild (Pauillac); Haut-Brion (Graves); Yquem (Sauternes); Cheval Blanc und Ausone (Saint-Émilion).

Linkes Gironde-Ufer

Médoc. Gliedert sich in Haut- und Bas-Médoc. Das Haut-Médoc wiederum wird in sechs kommunale *appellations* unterteilt:
Margaux (R). Diese *appellation* umfasst nicht nur den Ort Margaux, sondern auch die benachbarten Ortschaften Soussans, Arsac, Cantenac und Labarde. Hier wachsen auf Kiesböden die feinsten Médocs mit Saft, Eleganz, Geschmeidigkeit und Distinktion. Klassifiziert sind ein premier *cru,* fünf zweite, zehn dritte, drei vierte und zwei fünfte *crus.*
Saint-Julien (R). Dies sind grosse Weine mit Harmonie, Eleganz und zarter Fülle. Klassifiziert sind fünf zweite, zwei dritte und vier vierte *crus.*

Rechts: Château Margaux, Wiege eines Premier Cru aus dem Bordelais.

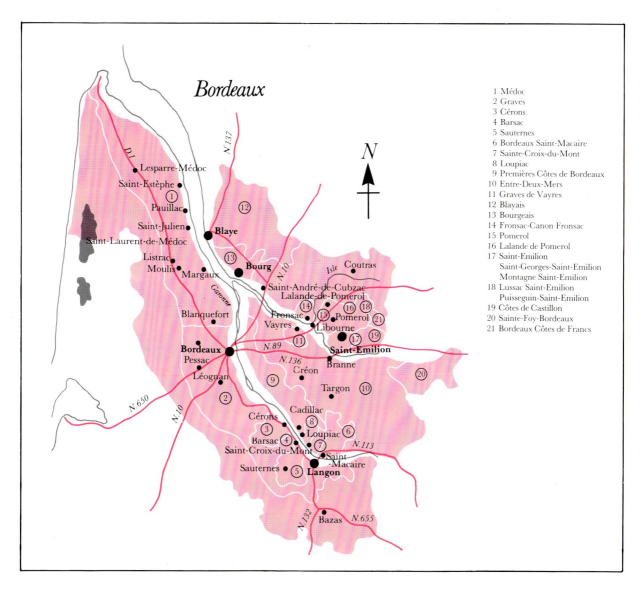

Bordeaux

1 Médoc
2 Graves
3 Cérons
4 Barsac
5 Sauternes
6 Bordeaux Saint-Macaire
7 Sainte-Croix-du-Mont
8 Loupiac
9 Premières Côtes de Bordeaux
10 Entre-Deux-Mers
11 Graves de Vayres
12 Blayais
13 Bourgeais
14 Fronsac-Canon Fronsac
15 Pomerol
16 Lalande de Pomerol
17 Saint-Emilion
   Saint-Georges-Saint-Emilion
   Montagne Saint-Emilion
18 Lussac Saint-Emilion
   Puisseguin-Saint-Emilion
19 Côtes de Castillon
20 Sainte-Foy-Bordeaux
21 Bordeaux Côtes de Francs

Pauillac (R). Eine AOC, die die Gemeinden Saint-Estèphe, Cissac und Saint-Julien umfasst. Diese grossen Weine sind tanninreich, körperreich mit einer Fülle von Saft und können lange reifen. Es gibt drei *premier crus,* zwei zweite, einen dritten und zwölf fünfte *crus.*

Saint-Estèphe (R). Gut strukturierte, kraftvolle Weine, jedoch weniger verfeinert als Pauillac. Zwei zweite, ein dritter, ein vierter und ein fünfter *cru* sind klassifiziert.

Moulis (R). Tadellose, geschmeidige Weine, jedoch ohne die Finesse und den Anspruch der oben erwähnten *crus.*

Listrac (R). Im Stil dem Moulis ähnlich, jedoch vielleicht eine Spur rustikaler.

Haut-Médoc (R). Dies ist die Herkunftsbezeichnung auf den Etiketten von fünf klassi-

fizierten *crus* aus bisher nicht erwähnten Gemeinden.

Médoc. Diese AOC umfasst alle bisher erwähnten *appellations* sowie im nördlichen Teil des Médoc erzeugten Weine, wo schwerer und weniger kiesiger Boden der Finesse nicht zuträglich ist.

Daneben gibt es 117 *crus exceptionnels, crus bourgeois exceptionnels* oder *supérieurs* und *crus bourgeois.* Die (wenigen) Weissweine dürfen nur die *appellation* Bordeaux oder Bordeaux Supérieur tragen.

Weinbaugebiete/Frankreich/Bordeaux 2

Linkes Garonne-Ufer

Graves (R und W). Hier wird unterschieden zwischen den nördlichen Graves, die jetzt die eigene Appellation Pessac-Léognan besitzen, und den weicheren, geschmeidigeren Graves. Die roten Graves können sich mit den Médocs durchaus messen. Sie lassen sich zehn bis fünfzehn Jahre lagern.

Sauternes, Barsac (süsser Weisswein). Diese Gebiete schliessen sich im Süden an Graves an. Theoretisch werden die Trauben einzeln gelesen, sobald sie von Edelfäule (*pourriture noble*) befallen sind.

Da sich die Edelfäule ungleichmässig entwickelt, muss manchmal in mehreren Durchgängen oder *tries* gelesen werden. Bis zu zehn *tries* können erforderlich sein, die jeweils getrennt gepresst, vinifiziert, selektiert und verschnitten werden. Die süssen Weine sind sehr aromatisch (Honig, Quitte, Akazien, Limone, Mandel usw.) und haben eine besondere und komplexe Balance, bei der Zucker und Alkohol einerseits und Säure und Bitterkeit andererseits eine perfekte Harmonie bilden.

Unten: Château d'Yquem, von wo die besten Sauternes stammen.

Rechtes Dordogne-Ufer

Saint-Émilion (R). Eine AOC, die die Gemeinde Saint-Émilion und acht Nachbargemeinden umfasst. Es ist zu unterscheiden zwischen den Saint-Émilions an den Hängen in der Nähe der Stadt mit ihrem Kalkboden und dem sandigeren Kiesboden, von dem zwei grosse Saint-Émilions stammen, nämlich Château Cheval-Blanc und Château Figeac. Die neun übrigen premiers grands crus classés kommen von den *côtes* mit kalkigem Untergrund. Sie sind in eine Reihe mit den besten klassifizierten *crus* des Médoc zu stellen, dabei jedoch runder und weiniger. Während Lamm perfekt zu Pauillac passt, ist Rindfleisch der ideale Begleiter eines Saint-Émilion. Einige der Nachbargemeinden dürfen ihrem Namen ein »Saint-Émilion« hinzufügen (Saint-Georges Saint-Émilion, Lussac Saint-Émilion usw.), doch sind deren Weine weniger kraftvoll.

Pomerol (R). Pomerol ist das Gebiet, wo der Merlot optimal zur Geltung kommt. Die Fülle und Üppigkeit dieser Weine hat ihnen den Beinamen »die Burgunder von Bordeaux« eingetragen. Die Gemeinden Néac und La-

lande de Pomerol liefern Weine, die weniger Generosität und weniger Rundungen aufweisen.

Fronsac, Canon-Fronsac (R). Ein fester, gut strukturierter Wein; ein ausgezeichneter Einstieg zu den klassifizierten *crus* von Bordeaux.

Côtes de Bourg, Côtes de Blaye (R und W). Ein grosses Gebiet, dessen Weine ordentlich gemacht und meist nicht teuer sind.

Bordeaux Côtes de Castillon (R). Ehrliche Weine; typisch für die Gemeinden rings um Saint-Émilion. Bieten guten Gegenwert für ihr Geld.

Bordeaux Côtes de Francs (R und W). Vom Typ besser als ein AOC-Bordeaux, manchmal fast so fruchtig wie ein Saint-Émilion. Die Weissweine sind meist trocken.

Zwischen Garonne und Dordogne

Dies ist ein grosses Dreieck mit etwa zehn Herkunftsbezeichnungen für Rotwein, trokkenen und süssen Weisswein.

Entre-Deux-Mers (W). Ein trockener Weisswein mit Finesse, aber wenig Körper. Sehr angenehm.

Die Rotweine dürfen nur die Bezeichnung Bordeaux oder Bordeaux Supérieur tragen.

Premières Côtes de Bordeaux (R und W). Ein ehrlicher, unkomplizierter Wein. Der Weisswein kann trocken oder süss sein.

Cadillac, Loupiac, Sainte-Croix-du-Mont (süsser Weisswein). Sauternes-artig mit wenig Fülle und Rundungen. Die Weine von Sainte-Croix-du-Mont sind nicht selten von ziemlicher Komplexität und üppiger Geschmeidigkeit.

Côtes de Bordeaux Saint Macaire (W). Trocken oder süss. Ähnelt den Premières Côtes de Bordeaux.

Saint Foy de Bordeaux, Graves de Vayres (R und W). Ebenfalls den Premières Côtes ähnlich. Die Graves de Vayres sind Qualitätsweine, nach denen man sich umsehen sollte.

Benachbarte Gebiete

Diese Gebiete, in deren Zentrum die Stadt Bergerac liegt, sind geographisch und hinsichtlich der Rebsorten Fortsetzungen des Bordelais.

Monbazillac (süsser Weisswein). Ein historisch vielleicht älterer Wein als der Sauternes, mit den gleichen Rebsorten und der gleichen Vinifikation. Honig, Veilchen, Pflaumen und glacierte Aprikosen. Durch ein gutes Säure-Rückgrat ins Gleichgewicht gebrachte Süsse.

Haut Montravel, Côtes de Montravel, Rosette (süsser Weisswein). Leichter als der Monbazillac, gleiche Art.

Montravel (trockener Weisswein), Côtes de Bergerac, Bergerac Côtes de Saussignac (R und W). Die Rotweine erinnern an einen leichten Bordeaux, während die Weissweine fast immer eher trocken sind.

Côtes de Duras (R und W) süss oder trokken. Rotweine im Bergerac-Stil. Die trockenen Weissweine müssen auf ihrem Etikett die Angabe »sec« tragen.

Oben: Château de Monbazillac, wo ein Sauternes-ähnlicher Süsswein erzeugt wird.

Pécharmant (R). Dies ist der beste aller Rotweine des Gebietes. Er kann als eine Art Bergerac premier cru gelten.

Unten: Château La Jaubertie liefert Weine des Herkunftsgebietes Bergerac.

Weinbaugebiete/Frankreich/Burgund 1

Das Weinbaugebiet Burgund beginnt 120 km südlich von Paris und reicht fast bis Lyon. Dies ist eine Strecke von 350 km, doch sind hier drei Einschränkungen vonnöten. Erstens enden die nördlichen Rebgärten Burgunds bei Chablis und finden erst nach einer Unterbrechung von 100 km hinter Diyon ihre Fortsetzung. Zweitens reicht das eigentliche Burgund nur bis zur Südgrenze des Départements Côte d'Or oberhalb von Chagny, nach weiteren 50 km, und schliesslich ist die Weinbauzone an der breitesten Stelle gerade einige Kilometer und an der schmalsten Stelle nur wenige 100 m breit.

Es sind sechs Bereiche zu unterscheiden: Chablis, Côtes de Nuits und Côtes de Beaune, gefolgt vom Chalonnais, Mâconnais und Beaujolais. Alle besseren Weine sind reinsortig: Weissweine aus dem Chardonnay, Rotweine aus dem Pinot noir und Beaujolais aus dem Gamay. Der weniger anspruchsvolle Bourgogne Aligoté wird aus der weissen Aligoté erzeugt.

Chablis (W). Eine weltberühmte Weisswein-Appellation. Aufgrund der unterschiedlichen Lagen und Böden unterschei-

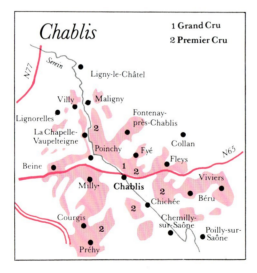

Chablis

1 Grand Cru
2 Premier Cru

det man vier *appellations*.

Petit Chablis (W). Diese sind nicht ganz authentisch, da zur *appellation* auch Böden ohne Kalk gehören. Dennoch ist Petit Chablis in seiner Jugend ein angenehmer Wein.

Chablis, Chablis Premier Cru, Chablis Grand Cru. Dies sind, in der Reihenfolge zunehmender Qualität, die wirklichen Chablis. Es gibt sieben Grand Crus und elf Premiers Crus.

Es sind erstklassige trockene, volle, runde Weine, jedoch ohne jede Süsse; die Farbe ist grün bis goldgelb.

Sie können acht bis zehn Jahre lagern und sind ideale Begleiter zu Krustentieren, Geflügel und hellem Fleisch.

Côte de Nuits. An der Côte de Nuits und Côte de Beaune nimmt nach Süden zu die Qualität mit den AOC communales, den Premiers Crus und den Grand Crus stetig zu. Die berühmtesten Herkunftsbezeichnungen sind:

Fixin (R und W). Überwiegend Rotwein von guter Struktur, haltbar.

Gevrey-Chambertin (R). Die besten sind die Chambertins – volle, gut strukturierte Weine mit grossartigem Aroma und unerhörter Länge; am besten im Alter zwischen zehn und zwanzig Jahren.

Morey Saint-Denis (R und W). Himbeer- und Veilchenbukett mit vollem Aroma. Zu den fünf Grands Crus gehören die berühmten Clos de Tart und teilweise die Bonnes Mares, die uns bei Chambolle-Musigny nochmals begegnen.

Chambolle-Musigny (R). Die komplexesten und delikatesten Weine der Côte de Nuits. Herausragend ist hier der Musigny, wovon eine winzige Menge Weisswein ist.

Vougeot (R und W). Clos de Vougeot ist der Grand Cru dieser Gemeinde. Rubinfarben mit Trüffelaroma.

Flagey-Echezeaux (R). Die zwei Grands Crus heissen Echezeaux und Grands Echezeaux. Aristokratische Weine mit einem Veilchenbukett und einer Spur Himbeeren am Gaumen.

Vosne-Romanée (R). Gemeinde und Weine sind gleichermassen legendär. Fünf überragende Grands Crus: La Romanée-Conti, ein seidiger, geschmeidiger und ausserordentlich eleganter Wein; La Romanée, die kleinste AOC in Frankreich (nur 8345 m²), die manchmal qualitativ den Romanée-Conti erreicht, jedoch deutlich weniger seidig ist; Richebourg, kraftvoll und beeindruckend; La Tâche, der alle Vorzüge der *appellation* in sich vereint, und Romanée Saint-Vivant, elegant, aber weniger verlässlich.

Nuits-Saint-Georges (R und W). Einige wunderbare Premiers Crus: Les Vaucrains, Les Saint-Georges und Les Boudots sind kraftvoll mit einer Spur Erdbeeren, während Les Porrets und Les Pruliers Rundungen und Festigkeit aufweisen, verbunden mit grosser Finesse. Die Weine dieser Gemeinde sind meist körperreich und reifen gut.

Hospices de Beaune. Gegründet 1443 von Nicolas Rolin, Kanzler des Herzogs von Burgund, und seiner Gemahlin Guigone de Salins. Heute besitzen die Hospices 15 ha bester Lagen (sämtlich in den Côtes de Beaune mit Ausnahme einer Parzelle Mazis-Cham-

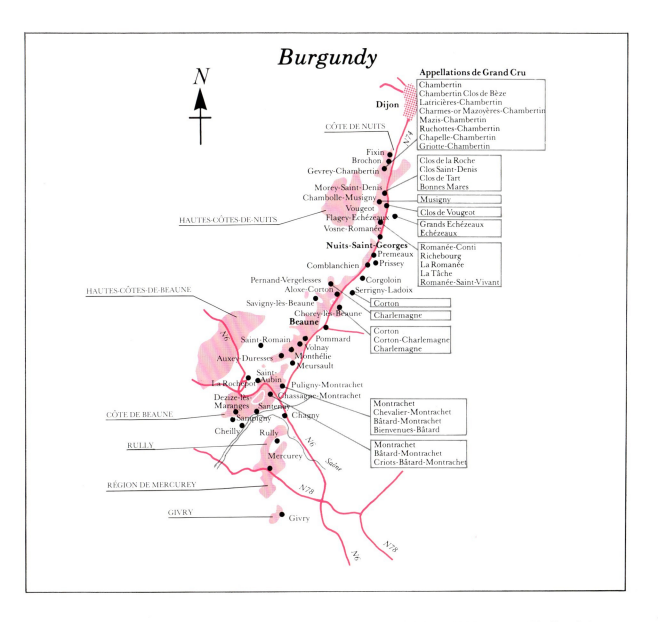

Burgundy

N

Dijon

CÔTE DE NUITS

N74

Appellations de Grand Cru

Chambertin
Chambertin Clos de Bèze
Latricières-Chambertin
Charmes-or Mazoyères-Chambertin
Mazis-Chambertin
Ruchottes-Chambertin
Chapelle-Chambertin
Griotte-Chambertin

Fixin
Brochon
Gevrey-Chambertin

Morey-Saint-Denis
Chambolle-Musigny
Vougeot
Flagey-Echézeaux
Vosne-Romanée

Clos de la Roche
Clos Saint-Denis
Clos de Tart
Bonnes Mares

Musigny

Clos de Vougeot

Grands Echézeaux
Echézeaux

HAUTES-CÔTES-DE-NUITS

Nuits-Saint-Georges

Premeaux
Prissey

Romanée-Conti
Richebourg
La Romanée
La Tâche
Romanée-Saint-Vivant

Comblanchien

Pernand-Vergelesses
Aloxe-Corton
Savigny-lès-Beaune
Chorey-lès-Beaune
Beaune

Corgoloin
Serrigny-Ladoix

HAUTES-CÔTES-DE-BEAUNE

Corton

Charlemagne

Corton
Corton-Charlemagne
Charlemagne

N6

Saint-Romain
Auxey-Duresses
Saint-Aubin
La Rochepot

Pommard
Volnay
Monthélie
Meursault

Puligny-Montrachet
Chassagne-Montrachet

Dezize-les-
Maranges
Santenay
Sampigny
Cheilly
Rully

Chagny

Montrachet
Chevalier-Montrachet
Bâtard-Montrachet
Bienvenues-Bâtard

Montrachet
Bâtard-Montrachet
Criots-Bâtard-Montrachet

CÔTE DE BEAUNE

RULLY

Mercurey

N6

Saône

RÉGION DE MERCUREY

N78

GIVRY

Givry

N6

N78

bertin), die der Anstalt im Laufe der Jahre vermacht wurden. Die Weine werden alljährlich am dritten Sonntag im November versteigert; der Erlös fliesst den Hospices zu. Nach vielen Jahren schwankender Qualität rechtfertigen heute die Weine mit dem Etikett der Hospices ihren hohen Preis. Die Hospices de Nuits halten ihre Auktion im Frühjahr nach der Lese ab; sie hat freilich längst nicht den Ruf derjenigen der Hospices de Beaune.

Links: Erste Spritzung am Clos de Vougeot, Côte de Nuits, Burgund.

Weinbaugebiete/Frankreich/Burgund 2

Côte de Beaune

Corton und Corton-Charlemagne (R und W). Der rote Grand Cru ist sauber, fest und voll mit Aromen von Pfirsichen, Schwarzen Johannisbeeren und Himbeeren. Der weisse Grand Cru ist körperreich, üppig und rund mit viel Saft; ein würziges, florales Zimtbukett, gestützt von guter Säure.

Pernand-Vergelesses, Savigny-les-Beaune, Ladoix-Serrigny (R und W). Im Stil des Corton, jedoch weniger körperreich.

Chorey-les-Beaune (R und W). Verhaltener als die vorgenannten.

Beaune (R und W). Feine, delikate Weine, die relativ schnell reifen. In der Nase Weissdorn und Rosen.

Pommard (R). Volle, ausladende, männliche Weine. Les Rugiens haben die meiste Kraft, Les Epenots die grösste Finesse.

Volnay (R). Die verfeinertsten und elegantesten der Côte de Beaune. Beste Lage: En Cailleret.

Monthélie, Auxey-Duresses, Saint-Romain, Saint-Aubin (R und W). Ein kraftvoller, prägnanter, direkter Rotwein und typischer Pinot. Der Weisswein ist komplex, delikat und sauber.

Meursalt (W und R). Volle, weisse Premiers Crus, trocken, ohne knochig zu sein, Anklänge von Haselnuss am Gaumen. Einige Rotweine.

Puligny-Montrachet (R und W). Grosse Weine mit komplexer Blume.

Les Montrachets (W). Dies sind die grössten trockenen Weissweine der Welt; sie sind kraftvoll, körperreich und ausladend, mit floralen und fruchtigen Aromen und einem Bukett, das an Mandeln, Haselnüsse und Honig erinnert. Sie haben eine lang anhaltende Nachtönung und sind gut lagerfähig (15 Jahre).

Chassagne Montrachet (R und W). Der Weisswein ist fruchtig, kraftvoll und haltbar, der Rotwein gut strukturiert und körperreich.

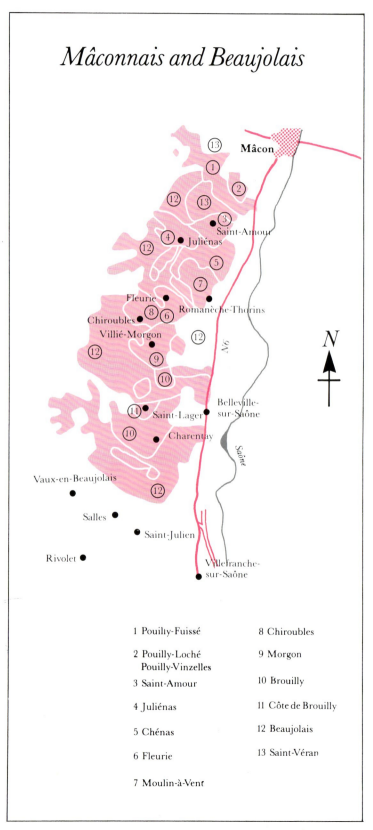

Mâconnais and Beaujolais

1 Pouilly-Fuissé	8 Chiroubles
2 Pouilly-Loché Pouilly-Vinzelles	9 Morgon
3 Saint-Amour	10 Brouilly
4 Juliénas	11 Côte de Brouilly
5 Chénas	12 Beaujolais
6 Fleurie	13 Saint-Véran
7 Moulin-à-Vent	

Santenay (R und W). Der rote Santenay ist gut strukturiert, aber weniger männlich als der Pommard. Weisser Santenay ist eine Rarität.

Côte de Nuits-Villages, Côte de Beaune-Villages, Hautes Côtes de Nuits, Hautes Côtes de Beaune (R und W). Diese Weine sind etwas weniger verfeinert, ohne aromatische Komplexität und leichter in der Struktur.

Chalonnais

Das Chalonnais hat keine Grand Crus, jedoch einige hervorragende, wenn auch wenig bekannte »Climats«.

Rully (W und R). Bis auf das Blumenaroma sind die Weissweine von Rully mit den Savigny-les-Beaune und Pernand-Vergelesses vergleichbar.

Die roten Rully-Weine erinnern an die von Volnay, haben jedoch nicht deren Finesse und Komplexität.

Mercurey (R und W). Mercurey ist sehr erfolgreich. Er ähnelt den Weinen von Beaune, ist jedoch etwas derber und weniger verfeinert. Die Weissweine sind blumig und üppig, gelegentlich etwas langweilig.

Givry (R und W). Im Stil einem Mercurey verwandt, ist der Givry weniger üppig und zugänglich. Der sehr seltene weisse Givry ist dem Rully vergleichbar, aber leichter.

Montagny (W). Ein leichter, frischer Weisswein für den Sommer oder zum Dämmerschoppen.

Mâconnais

Dieses 50 km lange Gebiet zwischen dem Chalonnais und dem Beaujolais ist mit Chardonnay, Pinot blanc, Pinot noir und Gamay bestockt; letztere Rebsorte stellt die Verbindung zum Beaujolais her.

Weine aus Chardonnay, Pinot blanc und Pinot noir dürfen das Burgunder-Etikett tragen; die Weissweine sind meist vorzuziehen. Sie können in der Reihenfolge steigender Qualität die AOC-Bezeichnungen Mâcon, Mâcon Supérieur sowie Mâcon plus den Namen der Gemeinde tragen. Bei Weissweinen gibt es auch die AOC Mâcon-Villages.

Pouilly-Fuissé, Pouilly-Loché, Pouilly-Vinzelles, Saint-Véran (W) sind vier unterschiedliche Gemeinde-Bezeichnungen von Chardonnay-Weinen. Zweifellos der beste ist der Pouilly-Fuissé mit seiner blassgoldenen Farbe, seiner Spur Smaragdgrün, dem Bukett von Veilchen und Akazienhonig und einem Aroma von Honig und Mandeln.

Beaujolais

Ein echter Beaujolais ist das Produkt von Gamay-Trauben, Granitboden und – es sei nicht verschwiegen – einem aggressiven Marketing. Nur der nördliche Teil des Herkunftsgebiets ist wirklich Granitboden, so dass Beaujolais-Weine aus dem Süden eigentlich »illegitim« sind. Das Sortiment umfasst Beaujolais Primeur, der vom dritten Donnerstag im November an verkauft werden darf, Beaujolais, Beaujolais Supérieur, Beaujolais-Villages (Rotwein, Rosé und Weisswein) sowie die neun *crus* (nur Rotwein). Im idealen Boden wachsen nur die *villages* und die *crus*.

Moulin-à-Vent ist der feinste und körperreichste und hält sich bis zu fünf Jahren, während der **Fleurie** sein eleganter Vetter ist. **Saint-Amour** ist fruchtig, leicht und angenehm. **Chénas** ist robust, aber ohne Kanten; **Juliénas** fruchtig und koketter, **Chiroubles** weich und wunderbar leicht. **Morgon** hat ein Veilchenbukett und schmeckt am besten nach einem Jahr. **Brouilly** ist kraftvoll und alkoholreich; **Côte de Brouilly** ist körperreich, hat Rundungen und ein kraftvolles Aroma.

Seite gegenüber, links: Der Innenhof des Hôtel-Dieu, Hospices de Beaune.

Unten: Der Felsen von Solutré überragt die Rebgärten von Pouilly-Fuissé im Mâconnais.

Weinbaugebiete/Frankreich/Champagne 1

Entgegen allen Behauptungen hat Dom Pérignon (1638–1715) den Champagner nicht erfunden. Was er allerdings erzeugte, waren hervorragende Schaumweine »nach ländlicher Art« *(méthode rurale)*. Echter Champagner entsteht durch eine zweite Gärung in der Flasche – ein Verfahren, das erst nach dem Tod des berühmten Mönchs aus der Abtei von Hautvillers entwickelt wurde.

Weiter wird von Dom Pérignon behauptet, er hätte die Kunst des Verschneidens erfun-

Rechts: Dom Pérignon-Standbild vor dem Sitz von Moët & Chandon, Epernay.

den, des zweiten wichtigen Merkmals eines Champagners. Die Wahrheit ist, dass er Trauben, aber niemals Wein mischte, und zwar nur Pinot-Trauben, während heute 80% des Champagners aus einem Verschnitt von Chardonnay, Pinot noir und Pinot Meunier entstehen.

Nach dem heutigen Verfahren werden die blauen Trauben in einer speziellen Presse rasch abgepresst, so dass der Saft keine Farbe annehmen kann. Der Wein aus der Vorgärung dieses klaren Mosts ist ein Blanc de Noirs, im Gegensatz zum Blanc de Blancs, der aus weissen Chardonnay-Trauben entsteht.

Im allgemeinen ist ein Champagner ein Verschnitt im Verhältnis von ⅔:⅓ oder ¾:¼ aus Blanc de Noirs und Blanc de Blancs; die Persönlichkeit der einzelnen Champagner entsteht aus der Art des Ausbaus und des Verschnitts. Champagner ist meist ein *vin de marque,* der von *négociants* (Händlern) erzeugt wird, die Trauben einkaufen und zu Champagner verarbeiten. Diese sind Négociants Manipulants (NM), während die Ré-

coltants Manipulants (RM) die eigenen Trauben verarbeiten. Andere Champagner wiederum werden von Genossenschaften (Coopératives, CM) erzeugt. Diese Abkürzungen sind wichtig, weil sie auf Champagneretiketten zur Kennzeichnung des Ursprungs angegeben werden müssen. Die Buchstaben MA bedeuten, dass der Champagner von einem Händler, Winzer oder einer Genossenschaft eingekauft und unter einer *Marque Auxiliaire* (zweiten Marke) oder *Marque d'Acheteur* (eigenen Marke des Einkäufers) auf den Markt gebracht wird.

Um Anspruch auf die Herkunftsbezeichnung zu haben, muss der Wein aus einem bestimmten Gebiet, überwiegend aus den Départements Marne oder Aube östlich von Paris kommen und aus Chardonnay, Pinot noir und Pinot meunier erzeugt worden sein. Da in den einzelnen Lagen Trauben unterschiedlicher Qualität wachsen, wurden den einzelnen Gemeinden Gütestufen vergeben (80–100%).

Neun Gemeinden in der Montagne de Reims und vier in der Côte des Blancs sind mit 100% eingestuft und dürfen die Bezeichnung Grand Cru tragen. Premier Cru ist die Bezeichnung für Gemeinden zwischen 90 und 99%.

Die Trauben selbst werden mehrmals gepresst; für jeden Pressvorgang gelten genaue Vorschriften. Aus jeweils 4000 kg Trauben entstehen 2050 l Most erster Güte, genannt *cuvée,* 410 l *première taille* und 205 l *deuxième taille* (2. und 3. Pressung). Die besseren Champagner werden nur aus der cuvée erzeugt; die *deuxième taille* wird von angesehenen *manipulants* niemals verwendet. Man beachte, dass das Wort *cuvée* zwei Bedeutungen hat: a) erste Pressung, vin de cuvée; b) das Verschneiden von Weinen.

Die *appellation* Champagner darf je 150 kg Trauben für höchstens 100 l verwendet werden.

Die *cuvée* ist farblos und verfeinert mit guter Säure, während die zweite Pressung bereits rauh ist und einen deutlichen Farbton aufweist.

Der endgültige Verschnitt entsteht aus diesen Weinen, aus Trauben verschiedener Sorten und verschiedener Herkunft und auch durch Zusatz von Weinen früherer Jahrgänge. In letzterem Fall ist eine Jahresangabe untersagt, doch darf der Wein bereits zwölf Monate nach der Abfüllung verkauft werden, im Gegensatz zu Jahrgangschampagner, der mindestens drei Jahre in den Kellern bleiben muss.

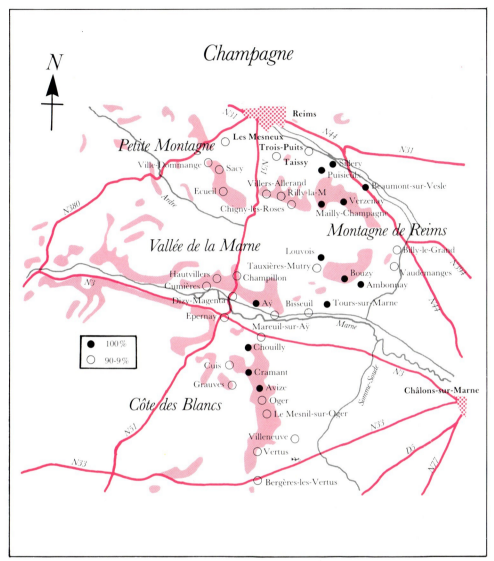

Es gibt viele Champagnerstile, und jeder Champagnerfreund bevorzugt eine andere Marke. Die meisten der »grandes marques« erzeugen ein breites Spektrum von Schaum- und Stillweinen: Coteaux Champenois, jahrgangslosen Brut, Blanc de Blancs (mit oder ohne Jahrgang), Jahrgangs-Brut, Rosé, Spezialcuvées.

Während die Spezialcuvées (deren älteste und nach wie vor berühmteste der Dom Pérignon von Moët et Chandon ist) die Schlagzeilen haben, sind die meisten Häuser doch der Ansicht, dass sich ihr Ruf letztlich auf die Qualität ihres jahrgangslosen Brut gründet. Auf Grund der ständig steigenden Beliebtheit des Champagners bringen auch die renommiertesten Häuser heute ihren Brut schon ganz kurz nach dem Degorgieren auf den Markt, und Importeure, Grosshändler und Einzelhändler tauschen ihr Sortiment unverzüglich aus. Zweifellos verbessert sich aber ein jahrgangsloser Champagner durch ein Jahr Kellerruhe ganz wesentlich. Jahrgangschampagner kommen in der Regel nach fünf Jahren auf den Markt. Zwei weitere Jahre geben auch ihnen zusätzliche Finesse, und mit wenigen Ausnahmen erreichen sie ihren Höhepunkt mit sieben bis zehn Jahren.

Champagner ist zwar sehr unempfindlich gegen Erschütterungen, muss aber unbedingt vor Hitze und insbesondere Sonnenlicht geschützt und kühl gelagert werden.

Weinbaugebiete/Frankreich/Champagne 2

Coteaux Champenois (R, W und Rosé)

Dies ist die zweite *appellation contrôlée* der Champagne, die 1974 entstand, als die AOC Coteaux Champenois die alte Kategorie Vin Nature de Champagne ersetzte. Diese neue Herkunftsbezeichung wurde geschaffen, weil das Wort »Champagne« für die berühmten Weine dieses Gebiets reserviert ist und weil die Bezeichnung *nature* irgendwie den Eindruck erweckte, die anderen Weine seien »künstlich«. Die Weine können Rotweine, Weissweine oder Rosés sein und sind nur sporadisch auf dem Markt, weil Coteaux Champenois nur erzeugt wird, wenn es zuviele Trauben gibt, d. h. mehr Trauben, als zu Champagner verarbeitet werden dürfen, was z. B. 1978, 1980 und 1981 nicht der Fall war.

Der weisse Coteaux Champenois ist historisch insofern interessant, als er den Champagnerweinen ähnelt, die vor den Zeiten von Dom Pérignon erzeugt wurden. Die hellen Roséweine des 16. und 17. Jhs. ähnelten wahrscheinlich sehr den heutigen weissen Coteaux Champenois.

Es sind trockene, frische Weine von bescheidener Frucht, leicht und eher einfach in der Art. Wie Champagner selbst können sie reinsortig oder aus verschiedenen Reben erzeugt werden. Die Blanc de Blancs – die Chardonnay-Weine – sind die besten und feinsten, obwohl sie weniger typisch sind, da der Traubencharakter auf den Böden der Champagne nicht so deutlich zum Ausdruck kommt. Bei den *vignerons* ist dies gerade erwünscht, damit die *cuvée* nicht zu stark geprägt wird. Die besten roten Coteaux Champenois kommen von den Pinot noir-Reben der Gemeinde Bouzy (100% Grand Cru). Dies ist ein *à la bourguignonne* vinifizierter Wein: sauber und gut strukturiert, ohne jedoch jemals die Komplexität, Rundungen und Fülle seiner burgundischen Vettern zu erreichen. Rosé-Weine von den Coteaux Champenois sind ziemlich selten.

Rosé des Riceys

Dies ist neben Tavel die einzige *appellation d'origine,* die für einen Rosé gilt. In Riceys, einer kleinen Gemeinde im Département Aube, werden seit über 1000 Jahren Rosé-Weine erzeugt, wobei früher auch Gamay verwendet wurde. Manche der Weine werden direkt vom Gärtank abgezogen und ähneln den Rosés von Sancerre, während andere ein Jahr in *pièces champenoises* liegen bleiben, in Holzfässern von 205 l Inhalt. Der Geschmack der Riceys ist unverkennbar und tritt erst im Laufe der Gärung nach einer

Oben: Remuage von Champagnerflaschen in den Kellern von Heidsieck.

unterschiedlichen Zeitspanne auf, was von den *vignerons* grosse Erfahrung verlangt. Es ist ein ausserordentlich seltener Wein, von dem jährlich nur 60 hl erzeugt werden, und er ist genauso teuer wie Champagner.

Vinifikation

Wenn die *cuvée* zusammengestellt ist (Februar bis März), wird der Wein unter Hinzufügung des *liqueur de tirage* (24 g Zucker aufgelöst in Wein und Hefe) abgefüllt. Nach der daraufhin einsetzenden zweiten Gärung in der Flasche *(prise de mousse)* werden die Flaschen etwa ein Jahr bei 10°C horizontal

Links: Entfernen des Depots aus einer Champagnerflasche (dégorgement); zum Schutz vor berstenden Flaschen wird ein Pulsschutz getragen.

auf Lattenroste gelegt und anschliessend einige Monate bis mehrere Jahre mit dem Hals nach unten gelagert, damit sich das Depot am Korken ansammelt. Das Entfernen des Depots erfolgt durch das *dégorgement,* wobei ein erfahrener *dégorgeur* den Korken mit einer Hand entfernt und das Depot herausfliegen lässt. Nach einem Sekundenbruchteil verschliesst er den Hals der Flasche mit seinem Daumen und setzt einen neuen Korken ein. Die verlorene Flüssigkeit wird durch den *liqueur d'expedition* oder *liqueur de dosage* ersetzt, einer Lösung reinen Traubenzuckers, deren Menge auf den je-

weiligen Markt abgestimmt ist (trocken, halbsüss oder süss). Das Bild oben zeigt, wie Korken und Depot mit Hife einer »Hummerzange« entfernt werden.

Weinbaugebiete/Frankreich/Rhône

Die Rhône-Rebgärten bedecken die Hänge des linken und rechten Rhône-Ufers zwischen Lyon und Avignon. Sie können nach den unterschiedlichen Rebsorten und nach geologischen Kategorien in zwei Typen von Wein gegliedert werden. Diese beiden Weinbauzonen, deren Gemeinsamkeiten sich auf den Fluss und ein warmes bis sehr warmes Klima beschränken, entsprechen mehr oder weniger der nördlichen und südlichen Rhône.

Nördliche Côtes du Rhône

Die ungewöhnlich steilen, terrassierten Weinberge werden auch heute noch von Hand bestellt, da sie nicht mechanisierbar sind. Durch die Enge des Flusstals und die Reflexion der Sonnenstrahlen kommt es hier zur Entwicklung sehr hoher Temperaturen.

Die Weiss- und Rotweine dieses Gebiets gehören zu den besten der Welt, wenn sie auch viel von ihrem früheren Ruf eingebüsst haben. Die Weine aus der Gegend um Vienne zierten schon die Tafel des kaiserlichen Roms. Seit etwa einem Jahrhundert stehen die Rhône-Weine etwas im Schatten der Bordeaux und Burgunder. Freilich sind die grossen Rhôneweine auch rar, und die Rebgärten können nicht erweitert werden, so dass die Weine das Privileg einiger weniger sind.

Côte Rôtie (R). Wie der Name sagt, wird dieses Gebiet buchstäblich von der Hitze »geröstet«. Die schweren, rubinfarbenen Weine mit ihrem Veilchenaroma verdanken ihre Kraft und Üppigkeit der grossartigen Syrah-Rebe, unterstützt von der nicht minder beachtlichen weissen Sorte Viognier. Es sind tanninreiche, kraftvoll strukturierte Weine, die Jahre reifen müssen und hervorragende Begleiter zu Wild sind.

Condrieu – Château Grillet (W). Zwei Weissweine von ganz ähnlichen Böden und ähnlichem Geschmack, erzeugt aus der Viognier-Rebe, die hier auf dünnem Glimmerboden wächst. Diese goldenen Weine zeichnen sich durch ihre üppigen Blumen-

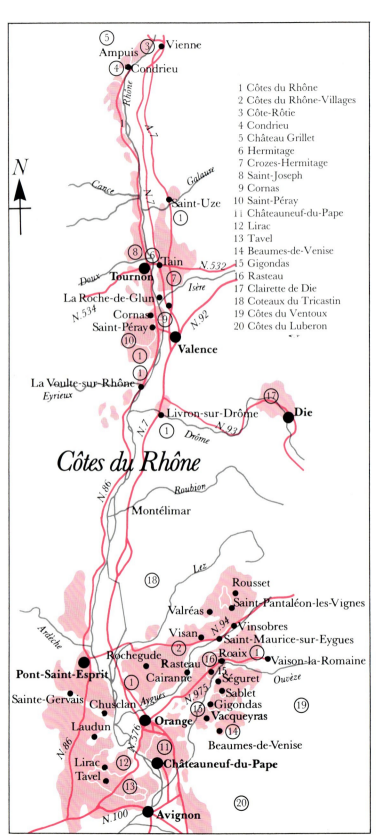

1 Côtes du Rhône
2 Côtes du Rhône-Villages
3 Côte-Rôtie
4 Condrieu
5 Château Grillet
6 Hermitage
7 Crozes-Hermitage
8 Saint-Joseph
9 Cornas
10 Saint-Péray
11 Châteauneuf-du-Pape
12 Lirac
13 Tavel
14 Beaumes-de-Venise
15 Gigondas
16 Rasteau
17 Clairette de Die
18 Coteaux du Tricastin
19 Côtes du Ventoux
20 Côtes du Luberon

und Blütenaromen aus und passen hervorragend zu Fisch und Krusten- und Schalentieren. Sie sind jung zu trinken.

Hermitage (R und W). Ein reinsortiger Syrah-Wein, der zu den grössten Rotweinen der Welt gehört. Dieser tief rubinrote Wein ist tanninreich, harmonisch und weist Aromen von Veilchen und Weissdorn auf; er hält sich gut und ist ein vorzüglicher Begleiter von dunklem Fleisch oder Wild.

Die grössten weissen Hermitage-Weine stammen von der Roussanne-Rebe, während die übrigen mit Marsanne verschnitten sind. Dieser erlesene Wein ist komplex, mit sauberen Aromen von Wildblumen und von grosser Finesse. Vorzüglich zu Fischgerichten.

Crozes-Hermitage (R und W). Wie Hermitage, aber nicht ganz so distinguiert. Sollte vor seinem fünften Jahr getrunken werden.

Saint-Joseph (R und W). Einem Crozes-Hermitage nicht unähnlich, gelegentlich sogar besser.

Cornas. Ein imposanter Syrah-Wein von extrovertiertem, männlichem Charakter; ähnelt dem Hermitage, jedoch weniger komplex.

Saint-Péray (stiller und schäumender Weisswein). Von der gleichen Rebsorte wie Hermitage, mit hellgelber Farbe und Veilchen- und Haselnussbukett. Meist jedoch als Schaumwein (méthode champenoise).

Südliche Côtes du Rhône

Dieser Teil des Herkunftsgebiets Côte du Rhône ist die Heimat eines grossen Weins, der allmählich zu der Qualität zurückfindet, die ihn einst berühmt machte: Châteauneuf-du-Pape. Überhaupt verbessern sich die Weine des Gebiets in den letzten Jahren ständig.

Châteauneuf-du-Pape (R und W). Diese feurigen, üppigen, körperreichen und würzigen Weine entstehen in weitläufigen Rebgärten, häufig mit steinigem Untergrund, die in weiten Reihen mit Grenache, Cinsault, Mourvèdre, Syrah oder einer anderen der dreizehn zulässigen Rebsorten bestockt sind. Dies sind Weine für Winterabende, die sehr gut zu dunklem Fleisch und Käse passen; ihre schiere Kraft lässt manchmal ihre Finesse vergessen, und man kann sie vier bis fünfzehn Jahre nach der Ernte trinken. Einige Güter erzeugen Wein nach dem Verfahren der *macération carbonique;* diese haben zwar Finesse, sind aber keine typischen Châteauneufs.

Gigondas (R, Rosé). Die besten von ihnen sind in Qualität und Stil mit einem Châteauneuf-du-Pape vergleichbar.

Tavel (Rosé). Zehn verschiedene, auch weisse Rebsorten dienen zur Erzeugung dieses Weins, der lange als bester französischer Rosé galt. Ein Wein für Sommerabende, zu Geflügel und hellem Fleisch.

Lirac (R, W, Rosé). Die Rosés liegen etwa zwischen den Tavels und den Rosés der Côtes du Rhône, während die Rotweine mit den besten Côtes du Rhône-Villages vergleichbar sind. Den Weissweinen mangelt es gelegentlich an Finesse und Rückhalt.

Côtes du Rhône-Villages (R, W, Rosé). Siebzehn hochrangige Gemeinden dürfen die *appellation* unter Hinzufügung ihres eigenen Namens verwenden. Das Fehlen eines Namens bedeutet, dass der Wein aus mehr als einer Gemeinde kommt. Am bekanntesten sind die Rotweine mit ihrem tiefen Rubinrot und dem Bukett von Schwarzen Johannisbeeren und Himbeeren. Schöne Rundungen, voll und würzig am Gaumen, eher körperreich als verfeinert.

Côtes du Rhône (R, W, Rosé). Weine für jeden Tag; einige werden nach der *macération carbonique* erzeugt und *en primeur* verkauft.

Oben: Château des Fines Rochers, Châteauneuf-du-Pape.

Seite gegenüber, links: Reben am Rhône-Ufer, Côte Rôtie.

Weinbaugebiete/Frankreich/Elsass

Die Rebgärten des Elsass erstrecken sich am linken Rheinufer in den französischen Départements Bas-Rhin und Haut-Rhin zwischen Mulhouse und Strasbourg. In liebliche Täler eingebettet liegen hier malerische Dörfer, die ihren ursprünglichen Charakter noch weitgehend erhalten haben. Der Boden ist überwiegend kalkhaltig, das Klima ist präkontinental mit geringen Niederschlägen und vielen Sonnenstunden.

Das Elsass war lange Zeit Zankapfel zwischen Frankreich und Deutschland. Diese Vergangenheit hat ihre Spuren hinterlassen, wozu nicht zuletzt auch die Tatsache gehört, dass die seit 1962 gültige *appellation d'Origine contrôlée* in vielerlei Hinsicht der in Deutschland gültigen Praxis ähnelt. Wie in Deutschland ist die Rebsorte wichtiger als die Lage; wie in der Pfalz oder im Rheingau halten die Genossenschaften einen wichtigen Anteil an der Gesamterzeugung, und schliesslich kommen die Elsässer Weine in »flûtes« auf den Markt, die den typischen deutschen Schlegelflaschen sehr ähnlich sind.

Die Form der Flasche ist seit 1972 vom Comité Interprofessionel des Vins d'Alsace festgelegt und normiert. Es gibt indes kein Gesetz, das für bestimmte Herkunftsgebiete bestimmte Flaschen vorschreibt, mit Aus-

nahme von Château Chalon; ein Bordeaux könnte also theoretisch in eine Burgunderflasche abgefüllt werden und umgekehrt. In der Praxis ist dies allerdings nie der Fall; immerhin gibt es viele Spezialformen. Château Haut-Brion z. B. ist ein Bordeaux, der nie in einer klassischen Bordeauxflasche verkauft wird.

Das Comité Interprofessionel hat eine andere scheinbar nützliche Vorschrift erlassen, dass nämlich Elsässer Wein nur abgefüllt das Gebiet verlassen darf. Es ist jedoch unwahrscheinlich, dass eine solche Vorschrift eine ähnliche Garantie bietet wie die Erzeugerabfüllung. Wenn der Wein dem Konsumenten nicht zusagt oder nicht dem entspricht, was auf dem Etikett steht, hat man höchstens die Gewissheit, dass er von Elsässer Boden stammt.

Die Appellationen und die Weine

Der Wein kann einfach als *Vin d'Alsace* oder als *Vin d'Alsace* von einer bestimmten und angegebenen Rebsorte verkauft werden; auch der Name einer Gemeinde kann angegeben sein, und seit 1975 gibt es die Kategorie Alsace Grand Cru, in die jetzt 45 Lagen aufgenommen sind. Der Hektarertrag für diese Grands Crus ist auf 70 hl/ha beschränkt, und es wird ein höherer Alkohol-

Unten: Junge Rebstöcke bei Turckheim, Elsass. *Seite gegenüber, links:* Rebgärten am elsässischen Rheinufer.

gehalt gefordert. Anspruch auf die *appellation* haben nur die Rebsorten Gewürztraminer, Riesling, Pinot gris und Muscat.

Riesling (W). Dies ist der beste und feinste aller Elsässer Weine, aristokratisch und charaktervoll. Passt hervorragend zu Huhn, Fisch und sogar Sauerkraut.

Gewürztraminer (W). Der aromatischste. Etwas problematisch mit Fleisch, passt besser zu Gänseleber und gewürzten Speisen.

Pinot gris (Tokay) (W). Ein runder, mundfüllender Wein zu hellem Fleisch.

Muscat (W). Ein ausserordentlicher Wein, in dem die Aromen und die Finesse der Sorte vorzüglich zur Geltung kommen. Der perfekte Aperitifwein. Sollte unbedingt jung und frisch getrunken werden.

Sylvaner (W). Angenehm und trocken, jedoch wenig Verfeinerung. Passt zu Vorspeisen, ohne diesen viel zu geben.

Clevner (Pinot blanc) (W). Kleiner Bruder des Tokay mit gutem Preis/Qualitätsverhältnis.

Edelzwicker (W). Ein Verschnitt aus noblen Rebsorten. Nichts Besonderes, aber angenehm.

Pinot noir (R). Ein sehr leichter Rotwein oder Rosé. Sauber, fruchtig, aber nicht komplex.

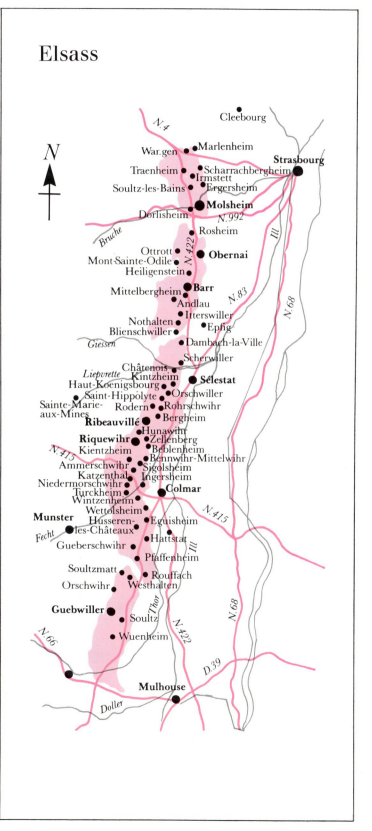

Elsass

101

Weinbaugebiete/Frankreich/Loire

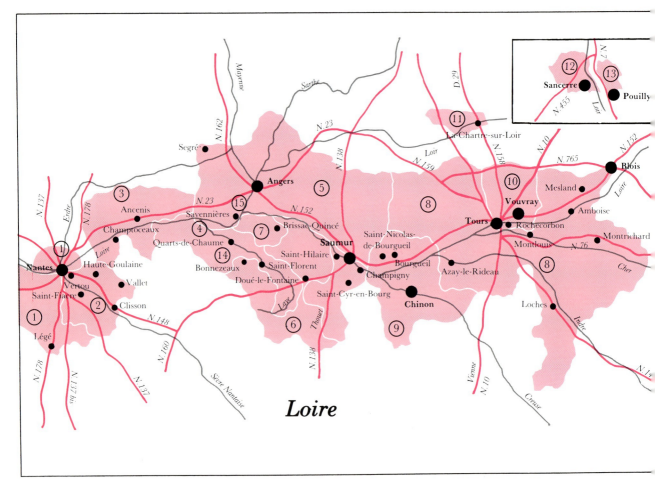

Loire

Die Loire ist ein sehr altes Weinbaugebiet. Der heilige Martin, der im Jahre 372 n. Chr. einen Orden und eine Abtei gründete, soll der Legende nach hier den ersten Wein erzeugt haben. Weinberge säumen die Loire und ihre Nebenflüsse auf einer Länge von fast 1000 km. Der Einfachheit halber werden die mittlere und die untere Loire hier in fünf Abschnitte gegliedert.

Sauvignon

Blanc-Fumé de Pouilly (W). Ein trockener Weisswein mit ausgeprägt floralen Aromen. Dies ist ein Sommerwein, der seine Frische und Finesse dem lehmigen Kalkboden verdankt, auf dem er wächst. Nicht mit der geringeren *appellation* **Pouilly-sur-Loire** zu verwechseln, einem Karaffenwein aus Chasselas-Trauben.

Sancerre (R, W und Rosé). Der Sancerre zeigt in fast übertriebener Form die Merkmale von Sauvignon-Weinen, die von lehmigen Kalkböden, von Mergel- oder Kreideböden kommen. Ähneln sehr dem Blanc-Fumé de Pouilly. Der Rotwein stammt von Pinot noir-Trauben und liegt etwa in der Mitte zwischen einem leichten Burgunder und einem Elsässer Pinot noir.

Quincy (W), Reuilly, Ménétou-Salon (R, W und Rosé). In der Art des Sancerres, jedoch von weniger ausgeprägter Qualität.

Weine aus der Gegend um Orléans

Nur der Vollständigkeit halber sei erwähnt, dass hier bis zum 17./18. Jh. Frankreichs grösster Rebgarten einen Gris d'Orléans lieferte, einen hellen Rosé aus der Pinot meunier-Rebe.

Weine der Touraine

Von Blois bis Vouvray finden wir eine Reihe von Rot-, Weiss- und Schaumweinen sowie Rosés der AOC Touraine aus Burgunder-Trauben und heimischen Rebsorten der Loire.

Grosse Weine der Loire

Vouvray und Montlouis (W). Bis 1937 gehörten diese beiden AOC-Weissweine, mild-süss oder schäumend, zur gleichen *appella-*

N

1 Muscadet des Coteaux de la Loire
2 Muscadet de Sèvre-et-Maine
3 Coteaux d'Ancenis
4 Coteaux du Layon
5 Anjou Saumur
6 Saumur
7 Coteaux de l'Aubance
8 Touraine
9 Bourgueil-Chinon
10 Vouvray-Montlouis
11 Coteaux du Loir
12 Sancerre
13 Pouilly-sur-Loire
14 Bonnezeaux
15 Savennières

tion. Typische reinsortige Chenin-Weine; die trockenen Weine können in geringen Jahren sehr herb sein. Halten sich bis zu fünfzig Jahren.

Bourgueil und Saint-Nicolas-de-Bourgueil (R, Rosé). Ein robuster Rotwein aus dem Cabernet franc; auf Kalkfelsen wächst ein tanninreicher und fester Wein, auf sandigen oder auch kiesigen Böden *(graves)* ein milderer Rotwein.

Chinon (R, W und Rosé). Wächst am linken Ufer gegenüber den beiden letztgenannten. Gleicher Boden und gleiche Rebsorte liefern einen sehr ähnlichen, meist aber geschmeidigeren Wein mit Veilchenbukett.

Jasnières (W), Coteaux du Loir (R, W und Rosé). Der Jasnières ist ein dem Vouvray nahestehender Chenin-Wein mit Pfirsichen und Aprikosen in Duft und Geschmack. Coteaux du Loir-Weine sind weich und ansprechend, und es gibt sogar einige Rotweine mit Himbeeraroma (aus Pineau d'Aunis).

Saumur (Schaumwein, R und W). Der weisse Saumur wird aus Chenin, der rote aus Cabernet franc erzeugt. Saubere, feste und geradlinige Weine.

Saumur-Champigny (R). Der wahre *cru* von Saumur, mit tief rubinroter Farbe. In der Nase Veilchen und Himbeeren, am Gaumen subtile Abstufungen. Die grossen alten Jahrgänge sind hervorragend.

Rosé d'Anjou ist ein mittelheller Rosé; Anjou Gamay entsteht aus der Gamay-Rebe, Cabernet d'Anjou aus der Cabernet franc. Coteaux du Layon, Coteaux de l'Aubance, Bonnezeaux und Quarts de Chaume sind füllige, ja üppige Chenin-Weissweine. Die beiden letztgenannten *appellations,* die Grands Crus von Layon, sind komplex, reich und in guten Jahren sogar sublim.

Anjou Coteaux de la Loire (W), Savennières (W), Savennières Coulée de Serrant (W), Savennières Roche aux Moines (W). Diese Weine unterscheiden sich kaum voneinander, wenn auch die beiden letzten die Grands Crus von Savennières sind, der besten Gemeinde des Gebietes.

Am schönsten zur Geltung kommt die Chenin-Traube im Coulée de Serrant, einem wirklich grossen und üppigen trockenen Wein.

Muscadet

Drei Weine werden aus der Muscadet-Rebe (Melon de Bourgogne) erzeugt: Erstens der recht robuste Muscadet des Coteaux de la Loire, dann stromabwärts Muscadet de Sèvre-et-Maine, der feinste und harmonischste, und schliesslich Muscadet, ein *vin de carafe* ohne viel Komplexität, spritzig, frisch, jung zu trinken. Etwas herber ist der VDQS Gros Plant.

Le Jardin de La France

Abgesehen von den international bekannten Namen wie Muscadet, Pouilly-Fumé und Sancerre kommen Loire-Weine kaum in den Export. Durch das grosse Spektrum von Weintypen ist das Gebiet weniger überschaubar als etwa Bordeaux oder Burgund. Jahrelang hat die Loire Gebietsweine par excellence erzeugt, und die Verbesserungen in Weinberg und Keller, die in Bordeaux so auffällig waren, haben sich auch in diesem Gebiet durchgesetzt, wo man sich um Qualität und insbesondere um die Erhaltung der Gebietstypizität bemüht. Die Loire ist vielleicht das interessanteste Weinbaugebiet des nächsten Jahrzehnts.

Weinbaugebiete/Frankreich/Jura, Savoyen und Provence

Jura

In dieser bergigen Region wächst einer der wirklich grossen Weissweine der Welt, der Château-Chalon, von dem es sogar noch ausgezeichnete Flaschen aus der Zeit vor der Revolution gibt. Die Weinberge des Jura bedecken 500 ha, die des benachbarten Savoyen mehr als 1000 ha. Hier werden mit Ausnahme süsser Weissweine alle Weinarten einschliesslich des »Strohweins« *(vin de paille)* erzeugt: Rotweine, Rosés, Weissweine, *vins jaunes* und Schaumweine.

Von der Herkunftsbezeichnung Côtes du Jura kommen alle Weintypen, die in dieser Gegend erzeugt werden. Weissweine werden aus Chardonnay und insbesondere Savagnin hergestellt, die Rotweine aus Trousseau, Poulsard und Pinot noir, einzeln oder gemischt, während die besten Rosés reinsortige Poulsard-Weine sind.

Vin de paille wird nach einem Spezialverfahren hergestellt, bei dem die vollreifen Trauben früher auf Stroh getrocknet wurden, während man sie heute auf Matten legt oder aufhängt. Nach etwa zweimonatiger Trocknung werden die Trauben gepresst und der sehr zuckerreiche Most langsam vergoren. Vin de paille ähnelt etwa einem weissen Portwein, ist jedoch nuancierter und komplexer.

Die besten Jura-Stillweine sind Arbois und Arbois Pupillin, während die besten Schaumweine die *appellation* L'Etoile tragen.

Rote Jura-Weine aus Trousseau-Trauben sind tieffarben, robust und langlebig und passen gut zu gegrilltem Fleisch.

Die weissen Arbois-Weine sind voll, trocken und in guten Jahren abgerundet. Ganz aussergewöhnlich sind die *vins jaunes!*

Savoyen

Aus Savoyen kommen keine grossen Weine, jedoch einige Musterexemplare sortentypischer Weine.

So stammt aus Savoyen der beste Chasselas, der Crépy. Die Rebberge erheben sich hoch über den Genfer See und liegen den schweizerischen gegenüber, die den Fendant (ebenfalls Chasselas) hervorbringen. Es ist ein goldgelber Wein von mittlerer Säure mit Haselnussaroma. Er sollte jung getrunken werden, idealerweise zum frischen Egli oder Weissfisch aus dem See.

Der Roussette de Savoie ist nach seiner Rebsorte benannt, die nicht mit Roussanne verwechselt werden sollte. Altesse ist ein anderer Name für diesen zart strukturierten, harmonischen Wein mit dem blassgoldenen Ton. Passt hervorragend zu frischer Forelle

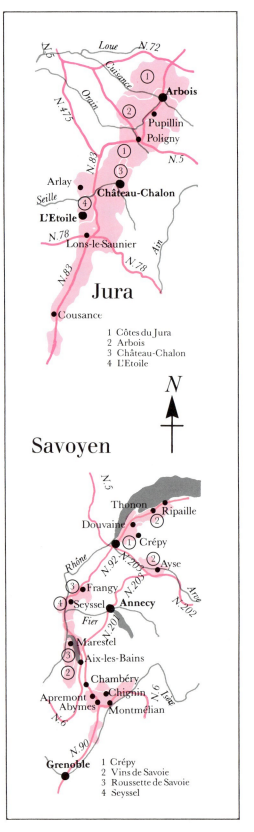

1 Côtes du Jura
2 Arbois
3 Château-Chalon
4 L'Etoile

1 Crépy
2 Vins de Savoie
3 Roussette de Savoie
4 Seyssel

aus dem Lac du Bourget, an dem die Rousett-Stöcke wachsen.

Seyssel und Seyssel Mousseux kommen von den Départements Savoie und Ain.

Grosse Weine der Provence

Fünf AOC-Weine gibt es im Süden östlich des Rhônetals, nämlich Côtes de Provence, Palette, Cassis, Bandol und Bellet.

Palette (R und W). Der Palette kommt aus der Nähe der Stadt Aix-en-Provence. Es sind wirklich beachtliche Weine: Die Rotweine auf der Basis der besten Rhone-Rebsorten (Grenache, Cinsault und Mourvèdre) sind tieffarben, tanninreich, körperreich und haltbar. Die Weissweine stammen von der Clairette-Rebe und sind für diese Rebsorte ungewöhnlich vielschichtig, was durch ihre nördlichere Lage zu erklären ist.

Cassis (R, W und Rosé). Die Weissweine sind die besten (Clairette, Marsanne, Ugni blanc); sie haben ein Blumenaroma und behalten ihre Qualität dank ihrer guten Säure lange Zeit.

Bandol (R, W und Rosé). Vorzüglich die Rotweine (mindestens 60% Mourvèdre, Cinsault, Grenache), teilweise qualitativ einigen Bordeaux *crus classés* vergleichbar.

Bellet (R, W und Rosé). Die Bellet-Weine verdanken ihre Qualität dem frischen Klima der Berge oberhalb Nizza, die mit seltenen und ursprünglichen Rebsorten bestockt sind. Die Weissweine sind trocken und lebendig, die Rosés reizvoll und verfeinert, während die festen, prononcierten Rotweine nichts von der südlichen Lauheit haben. Sie alle passen hervorragend zu der traditionellen und typischen Küche von Nizza.

Die vier oben erwähnten Weine sind historisch die besten des Gebiets. Allerdings gab es in den letzten zehn Jahren in der Provence und im Languedoc-Roussillon (siehe Seite 106) erhebliche Fortschritte, und selbst das Epitheton »das Kalifornien Frankreichs« wirkt etwas überholt. Verbesserte Vinifikationstechniken und die Einführung klassischer Rebsorten liefern heute Weine, die sich ganz erheblich von dem ehemals schweren südlichen Stil unterscheiden, der für die Provence typisch war.

Côtes de Provence (R, W und Rosé). Aufgrund der Fortschritte bei den grösseren Erzeugern 1977 in die A.C.-Kategorie aufgestiegen. Die Rotweine stammen nach wie vor hauptsächlich von Grenache, Cinsault, Mourvèdre und Syrah, den Rebsorten der südlichen Rhône, wobei der Cabernet-Sauvignon allmählich den Platz des Carignan einnimmt. Die Rosés werden leichter und fruchtiger, während die Produktion der Weissweine wegen der internationalen Nachfrage um 10–15% zugenommen hat. Eine sehr gemischte Appellation, in der die einzelnen Güter sehr auf ihren eigenen Stil achten.

Coteaux d'Aix-en-Provence/Coteaux des Baux-en-Provence. Château Vignelaure und Domaine de Trévallon haben einst auf diese Zwillingsappellation aufmerksam gemacht, die qualitativ jetzt den Côtes de Provence den Rang streitig macht. Erzeugt werden Rotweine, Weissweine und Rosés, wobei die Rotweine das meiste Potential haben.

Costières-du-Gard/Costières de Nîmes. Die römische Provinz des Gard liefert Weine, die etwa gleichviel von den Côtes du Rhône und vom Midi haben, aber etwas leichter sind als diese beiden. Die Appellation Costières de Nîmes wurde 1988 geschaffen. Ein guter Weisswein aus dem Gard ist der Clairette de Bellegarde.

Korsika

Die korsischen Weine haben in den letzten zehn Jahren ähnliche Fortschritte gemacht wie diejenigen der Provence, mit dem Unterschied, dass dank einiger kluger Erzeuger nur wenig Cabernet-Sauvignon und Chardonnay angepflanzt wurden und die überzeugendsten Weine nach wie vor aus dem örtlichen Niellucio und Sciacarello (Rotwein und Rosé) bzw. Vermentino oder Malvoisie de Corse (Weisswein) erzeugt werden. Korsika besitzt 7 Appellationen, deren beste Patrimonio und Porto-Vecchio sind.

Weinbaugebiete/Frankreich/Languedoc und der Südwesten

Languedoc-Roussillon

Die Ebenen von Aramon und die Carignan-Rebe – sie bilden zusammen das ideale Paar zur Erzeugung eines der mässigsten Weine Frankreichs und der ganzen Welt. Dies ist das Land der Schlabberweine, die man durch Verschnitt mit italienischen Importen

Rechts: Weissweinlese im Languedoc.

aufzupäppeln versucht. Diese Weine werden offen verkauft und interessieren hier nicht.

Aus dem gleichen Gebiet kommen jedoch auch die VDQS-Weine Coteaux du Languedoc; sie sind meist robust und rot.

Zu den weissen AOC zählen Clairette de Bellegarde, Clairette du Languedoc und Blanquette de Limoux. Davon sind die beiden ersten üppig und alkoholreich bis hin zur Wuchtigkeit, während der dritte voll, rund und fast immer schäumend ist. Alle sind jung zu trinken.

Die roten AOC sind u. a. Fitou, Collioure und Côtes du Roussillon.

Fitou, der beste Wein aus Carignan-Hanglagen (+ Grenache + Lladoner), bleibt mindestens neun Monate im Fass. Es ist ein dichter, voller, nicht unbedingt verfeinerter Wein, der hervorragend zu Wildschwein und Käse passt.

Collioure (Carignan, Grenache, Cinsault, Mourvèdre) ist ein kraftvoller Rotwein, der an Fitou erinnert, aber etwas komplexer ist.

Côtes du Roussillon-Weine vereinigen die Trauben der beiden letzten *appellations* (überwiegend Carignan) in sich. Es gibt verschiedene leichte Côtes de Roussillon-Weine; einige werden als *primeurs* getrunken, andere sollten einige Jahre liegen. Sie erfreuen sich steigender Beliebtheit und zeich-

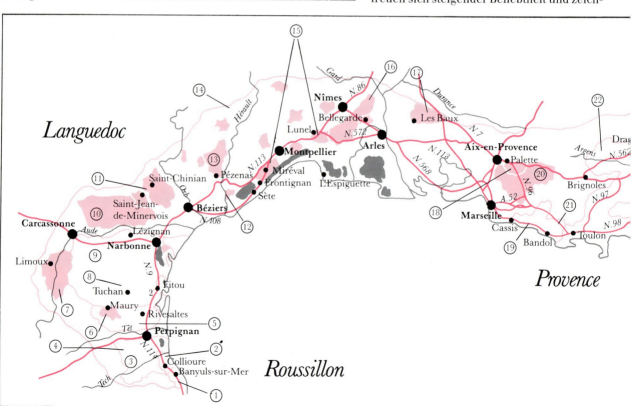

nen sich durch guten Körper und Frucht aus.

Corbières, Minervois und Costières du Gard sind gute VDQS-Weine, zu denen drei Rotweine und ein interessanter Weisswein gehören (mindestens 70% Folle blanche, die hier Picpoul de Pinet heisst).

Der Südwesten

Eine wunderschöne Gegend, die wegen der Vielzahl der erzeugten Weine für den Weinadepten sehr interessant ist.

Cahors (R). Ein historischer Wein auf der Basis der Malbec-Rebe (mindestens 70%), die hier Auxerrois heisst. Es ist der »schwarze Wein« vergangener Zeiten: robust, tanninreich und einfach, ideal zu Gans *confit*.

Côtes de Buzet (R, W und Rosé). Bordeaux-Sorten von ansprechender lokaler Art.

Gaillac (R, W und Rosé). Gaillac umfasst eine Vielzahl von Weinen. Der rote Gamay ist jung zu trinken. Andere Rotweine aus lokalen Rebsorten (Braucol, Fer Servadou, Duras usw.) können von interessanter Festigkeit und Harmonie sein. Die leicht moussierenden weissen Mauzac, die gekühlt und jung am besten schmecken, sind fruchtig, manchmal aber säurearm; zu ihnen gehört auch ein sehr interessanter Schaumwein, der nach der verbesserten *méthode rurale* erzeugt wird.

Côtes du Frontonnais (R, Rosé). Ein weicher Rotwein auf der Basis der Négrette. Er ist fruchtig, leicht und einfach.

Madiran (R). Madiran ist ein beeindruckender, tiefroter Pyrenäenwein, der lebendig ist und gleichzeitig gut haltbar. Der geeignete Begleiter zu gut gewürzten Speisen.

Jurançon (W). Ein originaler Wein aus speziellen Rebsorten (Courbu, Manseng). Der trockene Wein ist spritzig mit einem festen, sauberen Aroma. Die *vins liquoreux* weisen ein ungewöhnlich würziges Bukett auf. Am Gaumen bieten sie eine interessante aromatische Mischung aus Zimt, Ingwer, Muskatnuss und Nelke.

Pacherenc du Vic Bihl (W). Ein weiterer Pyrenäenwein, der dem trockenen Jurançon ähnelt. Manchmal mundfüllend.

Irouléguy (R, W und Rosé). Wächst an der Grenze zu Spanien. Von den drei Weintypen ist der rote am bekanntesten, ähnlich dem Madiran, aber weniger beeindruckend.

Béarn (R, W und Rosé). Trägt den Namen seiner Heimatprovinz. Einfach und anspruchslos; sehr erfolgreich der Rosé.

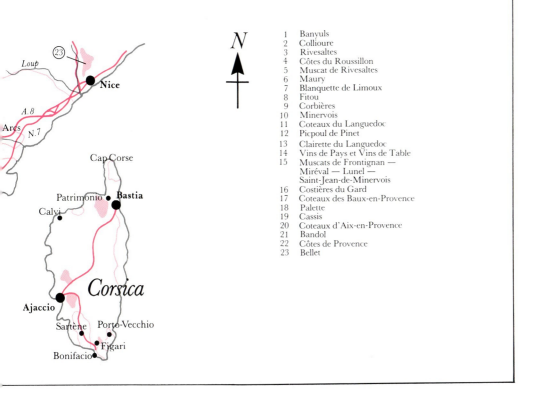

1	Banyuls
2	Collioure
3	Rivesaltes
4	Côtes du Roussillon
5	Muscat de Rivesaltes
6	Maury
7	Blanquette de Limoux
8	Fitou
9	Corbières
10	Minervois
11	Coteaux du Languedoc
12	Picpoul de Pinet
13	Clairette du Languedoc
14	Vins de Pays et Vins de Table
15	Muscats de Frontignan — Miréval — Lunel — Saint-Jean-de-Minervois
16	Costières du Gard
17	Coteaux des Baux-en-Provence
18	Palette
19	Cassis
20	Coteaux d'Aix-en-Provence
21	Bandol
22	Côtes de Provence
23	Bellet

Weinbaugebiete/Deutschland 1

Von den 99 335 ha Rebfläche in Deutschland sind etwa 85% mit weissen Sorten bestockt, die alle Weinqualitäten vom Billigsten bis zum Erlesensten und Teuersten liefern. Im deutschen Weinbau hat es in den letzten zehn Jahren teilweise erhebliche Veränderungen gegeben, und der Geschmack des Publikums hat sich mehr in Richtung trockenerer Weine entwickelt. Deutsche Weine sind individuelle Weine, die im allgemeinen eine gewisse Ähnlichkeit mit denjenigen der nördlichen französischen Rebgärten haben.

In Deutschland werden mehr als in anderen EG-Ländern die im EG-Recht vorgesehenen Kategorien benutzt, nämlich:

Trocken. Trockene Weine mit einem Restzuckergehalt von bis zu 9 g/l, je nach der Gesamtsäure. Die besten von ihnen besitzen ein köstliches Aroma und teilweise 12% und mehr natürlichen Alkohol, der ausschliesslich vom Zucker der Traube stammt. Empfohlene Gebiete: Rheinpfalz, Rheinhessen, Baden, Franken.

Halbtrocken. Weine mit einem Restzuckergehalt von 10–18 g/l je nach der Säure. Keineswegs ein Kompromiss, sondern eine vorzügliche Zwischenstation zwischen den alten halbsüssen und den modernen trockenen Weinen. Empfohlene Gebiete: Mosel-Saar-Ruwer, Rheingau, Nahe.

Lieblich. 18–45 g/l Restzuckergehalt. Der typische Wein bis in die ausgehenden 80er Jahre. Am besten, wenn eine feine Riesling-Säure den Ausgleich schafft. Empfohlene Gebiete: Mosel-Saar-Ruwer, Rheingau, Rheinhessen.

Die Bezeichnungen trocken und halbtrocken erscheinen häufig auf einem Weinetikett, lieblich seltener.

Qualitätskategorien

Die Qualitätskategorien des deutschen Weines richten sich nach dem Zeitpunkt der Ernte, die von September bis Dezember dauert, und basieren zunächst auf dem Zuckergehalt der Trauben. Der Unterschied zwischen den einzelnen Kategorien liegt freilich häufig mehr im Stil als in der Qualität. Neben dem Zuckergehalt ist dem Winzer auch ein hoher Gehalt an Weinsäure willkommen, ein Charakteristikum guter Weine aus kühleren Anbauzonen.

Die Qualitätskategorien sind gesetzlich festgelegt; alle deutschen Qualitätsweine werden einer chemischen Analyse unterzogen und bekommen eine amtliche Prüfnummer (AP-Nummer). Die Kategorien sind:

Deutscher Tafelwein (DTW). Meist weniger als 5% der Ernte. Sehr einfacher Wein mit einer höheren Unterkategorie, dem Landwein. Dieser muss trocken oder halbtrocken sein.

Qualitätswein eines bestimmten Anbaugebietes (QbA). Häufig der grösste Teil eines deutschen Jahrgangs. Qualitätsspektrum von einfach und gewöhnlich bis hervorragend.

Qualitätswein mit Prädikat (QmP). Hier findet man die besten deutschen Weine. Sie sind nicht aufgezuckert, weshalb ihr Alkoholgehalt ausschliesslich vom Reifezustand der Trauben abhängt. Es gibt sechs Prädikatsstufen:

Kabinett. Leichter Wein (z. B. 7–8% Alkohol bei einem Mosel Kabinett). Reizvoll; meist halbtrocken oder halbsüss am interessantesten.

Spätlese. Die Trauben für diesen Wein werden frühestens 7 Tage nach der Hauptlese gelesen. Grössere Geschmacksfülle und mehr Alkohol als ein Kabinett. Unterschiedliche Süssegrade von trocken bis halbsüss.

Auslese. Der natürliche Alkoholgehalt schwankt je nach Jahrgang, Rebsorte und Anbaugebiet, kann aber 13% oder mehr erreichen. Als süsser wie als trockener Wein beeindruckend.

Beerenauslese. Aus überreifen und edelfaulen Beeren erzeugt. Sehr reicher und süsser Wein. Riesling-Beerenauslesen sind nur in grossen Jahren möglich, in denen ein ausserordentlich komplexer und intensiver Wein entstehen kann.

Eiswein. Aus Trauben gepresst, die natürlicherweise im Weinberg gefroren sind. Sehr konzentrierte Säure und Süsse; herrliche, lebendige Weine.

Trockenbeerenauslese. Ein sehr seltener Wein, der nur in den grössten Jahren aus überreifen, einzeln gelesenen, am Rebstock eingetrockneten Trauben erzeugt werden kann, die praktisch immer edelfaul sind. Winzige Ertragsmengen. Intensiv, reich, grossartige Aromafülle, kaum zu beschreiben.

Rebsorten

Neben dem Mikroklima hat die Rebsorte den grössten Einfluss auf den Stil und die Qualität des deutschen Weines.

Müller-Thurgau. Eine frühreife Sorte, die leichte, frische Weine mit relativ niedriger Säure liefert. Kann bei entsprechender Beschränkung des Ertrags Weine von Tiefe und überraschender Qualität liefern (z. B. im rheinhessischen Nierstein oder im östlichen Franken).

Weisser Riesling. Reift sehr spät. Reizvolle Weine, die auf allen Qualitätsebenen eine feste Säure kennzeichnet. Vorzüglich in allen

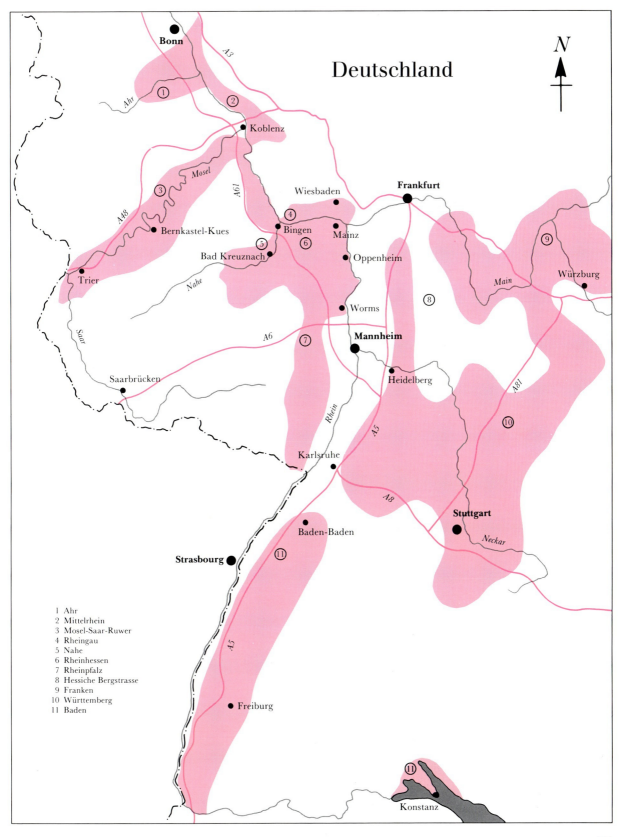

Deutschland

N

1 Ahr
2 Mittelrhein
3 Mosel-Saar-Ruwer
4 Rheingau
5 Nahe
6 Rheinhessen
7 Rheinpfalz
8 Hessiche Bergstrasse
9 Franken
10 Württemberg
11 Baden

Weinbaugebiete Deutschland 2

Süssegraden. Gilt vielen als der grösste Weisswein in der Welt. Gedeiht am besten in den nördlichen Anbaugebieten Deutschlands.

Grüner Silvaner. Verliert als Rebe an Beliebtheit. Ausgeglichener, sauberer Wein ohne übertriebenes Aroma. Kann in Franken, Rheinhessen und am Kaiserstuhl sehr gute Qualität liefern.

Kerner. Ein Wein mit guter Säure ohne die Finesse des Riesling. Gesunde, aber häufig nicht sehr aufregende Weine in allen Qualitätskategorien. Wird in ganz Deutschland angebaut.

Blauer Spätburgunder. Der französische Pinot noir. Wird in Deutschland zunehmend beliebter, wo einige Winzer Weine von wahrhaft burgundischer Distinktion erzeugen. Vor allem in Baden angepflanzt.

Ausserdem werden in Deutschland noch etwa 100 weitere Rebsorten angebaut, von denen vor allem Scheurebe, Bacchus, Blauer Portugieser, Ruländer und Trollinger zu nennen sind.

Weinbaugebiete

Mosel-Saar-Ruwer. Umfasst die Mosel und ihre Nebenflüsse Saar und Ruwer, das Gebiet zwischen Koblenz und der französischen Grenze. Das bekannteste Gebiet ist der Bereich Bernkastel, wo Spitzengüter unvergleichlich elegante, spritzige, individuelle Rieslingweine erzeugen. Ruwer-Weine sind ganz ähnlich mit geschmacklichen Differenzierungen, die sich aus dem Boden und dem Mikroklima ergeben. Diejenigen von der Saar sind fest und stahlig; die besten können ausserordentliche Qualität erreichen. Die Rieslinge von der Untermosel aus dem Bereich Zell könnten Landvettern der besten Weine aus dem Bereich Bernkastel sein, zeichnen sich aber durch ein sehr typisches und kräftiges Aroma aus, vor allem dann, wenn auf Ertragsbegrenzung geachtet wird.

Rheinhessen. In den rheinhessischen Gemeinden auf der Rheinterrasse zwischen Bodenheim und Alsheim erzeugen einige Güter hervorragende Weine, die geschmacklich

Oben: Die Schieferhänge an der Mosel bieten ideale Bedingungen für die Riesling-Rebe.

Oben: Burg Cochem, teilweise von üppigen Ranken verdeckt.

Nahe. Ein Weinanbaugebiet, dessen Lagen sich über einen weiten Bereich erstrecken. Der mittlere Teil zwischen Bad Kreuznach und Schlossböckelheim und die Gemeinden Dorsheim und Münster-Sarmsheim an der unteren Nahe liefern spritzige Rieslinge von guter bis hervorragender Qualität.

Baden. Ein Weinbaugebiet, das sich hauptsächlich an den Hängen des Schwarzwaldes entlang hinzieht. Vollere, weniger säurereiche Weine als diejenigen aus den nördlicheren Gebieten, ausgezeichnete Rieslinge in Durbach und kräftige Weine von grosser Aromafülle am Kaiserstuhl. Einige der qualitativ besten Weine kommen von Genossenschaftskellereien.

Einige bekannte Weine

Aus Deutschland kommen sehr gute Weine; leider sind im Ausland vor allem die billigen, zwar angenehmen, aber wenig anspruchsvollen Weine bekannt.

Liebfrauenmilch. Ein Qualitätswein (QbA) aus einem von vier Anbaugebieten, überwiegend aus Riesling, Silvaner, Müller-Thurgau und Kerner zusammengestellt. Teurerer Marken-Liebfrauenmilch bietet die beste Qualität für sein Geld.

Niersteiner Gutes Domtal. Das Gute Domtal, ein Gebiet von über 1300 ha, das nur wenig mit der angesehenen Weingemeinde Nierstein zu tun hat, ist die bekannteste Grosslage Rheinhessens.

Oppenheimer Krötenbrunnen. In jeder Beziehung dem Niersteiner Guten Domtal sehr ähnlich. Manchmal von etwas leichterem Geschmack.

Piesporter Michelsberg. Zu hoch bewertete Weine im Vergleich mit anderen von ähnlicher Qualität aus einer überschätzten Grosslage an der Mosel.

Bereich Bernkastel. Zwar umfasst dieser Bereich die meisten der besten Weingemeinden an der Mosel, jedoch ist ein Wein, der ohne Erwähnung des Rieslings unter dem Bereichsnamen verkauft wird, in aller Regel nicht aufregend.

Die Weinerzeuger

Als Faustregel gilt, dass die besten und grossartigsten deutschen Weine von privaten oder staatlichen Gütern kommen. Die Qualitätsstandards der Weinerzeugung sind hoch, und in Gebieten wie der Rheinpfalz, Baden und Württemberg sind die Weine der lokalen Winzergenossenschaften nicht weniger gut.

Eine allgemeine Richtschnur, wie man die besten Weine ausfindig macht, ist kaum anzugeben; ein Hinweis auf Qualität ist allerdings immer das Siegel der DLG.

eine grössere Fülle aufweisen als diejenigen des bekannteren Rheingaus. Auch hier stammen die besten vom Riesling. Die Weine aus den nördlich davon gelegenen Orten Ingelheim und Bingen sind leichter, aber elegant mit langem Aroma.

Rheinpfalz. Die besten rheinpfälzischen Lagen findet man bei Deidesheim, Forst und Wachenheim. Auch in anderen Teilen des Gebiets erzeugen einige Winzer Spitzenweine aus beschränkten Ertragsmengen, hauptsächlich aus Riesling, Scheurebe und Weissburgunder.

Rheingau. Das berühmte Riesling-Gebiet. Viele renommierte und alteingesessene Güter. Elegante, trockene und halbtrockene Weine sind en vogue, wobei letztere vor allem von der Winzergenossenschaft »Charta« kommen.

Franken. Das für seinen Bocksbeutel berühmte bayrische Weinbaugebiet. Die Weine von den Spitzengütern zeichnen sich durch einen markanten Bodenton aus. Es sind kräftige und sehr typische Weine.

Weinbaugebiete/Italien 1

Italien ist eines der ältesten Weinbaugebiete der Welt. Die Rebe wächst hier schon seit Jahrtausenden – bei Venedig wurden versteinerte Traubenkerne aus der Steinzeit ausgegraben –, und der Wein hat zu allen Zeiten im täglichen Leben der Bevölkerung eine grosse Rolle gespielt.

Geschichte

In der Antike hatte die Kultivierung der Rebe in Italien aus sozialen wie religiösen Gründen einen hohen Stellenwert. Der Dionysoskult war vor allem im Süden und auf Sizilien weit verbreitet. In Süditalien wachsen heute noch Reben, die auf die Griechen zurückgehen (Greco di Tufo und Aglianico).

Die Römer waren fähige Winzer, und sie förderten den Rebenbau sowohl in ihrer Heimat als auch in den abgelegenen Teilen des Reiches, besonders im Rhônetal, in Burgund und in Deutschland. Die Soldaten wurden mit Land entlohnt, auf dem sie Reben pflanzen mussten; da die Rebe erst nach vier Jahren Frucht trägt, war sich der Kaiser der Loyalität der neuen römischen Gebiete sicher, solange seine Soldaten-Winzer auf den Ertrag warteten.

Auch heute zeigen die italienischen Winzer Pioniergeist; viele haben ihre Heimat verlassen und in jüngeren Weinbauländern, hauptsächlich in den Vereinigten Staaten, Südamerika und Australien Betriebe gegründet.

Klima und Geographie

Die Griechen, die als erste die natürliche Eignung Italiens für den Weinbau erkannten, nannten das Land Enotria, Land des Weines. Mit Ausnahme des ebenen, fruchtbaren Schwemmlandtals des Po ist das Land von Hügeln und Bergen durchzogen, auf denen die Rebe ideale Standorte findet.

Die Alpen, die das Land im Norden begrenzen, fallen allmählich zur Po-Ebene ab und sind in den nördlichen Regionen von steilen, künstlichen Terrassen durchzogen, an den sanft gewellten Ausläufern mit Rebgärten bedeckt. Das »Rückgrat« Italiens bildet der Apennin, der bei Genua im Westen aufsteigt, dann in Richtung Bologna nach Süden abbiegt und sich weiter bis zur »Sohle« der stiefelförmigen Halbinsel erstreckt. Auch er weist viele Rebgärten auf. Schlechter Boden ergibt guten Wein, und auch hier hat Italien anderen Weinländern etwas voraus. Mit Ausnahme der fruchtbaren Po-Ebene ist der Boden im übrigen Land ziemlich unfruchtbar. Das Spektrum der Bodenarten reicht von Granit im Nordwesten, der im Trentino mit Lehm und Kalk durchsetzt ist, über schieferhaltigen Lehm und Kies im Zentrum bis zu vulkanischen Böden im Süden und auf Sizilien.

Es stimmt nicht ganz, dass in Italien immer sonniges und warmes Wetter herrscht. In Wirklichkeit gibt es unterschiedliche Klimatypen. Im Norden bis hin zur Toskana ist das Klima kontinental mit strengen Wintern, heissen Sommern und häufigen Regenfällen und Hagelschauern; ausgeglichen ist es im Zentrum mit kühlen Wintern und warmen Sommern, während es im Süden und auf den Inseln mediterran ist, mit milden Wintern, heissen, trockenen Sommern und gelegentlichen Dürreperioden. Durch die Hügel und Täler bilden sich auch Mikroklimata aus, die sich auf die dort erzeugten Weine auswirken.

Die grosse Vielfalt der topographischen, klimatischen und geologischen Gegebenheiten Italiens führt zu einer solchen Vielzahl

Rechts: Die italienische Landschaft – überwiegend Berge und Hügel – macht dieses Land zum idealen Weinbaugebiet, und etwas Wein wird überall erzeugt.

von Weintypen und -arten, wie sie in anderen Teilen der Welt nicht zu finden ist.

Italiens Weingesetz

Im Jahre 1963 erliess die italienische Regierung das DOC-Weingesetz. DOC steht für Denominazione di Origine Controllata oder kontrollierte Herkunftsbezeichnung. Dieses Gesetz regelt die Erzeugung von über 200 Weinen und legt folgendes fest:

- Erzeugungsgebiet;
- Zulässige Rebsorten und jeweilige Anteile;
- Geographische Höhe und Lage der Rebgärten;
- Verfahren der Rebenerziehung:
- Maximaler Hektarertrag;
- Maximale Weinausbeute aus den Trauben;
- Ausbaudauer im Keller;
- Grösse der Flaschen oder Behälter, in denen der Wein verkauft werden darf;
- Chemische Analyse des Weines;
- Organoleptische Eigenschaften des Weines.

Eine Steigerung der DOC ist DOCG – Denominazione di Origine Controllata e Garantita –, die auch die Qualität des Weines garantiert. Als erste Weine wurden Barolo, Barbaresco, Vino Nobile di Montepulciano, Brunello di Montalcino und Albana di Romagna in diese Kategorie aufgenommen. Zusätzlich zu den für DOC-Weine geltenden Kontrollen werden DOCG-Weine regelmässig von einer Fachkommission verkostet. Wenn der Wein eines Erzeugers unterhalb des Standards liegt, wird der gesamte Wein zu gewöhnlichem Tafelwein herabgestuft. Das DOCG-Gesetz ist eines der strengsten Weingesetze der Welt, und zwar aus zwei Gründen: In keinem anderen Land wird die Qualität gesetzlich garantiert, und nirgendwo sonst sind so viele Aspekte der Weingesetzgebung gesetzlich geregelt. Auch wenn z.B. ein Weinerzeuger mehr als die zulässige Menge Wein herstellt, wird sein gesamter Wein dieses Jahres zu einfachem Tafelwein herabgestuft. Im Gegensatz dazu wird etwa in Frankreich überschüssiger Margaux auf die AOC Bordeaux herabgestuft.

Die Chaptalisierung – das Aufzuckern des Mostes, um höhere Alkoholgradationen zu erreichen – ist in Italien verboten. Allerdings darf manchen Weinen Traubenmostkonzentrat zugesetzt werden.

Die italienischen Weinbaugebiete

Es gibt 20 autonome Gebiete in Italien: Im Norden Aostatal, Piemont, Lombardei, Ligurien, Venetien, Südtirol/Trentino und Friaul/

Italienische Weinnamen

Weine können wie folgt genannt werden:

1. Graphische Ortsangabe – Barolo (ein Ort), Chianti (ein Gebiet), Sangiovese di Romagna (eine Region). Alle DOC-Weine haben einen Ortsnamen.
2. Rebenname – Barbera d'Asti (Rebe +Stadt), Verdicchio dei Castelli di Jesi (Rebe+Gebiet), Pinot Grigio delle Tre Venezie (Rebe+Region).
3. Markennamen – Die meisten Weine ohne DOC z.B. Corvo, Venegazzù.

Julisch Venetien; im Zentrum Emilia-Romagna, Toskana, Umbrien, Marken und Latium; im Süden Kampanien, Abruzzen, Molise, Apulien, Basilikata und Kalabrien sowie Sizilien und Sardinien.

Anders als in anderen Weinbauländern wird in Italien in jedem einzelnen Gebiet Wein erzeugt. Man darf nicht vergessen, dass Italien erst seit wenig mehr als hundert Jahren vereinigt ist; davor war das Land ein Konglomerat von Königreichen, Herzogtümern und Stadtstaaten. Deshalb entwickelten sich in jedem Gebiet eigenständige Sitten und Gebräuche, die auch heute noch fortbestehen. Diese Unterschiede kommen auch in der Weinbereitung zum Ausdruck.

Um die italienischen Weine kennenzulernen, teilt man das Land am besten in fünf Abschnitte: den Nordwesten, den Nordosten, das Zentrum, den Süden und die Inseln. In jedem dieser Teilgebiete gibt es grosse Übereinstimmungen hinsichtlich des Klimas und der Rebsorten, wobei sich die einzelnen Weine immer noch im Stil unterscheiden können.

Unbedingt zu berücksichtigen ist auch, dass italienische Weine aus Trauben erzeugt werden, die in anderen Teilen der Welt praktisch nicht kultiviert werden, und dass deshalb ein Vergleich mit Weinen anderer Länder nicht möglich ist. Unterschiedliche Trauben liefern einen unterschiedlichen Geschmack, so dass man sich italienischen Weinen nur nähern kann, indem man möglichst viele der guten Exemplare verkostet. Wer diesen geringen Aufwand nicht scheut, wird reich belohnt werden, denn italienische Weine können hervorragend sein und sind meist etwas preisgünstiger als vergleichbare Weine aus anderen Ländern.

Weinbaugebiete/Italien 2

1. Nordwestliches Italien

Dieser Teil umfasst das Aostatal, das Piemont, Ligurien und die Lombardei und ist berühmt für seine körperreichen Rotweine und den hervorragenden *spumante brut,* der häufig nach dem Champagnerverfahren erzeugt wird.

Piemont (Piemonte)

Eines der bedeutendsten Rotweingebiete der Welt. Die Weine sind meist körper- und tanninreich und müssen in vielen Fällen lange gelagert werden, um ihren vollen Ausdruck zu erreichen. Etwa 90% der Erzeugung sind Rotweine.

Barolo. Körperreich, gerbstoffhaltig, erzeugt aus dem Nebbiolo, der in der Nähe von Barolo im südlichen Piemont wächst. Nach zehn bis fünfzehn Jahren auf dem Höhepunkt, weist er die sortentypische Granatfarbe und ein reiches, unverwechselbares Bukett auf. DOC-DOCG.

Barbaresco. Der »kleine Bruder« des Barolos, ebenfalls aus Nebbiolo, doch ist Barbaresco auf Grund des anderen Bodens etwas leichter und eleganter. DOC-DOCG.

Barbera d'Asti und Barbera d'Alba. Die Barbera-Rebe ist mit 50% die häufigste rote Rebe des Piemont. Die besten Weine kommen aus der Gegend um Alba und Asti. Mittlerer Körper, fruchtig, nach drei bis sieben Jahren optimal. DOC.

Asti. Der beliebteste Schaumwein der Welt. Wird aus den Moscato di Canelli-Trauben um die Stadt Asti erzeugt. Anders als andere Schaumweine wird Asti nur einmal in Drucktanks vergoren. Nach der Lese wird der Most gekühlt und bei 0°C gelagert, bis neuer Wein benötigt wird. Dann wird der Most auf Zimmertemperatur gebracht, mit Reinzuchthefen versetzt und bis zu einem Alkoholgehalt von 7% vergoren. Dann wird die Gärung unterbrochen, der Wein filtriert und abgekühlt. DOC.

Gattinara. Ein Nebbiolo-Wein aus dem Norden des Piemont. Muss vor dem Verkauf vier Jahre ausgebaut werden und kann zehn bis fünfzehn Jahre lagern. DOC.

Carema, Ghemme. Wegen des anderen Bodens etwas leichter als andere piemontesische Nebbiolos. DOC.

Lombardei(Lombardia)

Die beiden Hauptweinanbaugebiete sind das Veltlin (Valtellina) und Oltrepò Pavese.

Valtellina. Aus diesem an der Schweizer Grenze gelegenen Gebirgstal kommt eine winzige Menge Qualitätswein aus der hier Chiavennasca genannten Nebbiolo-Traube. Alle Weinberge sind Steillagen, die von Hand bearbeitet werden müssen.

Sassella, Inferno, Valgella, Grumello. Die wichtigsten hier erzeugten Weine. Leichter in der Art als piemontesische Nebbiolos und weniger haltbar. DOC.

Sfursat. Aus Nebbiolo-Trauben, die zwei bis drei Monate auf Spezialgestellen getrocknet wurden. Ein reicher, üppiger Wein mit 14–15% Alkohol. DOC.

Oltrepò Pavese ist die Hügellandschaft südlich der Po-Ebene. Die wichtigsten Reben sind Barbera und Bonarda bei den Rotweinen und bei den Weissweinen Pinot und Chardonnay, aus denen vielfach *spumante brut* erzeugt wird.

2. Nordöstliches Italien

Dieser Abschnitt umfasst Venetien, Südtirol/Trentino und Friaul/Julisch Venetien. Typisch ist, dass hier die meisten Weine nach der Rebsorte genannt weden. Viele der Rebsorten wurden im 19. Jh. aus Frankreich und Deutschland importiert.

Venetien (Veneto)

Die beiden Hauptgebiete sind das Veronese und das Piavetal.

Veronese heisst die Gegend um die Stadt Verona einschliesslich des Ostufers des Gardasees. Von hier kommen leichte, frische Weine.

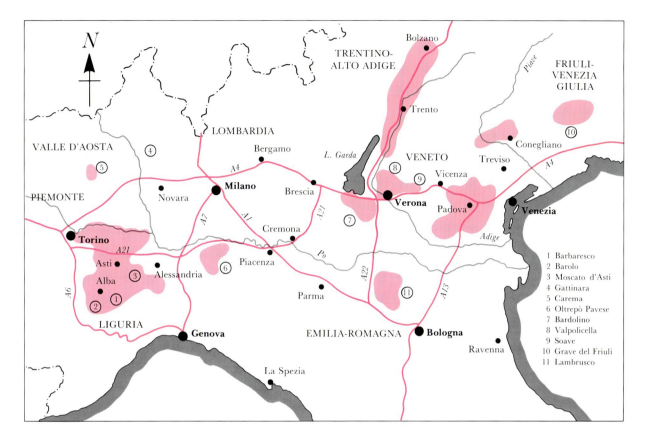

Soave. Vielleicht Italiens bekanntester Weisswein aus Garganega und Trebbiano di Soave. DOC.

Bardolino und Valpolicella. Leichte, fruchtige, jung zu trinkende Weine. Von kleinen Erzeugern kommen oft hervorragende Weine. DOC.

Amarone. Aus den gleichen Reben wie Valpolicella, doch werden die Trauben drei Monate auf Gestellen getrocknet. Der Wein ist voll und üppig und kann lange lagern. DOC.

Piave ist ein grosses Gebiet mit den Rebsorten Cabernet und Merlot (Rotweine) und Verduzzo und Tocai (lokale Rebsorten) für die Weissweine. Die Weine werden überwiegend in der Gegend selbst getrunken.

Qualitätsweine kommen aus der Gegend um Treviso, wo **Prosecco di Conegliano – Valdobbiadene,** ein halbtrockener, aromatischer Schaumwein, und **Venegazzù,** ein Markenwein aus Cabernet, Merlot und Malbec erzeugt werden.

Südtirol/Trentino (Trentino-Alto Adige)

Die wichtigsten Rebsorten sind hier Riesling, Renano, Müller-Thurgau, Sylvaner, Pinot grigio, Chardonnay und Pinot noir. Die Weine sind sauber, fruchtig und frisch. Die Qualität ist generell hoch. Die DOC-Bezeichnung ist *Alto Adige* und gilt für eine Reihe von Weinen, die nach ihrer Rebsorte genannt sind.

Die südliche Hälfte des Gebietes bildet die Provinz Trento, in der ähnliche Trauben angebaut und die Weine ebenfalls nach der Rebsorte etikettiert werden. Die DOC lautet *Trentino.* Zur Zeit wird viel Chardonnay angebaut, aus dem *spumante brut* erzeugt wird.

Friaul/Julisch Venetien (Friuli-Venezia Giulia)

Hier werden aus Riesling, Renano, Müller-Thurgau, Sauvignon, Sylvaner, Pinot grigio, Tocai und Chardonnay einige der besten Weissweine Italiens erzeugt. Cabernet und Merlot liefern leichte, fruchtige Rotweine für den schnellen Konsum. Die besten DOC-Gebiete sind Collio und Grave del Friuli; die Weine tragen die Namen ihrer Rebsorten.

115

Weinbaugebiete/Italien 3

3. Mittelitalien

Zum mittleren Abschnitt gehören die Emilia-Romagna, die Toskana, Umbrien, Marken und Latium. Die wichtigsten Reben sind Sangiovese beim Rotwein und Trebbiano und Malvasia beim Weisswein.

Emilia-Romagna (Emilia-Romagna)

Dieses Gebiet wird wegen der stets üppigen Ernten der Keller Italiens genannt.

Lambrusco. Ein halbsüsser oder halbtrokkener, leicht schäumender alkoholarmer Rotwein aus der gleichen Rebe. In den USA und Japan sehr beliebt.

Sangiovese di Romagna. Ein fruchtiger, schnell zu trinkender Rotwein. Kann recht rauh und säurebetont, aber auch weich und elegant sein. DOC.

Toskana (Toscana)

Ein nicht nur wegen des Weines, sondern auch wegen des Olivenöls berühmtes Gebiet.

Chianti. Vielleicht Italiens berühmtester, aber auf jeden Fall am meisten unterschätzter Rotwein. Es gibt ihn in zwei Stilarten. Der eine ist ein junger Wein, der vom März des folgenden Jahres an trinkbar ist. Dieser Wein ist nicht zum Lagern geeignet. Der andere kann gut reifen und wird als Riserva bezeichnet. Er wird drei Jahre auf Holz ausgebaut, und gute Jahrgänge halten sich zehn bis fünfzehn Jahre.

Chianti Classico kommt aus dem Herzen des DOC-Gebietes und gilt als der beste. Die DOC-Chianti ist die grösste und ist mehrfach unterteilt. Der *Chianti Rufina* steht dem Classico kaum nach.

Brunello di Montalcino. Brunello ist ein Klon der Sangiovese-Rebe. Ein kraft- und gehaltvoller Rotwein, der erst nach vierjährigem Holzausbau auf den Markt kommt. Spitzenjahre sind erst nach 25 Jahren auf dem Höhepunkt. DOC-DOCG.

Vino Nobile di Montepulciano. Ähnlich dem Chianti, vielleicht etwas mehr Finesse. Gute Jahrgänge können zehn Jahre reifen. DOC-DOCG.

Vernaccia di San Gimignano. Ein Qualitätswein aus der Vernaccia-Traube. Angeblich Michelangelos Lieblingswein und der erste, der die DOC erhielt. Der Riserva reift ein Jahr im Fass.

Umbrien (Umbria)

Das »grüne Herz Italiens« genannt und berühmt für seine Hügelorte – Perugia, Assisi usw.

Torgiano Rubesco. Sehr angesehener Rotwein aus Sangiovese und anderen blauen Trauben. Der Riserva reift in zehn Jahren und mehr zu einem sehr eleganten, vollen Wein heran. DOC.

Orvieto. Dieser Weisswein aus Trebbiano und Grechetto wird *secco* und *abbocato* (trocken und halbsüss) erzeugt. Ist dank neuer Weissweintechniken (kalte Gärführung, Kühlung) in den letzten Jahren besser geworden. (DOC).

Marken (Marche)

Ein für seine Adria-Strände und die Meeresfrüchte berühmtes Gebiet.

Verdicchio. Ein trockener, herber Begleiter zu Fischgerichten. Wird aus der gleichnamigen Rebe erzeugt und traditionell in einer grünen, amphorenförmigen Flasche verkauft. DOC.

Latium (Lazio)

Rom ist die Hauptstadt Italiens und des Gebietes Latium. Die meist leichten Weine werden überwiegend in der Gegend selbst von Touristen getrunken.

Frascati und **Marino.** Die bekanntesten Weissweine der Gegend, erzeugt aus Trebbiano und Malvasia. In Geschmack und Stil einander ähnlich. Dank neuer Weissweintechniken in den letzten Jahren frischer, sauberer, stabiler. DOC.

4. Süditalien

Die grössten Mengen Wein werden im südöstlichen Teil des Gebietes erzeugt. Das übrige Gebiet ist felsig und unfruchtbar mit häufigen Dürreperioden.

Die Gebiete im Süden sind Kampanien, Abruzzen und Molise, Basilikata, Apulien und Kalabrien.

Kampanien (Campania)

Trotz der südlichen Lage werden hier hoch auf den Bergen einige der elegantesten Qualitätsweine Italiens erzeugt.

Taurasi. Ein robuster Rotwein aus der Aglianico-Rebe, die griechischen Ursprungs ist und im Hinterland von Neapel auf Vulkanböden gedeiht. Fünf bis zehn Jahre Lagerung sind empfehlenswert. (DOC).

Fiano di Avellino. Einer der wenigen italienischen Weissweine, die sich mit dem Alter verbessern. Erzeugt aus Fiano-Trauben. Ein fülliger Wein mit höchst angenehmem Honigbukett. DOC.

Greco di Tufo. Ein weiterer hervorragender Weisswein, der ebenfalls etwas altern kann. Wird in der Nähe des Ortes Tufo aus Greco-Trauben auf Tuffsteinboden erzeugt, der dem Wein eine stahlige Eigenart verleiht. DOC.

Basilikata (Basilicata)

Aglianico del Vulture. Im Stil dem Taurasi ähnlich, da von der gleichen Rebsorte stammend, jedoch etwas weniger elegant. DOC.

Apulien (Puglia)

Von hier kommen grosse Mengen von Verschnittweinen, die nach Norditalien und Frankreich exportiert werden. In letzter Zeit gab es erfolgversprechende Ergebnisse mit Sorten wie Cabernet und Pinot noir.

5. Die Inseln

Sizilien

Ein Gebiet, aus dem grosse Weinmengen kommen, die lange Zeit hauptsächlich im Tank nach Frankreich gingen. In jüngster Zeit haben grosse private und staatliche Investitionen zu einer Steigerung der erzeugten Qualitätsweinmenge geführt. Die besten Weine kommen von Regaleali in der Nähe von Palermo.

Sizilien ist auch die Heimat des Marsala, der verdientermassen wie andere verstärkte Weine (siehe dort) eine Renaissance erlebt, was insbesondere für den leichteren »vergine« gilt.

Sardinien

Sardinien erzeugt einige gut gemachte und fruchtige DOC-Weine, die überwiegend von den Touristen auf der Insel getrunken werden.

Vino da Tavola

Ursprünglich die Bezeichnung für Tafelweine, oder diejenigen Weine, die im Hinblick auf die Rebsorte oder das angewandte Vinifikationsverfahren nicht den DOC-Vorschriften entsprechen. Heute kommen gerade die besten Weine aus der Kategorie der Vini da tavola, so z. B. der toskanische Sassicaia.

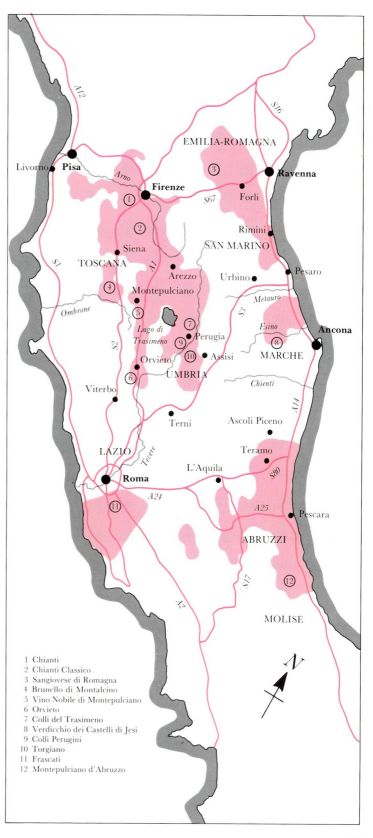

1 Chianti
2 Chianti Classico
3 Sangiovese di Romagna
4 Brunello di Montalcino
5 Vino Nobile di Montepulciano
6 Orvieto
7 Colli del Trasimeno
8 Verdicchio dei Castelli di Jesi
9 Colli Perugini
10 Torgiano
11 Frascati
12 Montepulciano d'Abruzzo

Weinbaugebiete/Spanien und Portugal 1

Spanien

Spanien hat die grösste Anbaufläche der Welt, nimmt aber hinsichtlich der Erzeugung in Europa hinter Frankreich und Italien nur den dritten Platz ein. Die Geschichte des spanischen Weinbaus reicht bis vor unsere Zeitrechnung zurück, doch werden erst seit zwanzig bis dreissig Jahren regelmässig hochwertige Qualitätsweine erzeugt. (Sherry ist ein Fall für sich und wird an anderer Stelle behandelt.)

Im Jahre 1970 wurde das Instituto Nacional de Denominaciones de Origen (INDO) gegründet und damit eine Qualitätskontrolle eingeführt, die mit dem französischen AOC- oder dem italienischen DOC-System vergleichbar ist. Dass Spanien, das einst für seine herzhaften, aber wenig interessanten Tafelweine bekannt war, heute einige der angesehensten Weine Europas liefert, ist den enormen Anstrengungen der Winzer zu verdanken: Investitionen in gesündere Reben mit besseren Erträgen, Versuchspflanzungen mit neuen Rebsorten, Einführung moderner Vinifikationsverfahren neben dem traditionellen Holzausbau und kompromissloses Qualitätsstreben bei den Erzeugern.

Die wichtigsten Weinbaugebiete Spaniens sind die Rioja, Katalonien, La Mancha und die Levante (Alicante, Jumilla, Utiel-Requena, Valencia, Yecla). Kleinere Anbaugebiete finden sich auch im Nordwesten und im Süden.

Die Rioja

Der Name dieser Gegend, die nach dem Rio Oja, einem Nebenfluss des Ebro, genannt ist, steht für spanischen Qualitätswein schlechthin. Zwar kommen auch einige hervorragende Weine aus dem katalonischen Penedès, doch sind diese eher unter dem Namen der Erzeuger (Torres, Jean León) als unter ihrer geographischen Herkunftsbezeichnung bekannt. Mit dem Namen Rioja verbindet man Qualität – wie bei Bordeaux. In der Tat gibt es in der Geschichte der beiden Gebiete Berührungspunkte: In den 70er und 80er Jahren des vorigen Jahrhunderts verliessen viele Winzer des Bordelais ihre von der Reblaus verwüsteten Rebgärten und gingen in die nahegelegene Rioja. Zwar verliessen sie das Land gegen Ende des Jahrhunderts wieder, als die Reblaus auch Spanien erreichte, ihre Weinbautechniken hinterliessen indes einen bleibenden Einfluss.

Geographisch und qualitativ lässt sich die Rioja in drei Teilgebiete gliedern: die Rioja Alta mit der Hauptstadt Haro, wo in gemässigtem Klima die feinsten Weine wachsen; die Rioja Alavesa umd Logroño, in der unter

ähnlichen Klimabedingungen ebenfalls sehr schöne Weine reifen, und die Rioja Baja, vor allem südlich des Ebro, wo in einem heisseren und trockeneren Klima schwere Weine mit geringer Säure entstehen. Rioja-Weine sind meist rot, wenn auch heute, da dank moderner Vinifikationsverfahren leichtere, frischere Weine erzeugt werden, mehr weisse Rebstöcke gepflanzt werden. Die wichtigste Traube für die besseren roten Riojas ist der lokale Tempranillo, dem etwas Garnacha (die Grenache noir des Rhônetals) hinzugefügt werden kann. In der Rioja Baja stehen praktisch nur Garnacha-Reben. Weisser Rioja wird hauptsächlich aus der Viura erzeugt, während die ebenfalls verwendeten Sorten Malvasía und Garnacha blanca zu den geringeren Reben gehören.

Riojas gibt es in unterschiedlichen Stilrichtungen. Die jüngeren und billigeren

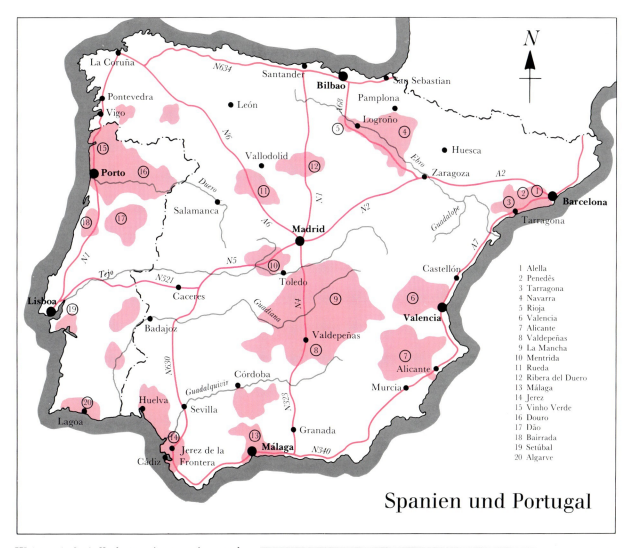

N

1 Alella
2 Penedês
3 Tarragona
4 Navarra
5 Rioja
6 Valencia
7 Alicante
8 Valdepeñas
9 La Mancha
10 Mentrida
11 Rueda
12 Ribera del Duero
13 Málaga
14 Jerez
15 Vinho Verde
16 Douro
17 Dão
18 Bairrada
19 Setúbal
20 Algarve

Spanien und Portugal

Weine sind tieffarbene *tintos;* mit zunehmender Reifedauer, vor allem, wenn sie in den traditionellen kleinen Eichenfässern ausgebaut werden, verlieren sie Farbe, das Holz verleiht ihnen ein Hauch Vanille, und sie werden komplexer und etwas trockener. Auf die Jahrgänge kann man sich heute eher verlassen als früher, und nur in den besseren Jahren werden Jahrgangsweine erzeugt. Häufig findet man auf Rioja-Etiketten die Anzahl der Jahre nach der Ernte, nach denen der Wein abgefüllt wurde – 3° año, 4° año –; diese Weine sind trinkfertig. Die Weissweine sind trocken, und ein sauberer, fruchtiger, »moderner« Wein beginnt sich gegenüber dem weniger frischen, reiferen Stil durchzusetzen. Während der Ruf der roten Riojas gefestigt ist, ist dies beim weissen Rioja nicht durchgehend der Fall. Ein wenig Rosé wird ebenfalls erzeugt, den man am besten gleich trinkt.

Weinbaugebiete/Spanien und Portugal 2

Katalonien

Die Weine Kataloniens wachsen im Nordosten Spaniens im Hinterland von Barcelona. Wenn die Rioja für die Qualität bekannt ist, dann ist es Katalonien und insbesondere das Penedès für die Vielfalt seiner Weine. Im Norden Barcelonas liefert die Denominacion de Origen Alella feine Weissweine aus Garnacha blanca, Picpoul, Malvasía und Macabeo (die Viura der Rioja), die trocken oder süss sein können. Um die Hafenstadt Sitges wächst der süsse weisse Malvasía de Sitges, ein verstärkter Wein. Weiter im Süden hat die Küstenstadt Tarragona einem üppigen Dessertwein aus Garnacha, Macabeo und Pedro Ximénez ihren Namen gegeben, während oberhalb von Tarragona im Priorato aus Garnacha und Cariñena ein kraftvoll trockener Rotwein erzeugt wird.

In Qualität und Vielfalt übertroffen werden diese Weine jedoch von jenen des **Penedès.** An erster Stelle zu nennen sind hier die Schaumweine nach der *méthode champenoise,* die im Gegensatz zu den nach dem Verfahren der *cuve close* hergestellten Weinen auf dem Etikett den Zusatz *cava* erhalten. Diese Cavas, vor allem der Brut Blanc de Blancs, können es mit den besten Schaumweinen anderer Gebiete aufnehmen. Die innovativsten Weine kommen von der Familie Torres. Die traditionellen Rebsorten Parellada und Macabeo ergänzten sie um Muscat, Riesling und Gewürztraminer aus dem Elsass und Chardonnay aus dem Burgund; neben den klassischen roten Sorten Ull de Llebre und Monastrell pflanzten sie Cabernet Sauvignon, Cabernet franc und Merlot aus Bordeaux und Pinot noir aus dem Burgund. Torres erzeugt Weine, die über Spanien hinausweisen. Ein anderer guter Erzeuger im Penedès, Jean León, hat Chardonnay- und Cabernet Sauvignon-Reben angepflanzt.

La Mancha

Das Gebiet der Mancha auf der Hochebene südlich von Madrid liefert die höchsten Hektarerträge in Spanien. Die Weine von Valdepeñas sind angenehme Tafelweine, vor allem die Rotweine. Ein grosser Teil der dort wachsenden Weine wird zum Verschneiden oder zum Destillieren verwendet.

Levante

Östlich der Ebene von La Mancha erstrecken sich bis zu den Küstenstädten Valencia und Alicante endlose Rebgärten neben anderen Obstkulturen. Die Bezirke Valencia, Utiel-Requena, Cheste, Almansa, Alicante, Jumilla und Yecla haben die Denominacion de Origen. Die Weine, die hauptsächlich von der Monastrell-Rebe stammen, sind alkoholreich und können qualitativ mit jenen aus der Rioja und dem Penedès nicht mithalten.

Nordspanien

Aus dem zwischen der Rioja Baja und den Pyrenäen gelegenen Gebiet Navarra kommen einige solide Rotweine aus der Garnacha-Rebe, und aus der Gegend um Pamplona kommen einige leichtere Rotweine und Rosés aus den Rebsorten Cerasol und Secano. Das Gebiet León liefert körperreiche Rotweine und *claretes* (leichte rote Tischweine), während Galizien im Nordwesten des Landes rauhe, junge Weine hervorbringt, die in ihrer spritzigen Art dem portugiesischen *vinho verde* ähneln.

Südspanien

Der bekannteste Wein ist der Montilla-Moriles, ein Weisswein mit Denominacion de Origen aus der Gegend südlich von Córdoba, der eher einem Sherry als einem Tafelwein ähnelt. Die wichtigste Rebe ist Pedro Ximénez, die auf dem gleichen kreidigen Boden wächst, wie er bei Jerez de la Frontera vorkommt.

Portugal

Portugiesische Weine sind mit Ausnahme des Portweins weniger bekannt als die spanischen. Zwar werden portugiesische Weine in die ganze Welt exportiert, jedoch sind 45% dieser Menge eine Handvoll international bekannter, leicht süsser Rosés, von denen man eher den Markennamen als das Her-

Unten: Die Weine von Montilla werden in irdenen tinajas vergoren und anschliessend in einer solera ähnlich wie in Jerez ausgebaut.

kunftsland kennt.

Im Gegensatz zu Spanien und Frankreich, wo die meisten Rebgärten in der Ebene liegen, ist Portugal sehr gebirgig, und die Rebgärten sind entsprechend zersplittert.

Gute Weine kommen hauptsächlich aus dem Norden. Hier ist der Boden felsig und schieferhaltig, ausgezeichnet für die Reben, jedoch sehr schwierig zu bearbeiten. Das Klima ist feucht mit sehr heissen, trockenen Sommern.

In Portugal gibt es ein System regionaler Denominaçãos do Origem unter der Kontrolle der Junta Nacional do Vinho in Lissabon. Es gibt bereits sieben Herkunftsbezeichnungen: Entre Minho e Douro, Douro/Tras os Montes, Dão, Colares, Carcavelos, Bucelas und Setúbal/Palmela. Aus diesen Gebieten kommen die folgenden Weine:

Dão

Dies sind die feinsten Weine Portugals. Die Reben werden auf Terrassen in Granitböden gepflanzt. Die Sorten sind Tourigo, Tinta Pinheira (mit Pinot noir verwandt) und Alvarelhão für die Rotweine, Arinto, Dona Branca und Barcelos für die Weissweine. Letztere sind strohfarben und jung zu trinken. Die Rotweine weisen ein tiefes Rubinrot aus der langen Maischegärung sehr reifer Trauben und eine samtene Fülle am Gaumen auf.

Douro

Der Douro ist mehr für seinen Portwein als für seine Tafelweine bekannt. Trotzdem wird hiervon in dieser Gegend eine grosse Menge erzeugt. Die Weine vom Herzen des Tals sind alkoholreicher und säureärmer als jene von den Randgebieten des Douro, die frischer und lebendiger schmecken.

Colares

Colares im Sintra-Gebiet an der Atlantikküste gegenüber von Lissabon ist für seine Reben berühmt, die, da auf Sanddünen gepflanzt, reblausresistent sind. Rotweine werden aus Ramisco-Trauben, Weissweine aus Malvasía-Trauben erzeugt. Sie sind leicht mit frischer Säure; beide verbessern sich in der Flasche.

Bucelas

Bucelas kommt aus dem Tal des Trancão im Hinterland und nordwestlich von Colares. Es werden ausschliesslich Weissweine aus der Arinto-Rebe erzeugt. Sie sind leicht und frisch und weisen eine hohe natürliche Säure auf.

Moscatel de Setúbal

Moscatel de Setúbal ist ein Dessertwein aus dem Süden Lissabons.

Vinhos Verdes

Diese kommen aus dem Nordwesten Portugals, etwa aus dem Gebiet zwischen Minho und Douro. Die Reben werden hoch erzogen, um die Trauben zu beschatten. Das Wort *verde* bezeichnet »grüne« oder junge Weine; sie sind alkoholarm, reich an Äpfel- und Weinsäure und leicht perlend. Drei Viertel des erzeugten Weins ist Rotwein, der Rest ist Weisswein. Beide sind jung zu trinken.

Vinhos Rosados

Die portugiesischen *vinhos rosados* haben keine Denominação do Origem, doch wird die Herstellung kontrolliert. Die Farbe stammt von einer kurzen Maischegärung roter Trauben. Sie können trocken oder süss, still oder schäumend sein, wobei der beliebteste Typ ein wenig schäumend und ein wenig süss ist.

Unten: Frühling in den Rebgärten von Utiel-Requena in den Hügeln westlich von Valencia. Die Gegend liefert gute Rotweine aus der Monastrel-Rebe sowie einen leichten und würzigen Rosé.

Weinbaugebiete/Österreich, Schweiz und Luxemburg

Österreich

Der Weinbau in Österreich ist im östlichen Landesteil konzentriert; der Grossteil der Tafelweine kommt aus den Grenzgebieten zur Tschechoslowakei und Ungarn und im Süden von der jugoslawischen Grenze. Vier Fünftel der Weinerzeugung sind Weisswein, der Rest überwiegend Rotwein mit nur geringen Mengen Rosé und Schaumwein.

Die wichtigste Rebe ist der Grüne Veltliner, der hier optimale Standortbedingungen hat, gefolgt von Müller-Thurgau, Welschriesling, Rheinriesling, Gewürztraminer, lokalen Versionen von Pinot blanc und Pinot gris, etwa Muskat-Ottonel und dem einheimischen Rotgipfler. Die Rotweine und Rosés, die alle in der Gegend selbst getrunken werden, kommen von Blauburgunder (Pinot noir), Blauem Portugieser und Gamay.

Die vier Hauptanbaugebiete sind:
Niederösterreich im Nordosten liefert die grössten Mengen; von hier kommen die feinsten Weissweine des Landes aus Rheinriesling und dem vorherrschenden Grünen Veltliner sowie der bezaubernde und fruchtige Gumpoldskirchner.
Das **Burgenland** im Südosten liefert einige hervorragende Ausbruchweine aus edelfaulen Beeren und die einzigen guten österreichischen Rotweine aus dem Eisenberg-Gebiet.
Die **Steiermark** ganz im Süden bringt reizvolle Weissweine aus Welschriesling und Müller-Thurgau hervor, aber in sehr viel kleineren Mengen als die anderen Gebiete.
Wien bildet mit den Vororten Grinzing und Sievering ein eigenes Weinbaugebiet. Hier wird der Heurige ausgeschenkt, der junge Wein des neuen Jahrgangs.

Mit Ausnahme der Dessertweine sind Weissweine aus Österreich generell trockener als die deutschen Weine.

Schweiz

Die Reben der Schweiz wachsen hauptsächlich in Hanglagen des Mittellandes und der Voralpen, um den Genfer- und Neuenburger See, im oberen Rhônetal und im Kanton Tessin. Französische, deutsche und italienische Reben sowie viele lokale Sorten liefern über 200 verschiedene Weine, davon zwei Drittel Weisswein, die überwiegend im Land selbst getrunken werden. Es kommen zwar keine wirklich grossen Weine aus der Schweiz, aber durch die Vielzahl der Rebsorten und den grossen Einsatz der Winzer entstehen eine grosse Zahl köstlich fruchtiger Weine von guter Gesamtqualität. Die wichtigsten Weinbaukantone sind Wallis, Waadt, Neuenburg und Tessin.

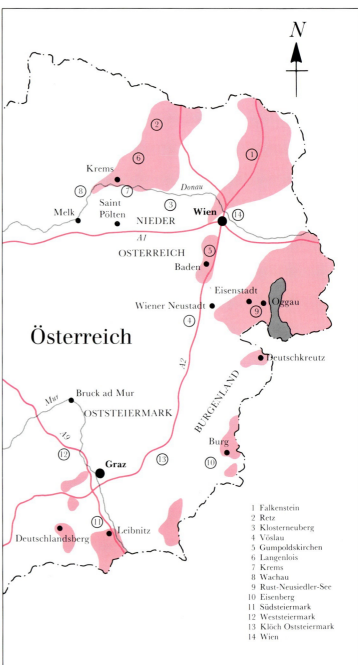

1 Falkenstein
2 Retz
3 Klosterneuburg
4 Vöslau
5 Gumpoldskirchen
6 Langenlois
7 Krems
8 Wachau
9 Rust-Neusiedler-See
10 Eisenberg
11 Südsteiermark
12 Weststeiermark
13 Klöch Oststeiermark
14 Wien

Wallis (Valais). Dies ist in qualitativer Hinsicht der wichtigste Kanton; von hier kommt der beste Rotwein der Schweiz, der Dôle, der aus Pinot noir und Gamay (reinsortig aus Pinot noir oder gemischt) erzeugt wird. Der Dôle zeigt ein volles Rubinrot, ein Bukett in der Art eines Burgunders und den Körper eines Côtes du Rhône. Der vorherrschende Weisswein ist der Fendant aus der Chasselas-Traube; er ist leicht und fruchtig mit ge-

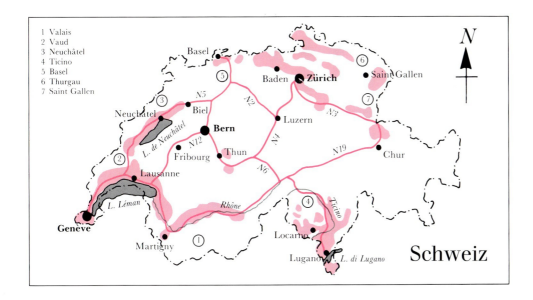

Schweiz

1 Valais
2 Vaud
3 Neuchâtel
4 Ticino
5 Basel
6 Thurgau
7 Saint Gallen

ringer Säure und sollte jung getrunken werden. Andere bemerkenswerte Weine sind Riesling, Johannisberg, Ermitage, der süsse Malvoisie und der sehr seltene Glacier.

Waadt (Vaud). Der hinsichtlich der erzeugten Menge bedeutendste Kanton. Die Waadt liefert hauptsächlich Weissweine aus der Chasselas. Die wichtigsten Weinbaugebiete sind La Côte an den Nordhängen des Genfer Sees zwischen Nyon und Lausanne, und Lavaux, das von Lausanne bis östlich von Vevey reicht; die Weine der dortigen Lage Dézaley verbinden Körper mit Finesse und Distinktion. Aus dem Chablais-Gebiet weiter im Osten kommen die festen Weissweine von Yvorne und Aigle mit dem charakteristischen Feuersteingeschmack.

Neuenburg (Neuchâtel). Im Nordwesten der Schweiz wachsen am Nordufer des Neuenburger Sees die frischen und trockenen Neuenburger Weissweine, die jedoch, obwohl sie aus der Chasselas erzeugt werden, in geringen Jahren sehr säurebetont sein können. Diese Weine werden häufig *sur lie* abgefüllt und auch als erfrischender Perlwein erzeugt. Aus dem Pinot noir wird auch etwas feiner, leichter Rotwein erzeugt.

Italienisch- und deutschsprachige Schweiz. Im Tessin werden hauptsächlich rote *vins de table* aus der Gegend um Lugano und Locarno erzeugt; die besten stammen von der Merlot-Rebe. Aus dem deutschsprachigen Teil der Schweiz um Baden kommen einige angenehm fruchtige Rotweine vom Blauburgunder (Pinot noir) und einige Alltagsweissweine hauptsächlich aus Müller-Thurgau.

Luxemburg

Die luxemburgischen Weine sind insofern interessant, als sie an der Mosel erzeugt werden, die hinter der französischen Grenze als Mosel einigen der besten Weine der Welt ihren Namen gibt. In Luxemburg wird wie im Elsass der Typ des Weines durch die Rebsorte bezeichnet. Die wichtigste lokale Sorte ist der Elbling, der leichte, spritzige Weine liefert, während der Riesling-Silvaner (Müller-Thurgau, in Luxemburg als Rivaner bezeichnet) in grossem Umfang gepflanzt wird. Weitere Weine stammen vom Pinot blanc, dem weicheren Auxerrois, dem fruchtigen Ruländer oder Pinot gris, dem aromatischen Traminer und dem aristokratischen Riesling. Fast die gesamte Erzeugung ist Weisswein, wovon ein wenig in Schaumwein umgewandelt wird.

Zwar stehen die luxemburgischen Weine im Schatten jener aus dem Elsass und von der Mosel, aber die Qualität ist im allgemeinen hoch. Ein internes Kontrollsystem verleiht die *appellation* »Marque National« an Weine, die eine Serie strenger Qualitätsprüfungen und Verkostungen durchliefen.

Weinbaugebiete/Kalifornien 1

Die kalifornischen Weine haben in der internationalen Weinszene einen so kometenhaften Aufstieg erlebt, dass die Annahme, es gebe sie erst seit kurzem, verzeihlich ist. In Wirklichkeit haben sie eine über 200jährige Tradition. Wie in vielen Ländern waren es auch hier Ordensgemeinschaften, die die ersten Reben pflanzten. Im Jahre 1769 gründeten spanische Franziskaner im heutigen San Diego die erste Missionsniederlassung. In den darauf folgenden fünfzig Jahren entstanden in ganz Kalifornien 21 Missionsstationen. Überall dort wurden Reben gepflanzt und Wein erzeugt, der obdachsuchende Wanderer erquickte. Im Jahre 1861 ging der gebürtige Ungar Agoston Haraszthy nach Europa und brachte von dort über 100 000 verschiedene Reiser von *Vitis vinifera* zurück. Diese sind die Grundlagen der heutigen Rebgärten.

Viele der heute berühmten Firmen Kaliforniens – Joseph Schramm von Schramsberg, Georges de Latour von Beaulieu und Gustave Niebaum von Inglenook, um nur einige zu nennen – pflanzten ihre ersten Rebstöcke in der zweiten Hälfte des 19. Jhs. und gründeten Weinkellereien, die heute noch florieren.

Wie in Europa verwüstete die Reblaus die Rebgärten in und um das Napa Valley. Zum Glück hatte man bereits entdeckt, dass die Wurzeln der einheimischen *Vitis Labrusca* gegen den Schädling resistent waren. Man pfropfte also *Vitis vinifera* auf diese Unterlagen und konnte die Rebgärten retten.

Ein weiterer schwerer Schlag war die Prohibition, die 1919 verhängt und erst 1932 wieder aufgehoben wurde. Sie hätte fast das Ende des amerikanischen Weinbaus bedeutet.

Das amerikanische Publikum verlor den Geschmack am Wein und stellte sich sein eigenes Gebräu aus minderwertigen Trauben her oder wurde Stammkunde bei Whiskyschmugglern. Nach der Aufhebung der Prohibition waren nur wenige Kellereien in

Unten: Dry Creek Vineyard winery, Healdsburg, Sonoma County, Kalifornien; der 1972 von David Stare gegründete Betrieb liefert heute 80 000 Kisten jährlich.

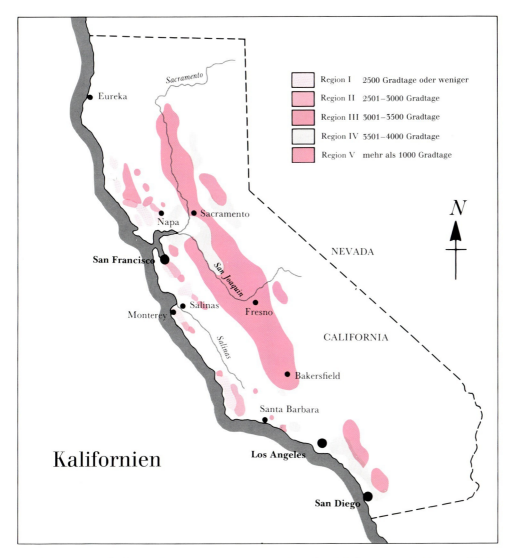

Region I   2500 Gradtage oder weniger
Region II   2501–3000 Gradtage
Region III   3001–3500 Gradtage
Region IV   3501–4000 Gradtage
Region V   mehr als 1000 Gradtage

Kalifornien

der Lage, dort wieder zu beginnen, wo sie aufgehört hatten. Die Vorräte an reifem Wein waren winzig, und die Cocktail-Mode grassierte. Der Zweite Weltkrieg machte Erzeugern und Konsumenten das Leben gleichermassen schwer, so dass erst Ende der 40er, Anfang der 50er Jahre die kalifornische Weinproduktion wieder in Gang kam.

Ganz allmählich begannen die amerikanischen Weintrinker, mehr Quantität und Qualität zu verlangen. Anfang der 60er Jahre machten Weinkellereien wie Heitz und Ridge ihre ersten Weine, und 1966 trennte sich Robert Mondavi vom Familienbetrieb Charles Krug und gründete seine heute berühmte Weinkellerei im Napa Valley. Der kalifornische Wein war damit endgültig erwachsen geworden und machte das Land zu einem der wichtigsten Weinbaugebiete der Welt.

Weinbaugebiete/Kalifornien 2

Oben: Massenweiner-
zeugung für einen un-
aufhörlich wachsenden
amerikanischen Markt.

Aktuelle Trends

Die 80er Jahre haben in der kalifornischen
Weinindustrie viele bedeutende Änderungen
gebracht. Einige bekannte Güter sind verschwunden, während es bei anderen einen
neuen Kellermeister oder teilweise auch einen neuen Besitzer gibt. Ausländische Inve-
storen aus Europa und Japan gaben mit
leichter Hand Millionen für jedes auch nur
halbwegs erfolgreiche Weingut aus.

Auch der Stil der Weine hat sich geändert.
Die wuchtigen Chardonnays und Cabernets
mit zuviel Eichenholz und Alkohol haben
weitgehend das Feld geräumt. Statt dessen
sahen wir viele schlankere, säurereichere
Weine. Es waren Weine, bei denen vor allem
auf Gleichgewicht und Eleganz geachtet
wurde, manchmal, wie man zugeben muss,
auch zum Nachteil des Aromas und Charak-
ters. »Wine coolers«, eine Art Weinschorle,
eroberte Amerika im Sturm, nur um gegen
Ende des Jahrzehnts fast spurlos wieder zu
verschwinden.

Ganz rechts: Fassreini-
gung bei einer kaliforni-
schen Kelterei.

Der interessanteste neue Wein, der in diesem Zeitraum aus Kalifornien kam, war vielleicht der weisse Zinfandel, ein leichter, schwach süsser Rosé aus der einst ungeliebten roten Zinfandel-Rebe. Dieser billige Sommerwein gab dem Konsumenten ein Getränk, das reizvoll aussah und problemlos zu trinken war. Seine Beliebtheit scheint nunmehr etwas abzunehmen.

Was werden die 90er Jahre Kalifornien demnach bringen? Knappe Erntemengen zum Ende des ausgehenden Jahrzehnts brachten einen allgemeinen Mangel an Trauben, insbesondere an Cabernet-Sauvignon mit sich. Dies, sowie ein etwas schwächerer Dollar, der Importe vom unteren Ende der Preisskala fernhält, verspricht weiterhin stabile Preise. Hierbei spielt natürlich auch der Inlandsmarkt eine Rolle, denn wiewohl nicht mehr getrunken wird, entwickeln sich doch die Preise ständig nach oben. Der amerikanische Konsument ist wählerischer geworden.

Der Stil der Weine ist weiterhin im Wandel begriffen. Zwar spielen Sortenweine nach wie vor die Hauptrolle, jedoch hat nunmehr ein Trend zu verschnittenen Weinen hoher Qualität eingesetzt, wie man sie in Europa schon seit Jahrzehnten erzeugt. Die Begeisterung der Kalifornier für diese neuen Weine ist so gross, dass sie sie auf den Namen »Meritage« getauft haben.

Neben den traditionellen kalifornischen Rebsorten tauchen nunmehr überall auch andere Sorten auf. Bespiele hierfür sind Cabernet Franc, Syrah, Grenache, Mourvèdre bei den Rotweinen und Viognier und Marsanne bei den Weissweinen.

Wie anscheinend alles in Kalifornien präsentiert sich auch die Weinszene immer wieder neu. Es gibt keinerlei Anzeichen dafür, dass sich nach vier Jahrzehnten moderner Weinbereitung die Kalifornier auf ihren Lorbeeren ausruhen. Wie Robert Mondavi nicht müde wird zu sagen: »Wir sind noch blutige Anfänger.«

Weinbaugebiete/Kalifornien 3

Wein und Weinbereitung

Die beiden wichtigsten Angaben auf einem kalifornischen Weinetikett sind der Name der wichtigsten Rebsorten, falls vorhanden, und der Name des Erzeugers. Wenn der Wein ein Verschnitt aus mehreren Sorten ist, trägt er normalerweise einen Markennamen. Wenn er zu 75% aus einer bestimmten Rebsorte besteht, bekommt er normalerweise deren Namen. Die wichtigsten Sorten werden später erwähnt.

Wenn man über kalifornische Weine schreibt, ist man immer der Gefahr ausgesetzt, dass man innerhalb kurzer Zeit nicht mehr aktuell ist. Ein Kellermeister kann weggehen, ein Weinbetrieb kann den Besitzer wechseln, eine bisher nicht bestockte Fläche kann plötzlich zu einer vielbeachteten Lage werden. Neue Weinkellereien schiessen aus dem Boden, während sich nun auch der Zustrom europäischer Gelder bemerkbar macht. Die 70er Jahre waren eine stürmische Zeit für den kalifornischen Wein; die 80er haben gezeigt, dass der »Goldene Staat« vor der Welt bestehen kann.

Die Liste der Weine, der Erzeuger, der Rebsorten werden von Tag zu Tag verwirrender. Nachfolgend einige der derzeit besten kalifornischen Weine:

Natürlich ist diese Liste nicht vollständig. Der Reiz des kalifornischen Weines liegt im Entdecken. Für jeden Weintrinker, ob reich oder arm, Neuling oder Kenner, bietet Kalifornien einen Schatz faszinierender Funde.

Die Klimazonen

In Kalifornien gibt es eine Vielzahl von Mikroklimata. Während in Europa den Böden, Untergründen und ihren Unterschieden auf engstem Raum grosse Bedeutung zukommt, spielt in Kalifornien das Klima die wichtigere Rolle. Die University of California in Davis hat den Staat in fünf Klimazonen gegliedert. Das System basiert auf dem Konzept der »Gradtage«. Diese werden zwischen dem 1. April und 31. Oktober berechnet. Als Gradtag gilt eine Durchschnittstemperatur von 1° über 50°F (= 10⅘°C) während eines Zeitraums von 24 Stunden. Wenn also z.B. eine Durchschnittstemperatur von 70°F (21⅕°C) gemessen wird, sind 20 Gradtage zu verzeichnen.

Chardonnay
Acacia, Chalone, Edna Valley, Matanzas Creek, Robert Mondavi, Sonoma-Cutrer, Stony Hill, Trefethen.
Sauvignon Blanc, (Fumé Blanc)
Dry Creek, Matanzas Creek, Robert Mondavi.
Riesling und Gewürztraminer
Firestone, Joseph Phelps, Mark West, Château St. Jean.
Cabernet Sauvignon
Beaulieu Georges de Latour, Carmenet, Dominus, Heitz, Iron Horse, Robert Mondavi, Opus One, Joseph Phelps, Ridge, Stags Leap.
Zinfandel
Lytton Springs, Ridge.
Pinot Noir
Acacia, Au Bon Climat, Calera, Chalone, Robert Mondavi, Sanford, Saintsbury.
Merlot
Clos du Bois, Duckhorn, Firestone.
Schaumweine
Iron Horse, Schramsberg.

Gebiet I
0–2500 Gradtage. In diese Kategorie würden Rhein, Mosel und Champagne fallen.
Gebiet II
2501–3000 Gradtage. Dies entspricht etwa dem Bordeaux-Gebiet.
Gebiet III
3001–3500 Gradtage. Dies entspricht z.B. Norditalien und dem Rhônetal.
Gebiet IV
3501–4000 Gradtage. Dies entspricht etwa dem Landesinneren Spaniens.
Gebiet V
Über 4001 Gradtage. Dies entspricht etwa Nordafrika.

Ganz rechts: Trefethen vineyard, Napa Valley, einer der bedeutendsten kalifornischen Erzeuger von Chardonnay-Weinen.

Die Reben Kaliforniens/blau

Alicante Bouschet. Eine Rebe, die bei den einheimischen Winzern wegen ihrer Farbe und Robustheit sehr beliebt war. Heute ist sie bei den meisten ernsthaften Erzeugern nicht mehr zu finden. Als reinsortiger Wein voluminös, wuchtig und meist alkoholreich, wird aber auch zum Verschneiden von portweinähnlichen Erzeugnissen verwendet.

Barbera. Winzer italienischer Abkunft halten dieser Traube die Treue. Im besten Fall ergibt sie einen Wein von fülliger Tiefe und reifer Frucht, erreicht jedoch im allgemeinen keine grossen Höhen.

Cabernet Sauvignon. Die Königin der Rotweinreben und in Kalifornien ein durchschlagender Erfolg. Die erzeugten Weine können sich mit den grossen Bordeaux messen. Intensiv in Farbe und Geschmack, sind die Weine früher trinkfertig als jene in Europa; dennoch weist nichts darauf hin, dass sie weniger haltbar wären.

Cabernet franc. Reinsortig kaum zu finden. Wird meist mit Cabernet Sauvignon verschnitten.

Carignan. Eine der meistgepflanzten Rotweinreben. Die wenigen reinsortigen Exemplare sind ein grosser Erfolg.

Gamay oder Napa Gamay. Die echte Beaujolais-Rebe. In Kalifornien scheint den Weinen die Frische und Süffigkeit ihrer französischen Vettern zu fehlen. Auch zur Rosé-Erzeugung verwendet.

Gamay Beaujolais. Gehört kurioserweise der Pinot noir-Familie an. Die Weine erinnern von ferne an einen südlichen Burgunder, sind indes mangels Distinktion höchstens zum Picknick oder zur Grillparty geeignet.

Grenache. Über 4850 ha sind mit dieser Rebe bestockt, doch wandert das meiste in die Rosé-Erzeugung. Bonny Doon in Monterey erzeugt hieraus einen körperreichen, würzigen Rotwein.

Grignolino. Joe Heitz persönlich hält diese Rebsorte hoch. Er erzeugt daraus einen würzigen Rotwein und einen deutlich erfolgreicheren Rosé.

Merlot. Mit dieser Rebe sind 1600 ha bestockt. Sie wird überwiegend noch als Verschnittrebe benutzt, wiewohl sie auch alleine einen köstlichen Wein liefern kann.

Petite Sirah. Die Identität mit der französischen Duriff ist heute gesichert. Liefert trockene Rotweine mit Kraft, Tiefe und Aroma. Weder rassig noch elegant, aber ehrlich und trinkbar.

Pinot noir. Mit dieser Rebe wurden die grössten Fortschritte in Kalifornien erzielt, weil die Winzer mit ihr umzugehen gelernt haben. Man findet heute exzellente Beispiele neben einer Reihe recht gewöhnlicher Weine. Daneben wird aus diesen Reben viel Schaumwein erzeugt.

Ruby Cabernet. Diese Kreuzung zwischen Cabernet Sauvignon und Carignan ist eine hochwertige, sehr erfolgreiche Verschnitttraube. Kommt gelegentlich reinsortig vor und ist in diesem Fall ein trinkbarer, preiswerter Wein mit guter Farbe und ebensolchem Bukett und Geschmack.

Syrah. Die echte Rebe der Rhône, nicht zu verwechseln mit Petite Sirah. Es sind zwar kaum 80 ha bestockt, jedoch scheinen sie einige kleinere Erzeuger wie Joseph Phelps und Bonny Doon zu ihrer Spezialität zu machen.

Zinfandel. Wird zwar häufig für Kaliforniens ureigenste Rebe gehalten, kommt aber wie die meisten anderen ebenfalls aus Europa. Es dürfte eine Verwandtschaft zur italienischen Primitivo bestehen. Die Gewohnheit, aus dem Zinfandel wuchtige Weine zu machen, hat bei den meisten Winzern überlebt. Aus dem meisten Zinfandel entsteht heute ein sehr heller Wein namens White Zinfandel.

Einige berühmte *wineries* erzeugen exzellente Weine von mittlerem Körper, die im Stil einem Cabernet-Sauvignon ähneln, aber erheblich billiger sind. Der Zinfandel ist mit über 12 000 ha die meistgepflanzte Rebe Kaliforniens.

Weinbaugebiete/Kalifornien 4

Napa Valley

Das Napa Valley ist für Kalifornien, was das Médoc für Bordeaux ist. Es ist das bekannteste und berühmteste Weinbaugebiet Kaliforniens.

Das in nordwestlicher Richtung verlaufende, etwa 60 km lange Tal ist zwischen zwei und acht Kilometer breit. Das südliche Ende ist etwa 90 km von San Francisco entfernt. Der Boden weist unterschiedliche Zusammensetzung auf, ist jedoch meist vulkanischen Ursprungs.

Klimatisch ist das Tal in die Klimazonen I, II und III gegliedert. In den nördlichsten Teilen ist es am heissesten, während sich im Süden der Einfluss des Meeres geltend macht. Im Napa Valley kommen fast alle Trauben vor, und fast alle gedeihen gut. Herausragend sind Cabernet Sauvignon und Chardonnay; viele der grossen Cabernets kommen aus diesem Tal. Namen wie Robert Mondavi, Heitz, Mayacamas gehören zu den vielen berühmten Kellereien unter den etwa 200 Erzeugern des Napa Valley.

Napa Valley-Weine sind konstant gut, mittlerweile aber so berühmt, dass man kaum noch eine preisgünstige Flasche ergattern kann.

Sonoma County

Das westlich und etwas im Süden des Napa Valley gelegene Sonoma County besteht aus drei verschiedenen Tälern, nämlich Sonoma, Alexander und Dry Creek. Eine Vielzahl von Mikroklimata bringt es mit sich, dass hier die Klimakategorien I-III zu finden sind. Die Witterung ist durch häufigen Morgennebel geprägt, der sich meist frühestens gegen Mittag hebt. Dadurch bleibt es auch im Hochsommer kühl.

Die Bodenarten reichen von lehmigem Ton bis zu Sandböden, die meist gut entwässert sind und daher beste Voraussetzungen für den Weinbau bieten. Das Gebiet entwickelt sich zu einer echten Alternative zu Napa Valley. Zu den bekanntesten Kellereien gehören Château St. Jean, Jordan und Sebastiani.

Mendocino County

Dies ist das nördlichste Weinbaugebiet Kaliforniens und brachte bis in die 70er Jahre kaum überzeugende Weine hervor. Dann begannen einige Kellereien mit der Erzeugung von Qualitätsweinen, doch erreichen diese noch nicht die Standards von Napa Valley oder Sonoma.

Mendocino County lässt sich in drei Bereiche gliedern. Der wichtigste und grösste ist das Ukiah Valley. Es gehört zur Klimazone

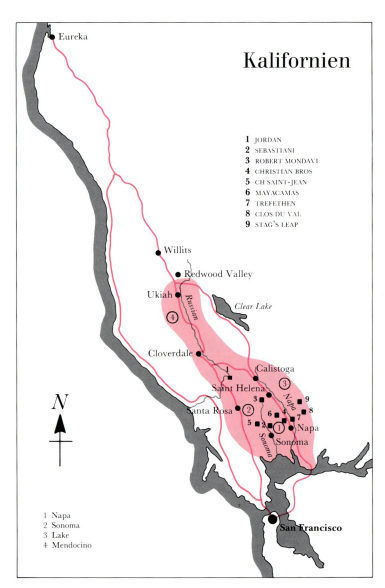

Kalifornien

1 JORDAN
2 SEBASTIANI
3 ROBERT MONDAVI
4 CHRISTIAN BROS
5 CH SAINT-JEAN
6 MAYACAMAS
7 TREFETHEN
8 CLOS DU VAL
9 STAG'S LEAP

N

1 Napa
2 Sonoma
3 Lake
4 Mendocino

III, und es arbeiten dort so bekannte Erzeuger wie Parducci und Cresta Blanca.

Ebenfalls in Zone III liegt das Redwood Valley. Hier hat die Kellerei Fetzer einen beherrschenden Einfluss und erzeugt ein breites Wein-Spektrum von sehr akzeptabler Qualität. Der am wenigsten bekannte Teil schliesslich ist das Anderson Valley. Zu den interessantesten Kellereien zählen hier Husch und Edmeades; dank dem kühleren Klima (Zone I) erfreuen sich die Qualitätsschaumweine des Gebietes eines steigenden Rufs.

Die Rebsorten Kaliforniens/Weiss

Chardonnay. Zweifellos die erfolgreichste Sorte. Kalifornische Chardonnays sind praktisch immer ein Genuss, und die besten von ihnen reifen gut. Wie in Europa, besonders im Burgund, werden die besten auf Holz zu fülligen Weinen mit Schmelz und einer herrlich goldenen Farbe ausgebaut. Allerdings findet im Gegensatz zu Frankreich bei den meisten Chardonnays kein biologischer Säureabbau statt, obwohl die Vergärung im Fass, die in Burgund eher im Rückgang begriffen ist, sich wieder zunehmender Beliebtheit erfreut. Es gibt kaum eine moderne Kellerei, die keinen Chardonnay erzeugt. Die billigeren unter ihnen sind meist nicht auf Holz ausgebaut; sie sind leicht und frisch, weisen ein Apfelaroma und eine grüngoldene Farbe auf. Die besseren besitzen eine vollkommene Balance mit reicher Eiche, die die Frucht aber nicht übertönt. Mit dieser anpassungsfähigen Traube sind über 16000 ha bestockt. Kalifornien liefert einige der besten und teuersten Chardonnays der Welt, bietet dem Konsumenten aber jetzt auch einige vorzügliche Weine in der mittleren Preisklasse.

Sauvignon blanc. Aus dieser auch als Fumé blanc bekannten Rebsorte werden in Kalifornien Weine der unterschiedlichsten Typen erzeugt. Mit Sémillon verschnitten und auf Holz ausgebaut kann es ein wunderbar üppiger Wein mit einem eleganten und ansprechend komplexen Stil sein. Reinsortig ist der Wein weniger subtil, aber köstlich frisch und am besten jung zu trinken. Robert Mondavi, der berühmteste Erzeuger von Fumé blanc, macht heute kleine Mengen eines süssen Sauvignon aus edelfaulen Beeren.

Mit Sauvignon blanc sind in Kalifornien etwa 5600 ha bestockt.

Chenin blanc. 1971 waren noch weniger als 3600 ha mit dieser Rebe bestockt; heute sind es fast 10000. Dies ist eine Folge der verstärkten Hinwendung des Publikums zum Weisswein. Der Chenin blanc ist ziemlich ertragreich und liefert einen preiswerten Wein mit Stil und Komplexität. Meist wird dem Wein ein gewisser Restzuckergehalt belassen, und nur die wenigsten können als trocken charakterisiert werden. Chenin wird auch zum Verschneiden verwendet.

Pinot blanc. Diese Rebe ist zwar wenig verbreitet, zeichnet aber für einige hervorragende Weine verantwortlich, hauptsächlich aus der Gegend um Monterey. Die Weine sind meist durchgegoren; wenn sie auf Holz ausgebaut werden, können sie im Stil einem Chardonnay ähnlich sein.

White Riesling. Dies ist zwar die korrekte Bezeichnung für den deutschen Riesling, doch wird er in Kalifornien meist als Johannisberg Riesling bezeichnet. Diese traditionelle Rebe der kühleren Klimazonen hat sich in bemerkenswerter Weise an das warme Klima Kaliforniens angepasst. Die Weine sind voll, wuchtig und komplex und sehr köstlich. Sie haben zwar nicht das subtile Spiel eines Rheingauers, sind aber mundfüllend und üppig. Riesling-Dessertweine aus edelfaulen Beeren gehören zu den grossen süssen Weinen der Welt. Glücklich, wem es gelingt, eine dieser seltenen Flaschen zu ergattern.

Gewürztraminer. Die traditionelle Würzigkeit dieser Traube kommt in Kalifornien weniger zum Ausdruck als etwa im Elsass. Es gibt in Kalifornien vollkommen trockene Gewürztraminer, doch belassen die Winzer dem Wein in der Regel eine Spur Restzucker, um ihm mehr Charakter zu geben. Etwa 1200 ha sind mit dieser frühreifen Rebe bestockt. Der Wein sollte jung und frisch getrunken werden.

French Colombard. Mit dieser Traube sind in Kalifornien an die 24000 ha bestockt. Sie leistet vorzügliche Dienste als Verschnitttraube, wo ihre frische Säure und das florale Bukett einigen geringeren Sorten zugute kommt. Alleine liefert sie nicht mehr als einen angenehmen Zechwein ohne grosse Auszeichnung. – Die Erträge erreichen 200 bis 300 l/ha.

Sémillon. Wird meist mit Sauvignon blanc verschnitten. Liefert in Monterey und Santa Ynez einen recht guten, trockenen Wein. Süsse Versionen waren bisher mangels Distinktion kein Erfolg.

Emerald Riesling. Diese Kreuzung zwischen White Riesling und Muscadelle liefert einen nicht mehr ganz trockenen, frischen und fruchtigen Wein. Am besten jung und ohne viel nachzudenken zu trinken. Eine mit Recht beliebte Version kommt von Paul Masson.

Gray Riesling. Die in Frankreich als Chauché gris bezeichnete Rebe liefert einen gefälligen Kneipwein ohne grosse Ansprüche. Zu empfehlen sind jene aus dem Livermore Valley.

Weinbaugebiete/Kalifornien 5

Die Central Coast

Dies ist der Name eines grossen Gebietes südlich von San Francisco mit einer Vielzahl kleinerer Bereiche, die um individuelle Anerkennung kämpfen. Das Gebiet ist klimatisch der Nordküste Kaliforniens sehr ähnlich, und teilweise ist es dort sogar kühler. Aus dieser Gegend kommen einige sehr gute Weine, weshalb die einzelnen Gebiete kurz vorgestellt werden.

Das Livermore Valley, Klimazone III, liefert seit über 100 Jahren Trauben. Die berühmteste Kellerei, Wente Brothers, wurde 1883 gegründet. Beachtlich sind vor allem die Weissweine, aber auch die Rotweine sind heute vielversprechend. Der Boden des Tals ist kieshaltig und gut entwässert und soll demjenigen von Graves in Bordeaux ähneln.

Santa Clara County ist ein Opfer der städtischen Entwicklung. Vor dem Zweiten Weltkrieg gab es hier etwa 60 Kellereien, die durch die wuchernde Urbanisierung aber immer weiter nach Süden gedrängt wurden. Einige berühmte Namen sind jedoch geblieben – Almaden und San Martin gehören zu den grössten, während Martin Ray und Mount Eden kleiner, aber feiner sind.

Santa Cruz Montains ist ein steil aufstrebendes Gebiet. Hinsichtlich der Fläche – nur 100 ha und eine Produktion von ganzen 100 000 Kisten – ist es eher unbedeutend. Die Qualität der Kellereien ist indes beachtlich. Ridge Vineyards, einer der besten Erzeuger Kaliforniens, hat hier seinen Sitz, ebenso David Bruce Winery, Felton-Empire Vineyards und Bonny Doon Vineyard, drei Erzeuger, die man sich merken sollte.

Monterey County ist vielleicht der wichtigste Teil der Central Coast. Auf alle Fälle ist es der schönste Teil Kaliforniens. Hier sind die riesige Kellerei Paul Masson und die winzige Firma Chalone Vineyards ansässig. Hinsichtlich des Ausstosses lassen sich kaum zwei unterschiedlichere Firmen denken. Zu erwähnen sind auch Jekel Vineyards, Mirassou, The Monterey Vineyard und Ventana.

Im **San Louis Obispo County** ereignen sich die interessantesten Entwicklungen vermutlich in Edna Valley. Die Edna Valley Vineyards leisten Pionierarbeit und haben einige herrliche Chardonnays herausgebracht. Das Champagnerhaus Deutz hat hier Land gekauft.

Santa Barbara County heisst der südlichste Teil der Central Coast, einer der kühlsten. Er gehört zur Klimazone I, was vielleicht erklärt, warum hier Pinot noir und Riesling besonders gut gedeihen. The Firestone Vineyard ist hier führend und erzeugt immer bessere Weine, insbesondere Cabernet Sau-

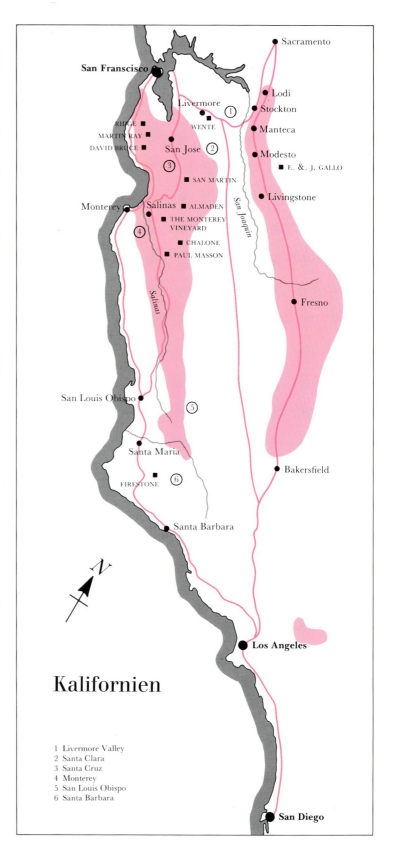

Kalifornien

1 Livermore Valley
2 Santa Clara
3 Santa Cruz
4 Monterey
5 San Louis Obispo
6 Santa Barbara

vignon und Merlot. Auch von einigen kleineren Kellereien wie Sanford und J. Carey kommen hervorragende Weine. Alles weist darauf hin, dass man von diesem Gebiet noch hören wird.

Das San Joaquin Valley

Dies ist das Land der Grossbetriebe. Auf einem Gebiet von etwa 500 km Länge zwischen Sacramento und Bakersfield gibt es ganze 40 Kellereien; von diesen stammen jedoch fast 80% des kalifornischen Weines.

Hier wachsen über die Hälfte der Trauben des Staates, und das Klima reicht von Zone III bis etwa Zone V in der Gegend um Bakersfield.

Der berühmteste Erzeuger und wahrscheinlich der grösste der Welt ist die E. & J. Gallo Winery. Hier ist der amerikanische Traum Wirklichkeit geworden: Zwei Brüder machten sich nach der Prohibition mit beschränkten Weinkenntnissen als Weinerzeuger selbständig. Sie boten den amerikanischen Konsumenten Weine zu unschlagbar günstigen Preisen an. Hinsichtlich Sortiment und Qualität waren sie auf allen Ebenen erfolgreich. Ihre Produktion erreicht 60 Millionen Kisten Wein pro Jahr; praktisch alles davon ist höchst trinkbar und bietet exzellenten Geschmack für das Geld.

Nördlich von San Diego liegt das San Pasqual-Tal mit drei Kellereien. Die interessanteste von ihnen ist San Pasqual. Ihr Chenin blanc und Fumé blanc sind beachtlich, der Gamay besser als der kalifornische Durchschnitt.

Der Südzipfel Kaliforniens ist bis auf einzelne Lagen mit kühlerem Mikroklima für den Weinbau nicht mehr ideal.

Südlich von Los Angeles

Im Jahre 1769 pflanzte ein Mann aus Bordeaux mit dem passenden Namen Jean Louis Vignes einen Rebgarten an der Stelle, wo heute der Hauptbahnhof von Los Angeles steht. Ein Jahrhundert lang war dieser Teil Kaliforniens das bedeutendste Weinbaugebiet, bis Ende des 19. Jhs. Nordkalifornien diese Rolle übernahm.

Heute haben Luftverschmutzung und Urbanisierung der Weinerzeugung im Los Angeles County ein Ende gesetzt. Die einzige verbliebene Weinkellerei, San Antonio, wurde unter Denkmalschutz gestellt.

Weiter im Süden sind in der Nähe von Temecula wegen des kühleren Meeresklimas eine Vielzahl von Kellereien aus dem Boden geschossen. Die wichtigste von ihnen ist Callaway Vineyard, die heute zum Allied-Konzern gehört. Erzeugt werden nur Weiss-

weine, wobei ihr trockener Chenin blanc und ihr edelfauler Chenin blanc mit dem Namen »Sweet Nancy« am bekanntesten sind. Daneben gibt es einen vorzüglichen Chardonnay des Namens »Callalees«. Eine weitere Kellerei in dieser aufstrebenden Gegend ist der Schaumweinerzeuger John Culbertson.

Oben: In Kalifornien wurden massive Investitionen für moderne Anlagen getätigt. Hier wird ein Stahltank gereinigt.

Weinbaugebiete/Übrige Vereinigte Staaten

Der Nordwesten

Die Staaten Oregon und Washington haben ihren Anspruch, das erste Weinbaugebiet der Vereinigten Staaten zu sein, in letzter Zeit mit verstärktem Nachdruck erhoben. Freilich ist an der führenden Rolle Kaliforniens vorläufig nicht zu rütteln. Dies bedeutet nicht, dass der Nordwesten nicht auch einige vorzügliche Weine liefern würde. Allerdings fehlt zur Zeit noch die Beständigkeit Kaliforniens.

Oregon

Oregon hat sich mit gewissem Recht zur Pinot noir-Hauptstadt der Vereinigten Staaten erklärt. Pinot noir ist jedenfalls die erfolgreichste Rebsorte, die zur Zeit erzeugt wird. Kellereien wie Amity, Eyrie, Ponzi und Adelsheim erzeugen einige ausserordentliche Weine. Allerdings gibt der Pinot noir dem Winzer hier dieselben Probleme auf wie anderswo, und nur zu häufig erscheinen sehr mässige Weine von Winzern auf dem Markt, die zum Nachteil des Konsumenten bloss experimentieren.

Erfolgreich ist der Chardonnay, wenn auch noch zu viele plumpe Weine ohne die Finesse oder Eleganz der besten Vertreter Kaliforniens erzeugt werden. Zu den besten Produzenten gehören Eyrie, Ponzi und Tualatin. Die Weinbaugeschichte Oregons reicht bis in das 19. Jahrhundert zurück; allerdings machte die Prohibition der Weinerzeugung bis in die 60er Jahre ein Ende. Die bekanntesten Kellereien liegen im Willamette Valley südwestlich von Portland. Das Klima ist hier kühl, und die Trauben erreichen die natürliche hohe Säure, die man in Kalifornien häufig vermisst. In zunehmendem Masse wird aus den Trauben Schaumwein erzeugt, und möglicherweise liegt hier Oregons Zukunft. Einige berühmte Namen wie Laurent Perrier und Brian Croser aus Australien haben im Dundee-Gebiet Land gekauft, um dort hochwertige Schaumweine zu erzeugen.

Von allen Staaten ausserhalb Kaliforniens scheint Oregon das grösste Potential zu haben. Dies zeigt sich auch daran, dass immer mehr erstklassige Erzeuger in dieses Gebiet kommen.

Washington State

Die ersten *vinifera*-Reben wurden 1950 im Yakima Valley im östlichen Washington gepflanzt. Viele der besten Erzeuger haben ihren Sitz in diesem Gebiet, von denen insbesondere Château Ste. Michelle zu nennen ist, die grösste und bekannteste Kellerei im Staat Washington.

Unter der zweiten Marke Colombia Crest werden gute Weine zu vernünftigen Preisen angeboten.

Zu den weiteren Kellereien, die Aufmerksamkeit verdienen, gehört Associated Vintners, wo ein englischer Meister des Weines, David Lake, eine Selektion vorzüglicher Weine wie Chardonnay, Sauvignon blanc und Sémillon bei den Weissweinen und Cabernet bei den Rotweinen erzeugt. Eine der besten kleineren Kellereien ist Arbor Crest in der Nähe des Spokane River in Nord-Ost Washington. Hier sind Chardonnay und Fumé blanc besonders erfolgreich.

Washington State hat in der Kunst der Erzeugung feiner Weine noch zu lernen, aber der Erfolg ist programmiert.

New York

Die Qualität der Weine aus diesem Staat hat sich in den letzten Jahren unglaublich verbessert. Hier gibt es neben Kalifornien und Oregon die meisten Kellereien, die bei Rotweinen wie bei Weissweinen Vorzügliches leisten.

Die beiden Haupt-Weinbaugebiete, in denen man die meisten Kellereien findet, sind das Finger Lakes-Gebiet und Long Island.

Rechts: Nicht nur in Kalifornien, sondern auch in anderen Teilen der Vereinigten Staaten wird viel Wein angebaut. Die Rebgärten von Oregon und Washington liefern heute ansprechende Weine.

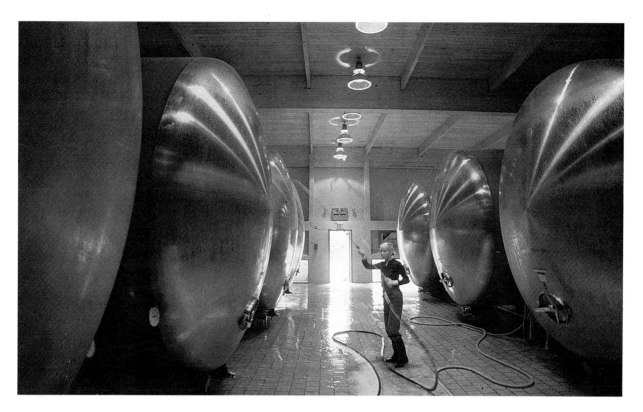

Oben: High tech: Neue Stahltanks in einer Kelterei des Staates New York.

Die Weinerzeugung im Gebiet der Finger Lakes geht bis auf das Jahr 1820 zurück, während sich der Schwerpunkt in jüngster Zeit auf die Schaumweinerzeugung verlagert hat. Das Klima ist kühl und kommt daher den Schaumweinerzeugern entgegen; eine der bekanntesten Firmen, Great Western, hat hier ihren Sitz.

In der Gegend werden heute auch einige gute Stillweine erzeugt. Von Wagner Vineyards kommt ein cremiger Chardonnay, der als einer der Spitzenchardonnays in Amerika gilt. Weitere gute Erzeuger sind Glenora und Hermann J. Wiemer.

Long Island ist auf der Landkarte der Weinbaugebiete erst in jüngster Zeit erschienen, und bis Ende der 70er Jahre gab es dort nur ein einziges Weingut von Bedeutung. Inzwischen haben sich Hargrave Vineyards andere Kellereien wie Pindar, Bridgehampton, Lenz und Bidwell hinzugesellt. Hargrave erzeugt nach wie vor den besten Wein in New York, u.a. einen der wenig wirklich guten Cabernets. Da Long Island etwa auf demselben Breitengrad wie Bordeaux liegt und über einen gut entwässerten Kiesboden und ein Klima mit Temperaturen verfügt, die nicht so hoch klettern wie an der Westküste, kann man sehr optimistisch für die Zukunft sein.

Übrige Vereinigte Staaten

Alaska ist möglicherweise der einzige amerikanische Staat, der sich noch keiner Kellerei in seinen Grenzen rühmen kann, jedoch dürfte sich auch dies in nicht allzu ferner Zukunft ändern. Allerdings sind die Weine aus diesen übrigen Staaten vielfach nur aus Gründen der Exotik interessant.

Hervorzuheben wäre allenfalls Idaho mit ihrer Ste. Chapelle Winery und Texas mit der Pheasant Ridge Winery und der Llano Winery.

Von den übrigen Staaten erzeugen Connecticut, Maryland, Massachusetts, Missouri, New Jersey, Ohio, Pennsylvania, Rhode Island und Virginia Weine unterschiedlicher Qualität.

Weinbaugebiete/Australien und Neuseeland

Australien ist seit 150 Jahren ein Weinbauland und heute als wichtigster Erzeuger der südlichen Hemisphäre bekannt.

Die Weine des 19. Jhs. gehörten vorwiegend der verstärkten Kategorie an. Wuchtige »Ports« und »Sherrys« gefielen nicht nur den Einwanderern, sondern auch im Viktorianischen England, wo man natürlich auf die Produkte des Empire recht stolz war. Australien erlebte einen Exportboom.

Mit den ersten Siedlern, die eigentlich Farmer waren, kamen auch die ersten Rebstöcke. Die Engländer siedelten nördlich von Sydney und pflanzten Reben in den fruchtbaren Boden des Hunter Valley, während sich die Deutschen im Barossa Valley bei Adelaide niederliessen.

Seit dieser Zeit sind diese beiden Täler das Rückgrat der australischen Weinindustrie. Das Hunter Valley ist berühmt für seine breiten, erdigen Rotweine aus der Shiraz-Rebe, die auch als Syrah oder Hermitage bezeichnet wird. Diese Weine haben ein typisches »Bauernhof«-Bukett, und die besten von ihnen entwickeln sich in der Flasche hervorragend.

Das traditionelle Anbaugebiet des Sémillon war das Hunter Valley, wo er einen in der Welt einmaligen Wein lieferte. In seiner Jugend trocken und spritzig, schliesst er sich in der Folgezeit und entwickelt sich erst nach acht oder neun Jahren zu einem Wein von ausserordentlicher Aromafülle. In jüngster Zeit wurden allerdings umfangreiche Neupflanzungen mit Chardonnay vorgenommen, der einige grossartige Weine in einem Stil (und zu einem Preis) lieferte, der Australien berühmt gemacht hat. Es sind reiche Weine, die für den frühen Genuss erzeugt werden. Zu den bekanntesten Erzeugern zählen Rosemount, Rothbury Estate und Lindemans. Im Hunter Valley werden daneben noch andere Reben kultiviert, die aber keine besonders hohe Qualität erreichen.

Im südaustralischen Barossa Valley haben viele der grossen Erzeuger ihren Sitz. Neben Shiraz werden einige vorzügliche Cabernet-Sauvignons erzeugt, manchmal auch ein Verschnitt aus beiden. Auf Chardonnay und Rhine Riesling entfällt der Grossteil der Weissweinproduktion. Penfold's, Orlando, Yalumba und Wolf Blass sind einige der bekanntesten und renommiertesten grossen Erzeuger. Weitere südaustralische Gebiete von Rang sind u. a. das für seine »terra rossa« und die darauf wachsenden köstlichen Cabernet-Sauvignons berühmte Coonawarra und die Adelaide Hills, die ihren Ruf dem Spitzenerzeuger Petaluma verdanken, an dem heute das Champagnerhaus Bollinger beteiligt ist.

Auch in Victoria gibt es einige erstklassige Erzeuger, vor allem Brown Brothers in Milawa und Château Tahbilk in Central Victoria.

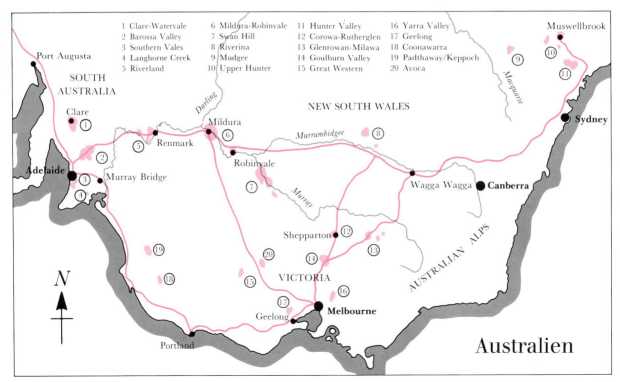

1 Clare-Watervale
2 Barossa Valley
3 Southern Vales
4 Langhorne Creek
5 Riverland
6 Mildura-Robinvale
7 Swan Hill
8 Riverina
9 Mudgee
10 Upper Hunter
11 Hunter Valley
12 Corowa-Rutherglen
13 Glenrowan-Milawa
14 Goulburn Valley
15 Great Western
16 Yarra Valley
17 Geelong
18 Coonawarra
19 Padthaway/Keppoch
20 Avoca

Australien

Mehr im Küstenbereich findet man im Geelong-Gebiet zwei kleine Kellereien mit einem grossen Potential zur Erzeugung hervorragender Weine, insbesondere Chardonnay und Pinot noir, nämlich Bannockburn und Anakie.

Eine der kühlsten Gegenden von Victoria ist das Yarra Valley, dessen Klima mehr den klassischen Weinbaugebieten Frankreichs ähnelt. Lilydale, Yarra Yerling und Goldstream Hills erzeugen hier ausgezeichnete Weine, wenn auch in kleinen Mengen.

In Westaustralien ist eine ähnlich stürmische Entwicklung zu beobachten wie in Kalifornien. Überall entstehen neue Kellereien und werden Rebgärten angelegt, die immer mehr neue und aufregende Weine erzeugen. Zentren sind insbesondere Swan Valley und Margaret River. Kellereien wie Houghton and Evans und Tate in Swan Valley sowie Leeuwin Estate, Vasse Felix und Cullens am Margaret River haben diesen unbekannten Teil Australiens weltberühmt gemacht.

Weinbauenklaven gibt es natürlich auch in anderen Teilen Australiens; es stehen sogar Reben bei Alice Springs in einem der heissesten Landesteile, andererseits auch auf der kühlen Insel Tasmanien.

In Australien gibt es inzwischen 550 Kellereien, von denen kaum schlechte Weine kommen. Anders als in anderen Teilen der Welt liegt ein grosser Teil der Erzeugung in Händen relativ weniger Kellereien. Nach der letzten Statistik beanspruchten 43 Kellereien 93% der australischen Weinerzeugung für sich. Der Export hat sich zwar in den letzten Jahren mehr als verdoppelt, erreicht jedoch nicht mehr als 11% der Gesamterzeugung. Mehr als die Hälfte der Produktion bleibt in Fass und Korbflasche, d. h. am unteren Ende des Marktes.

Australiens fulminantes Auftreten auf der Weinbühne der Welt war vielleicht das aufregendste Ereignis der ausgehenden 80er Jahre auf dem internationalen Markt. Das Potential ist gewaltig, weil immer mehr Reben gepflanzt und die ganze Kunst moderner Weinbereitung eingesetzt wird. Dies bedeutet freilich nicht, dass traditionelle australische Stile wie süsse Muskateller oder Hunter-Sémillons in Vergessenheit geraten wären. Es werden ausserdem Schaumweine erzeugt, die es mit den besten der Welt aufnehmen können.

Neuseeland

Selbst nach den Standards der Neuen Welt ist Neuseeland ein sehr junges Weinbauland. Die Chronik berichtet zwar, dass 1819 ein Reverend Samuel Marsden bei Keri Keri die ersten Reben pflanzte, aber der erste Wein wurde erst 1840 von James Busby erzeugt, der als der Vater der nationalen Weinindustrie gilt. Von einer echten Weinwirtschaft kann indes erst seit den 70er Jahren die Rede sein.

1974 wurde die Rebfläche um 75% vergrössert, und zwar hauptsächlich bei Blenheim im Norden der Südinsel und bei Gisborne im Westen der Nordinsel. Die häufigste Rebe ist Müller-Thurgau, doch werden inzwischen vermehrt auch Chardonnay, Pinot gris, Chenin blanc und Gewürztraminer gepflanzt. Aus Cabernet Sauvignon wird ein angenehmer Wein mit mittlerem Körper erzeugt. Erfolgreich kultiviert werden zudem Pinotage sowie Pinot meunier und Pinot noir. Insgesamt sind heute 4850 ha unter Reben, und laufend werden Neupflanzungen vorgenommen.

Die meisten Kellereien gibt es auf der Nordinsel. Die vier Hauptanbaugebiete liegen um die Stadt Auckland, bei Gisborne und Hawkes Bay an der Ostküste und Martinborough nördlich von Wellington. Berühmte Namen aus diesen Gebieten sind Delegat's Babich, Nobilo und Matua Valley. Auf der Nordinsel werden die verschiedensten Rebsorten angebaut, wo das kühle Klima elegante Chardonnays und Sauvignon blancs ermöglicht. Die besten Gebiete für diese Rebsorten sind Gisborne und Hawkes Bay.

Auf der Südinsel dürfte heute Marlborough das berühmteste Gebiet sein, und dies trotz der Tatsache, dass die ersten Rebstöcke dort erst 1973 gepflanzt wurden. Es sind vor allem zwei Kellereien, die die Welt auf Marlborough aufmerksam gemacht haben, die riesige Montana Winery, mit Abstand der grösste Erzeuger Neuseelands, und Cloudy Bay, der legendäre Erzeuger der besten Sauvignon blancs, Chardonnays und heute auch Cabernets und Merlots.

Für ein kleines Land, was zumindest die Produktionszahlen betrifft, hat Neuseeland in kurzer Zeit sehr viel erreicht. Die Gunst des gemässigten Klimas nutzend, exportiert es einige weltweit unschlagbare Sauvignon blancs und köstliche Chardonnays. Andere weisse Reben fielen weniger erfolgreich aus, und es ist wohl fraglich, ob man in Neuseeland jemals mehr als passable Rotweine erzeugen können wird.

Der Wein ist zum wichtigsten Exportartikel Neuseelands geworden, und zweifellos wird die Qualität der Weine mit zunehmendem Alter der Rebstöcke und zunehmender Erfahrung der Winzer noch besser werden.

Weinbaugebiete/Südamerika

Der südamerikanische Kontinent ist eines der grössten Weinbaugebiete der Welt. Wein wird in vier Ländern erzeugt: in Argentinien, Chile, Brasilien und Uruguay, wobei die beiden erstgenannten hinsichtlich der erzeugten Menge zu den zehn grössten Weinbauländern der Welt gehören. Der meiste südamerikanische Wein wird im Land getrunken, aber mit steigender Qualität nimmt auch der Export zu.

Argentinien

Argentinien ist heute der fünftgrösste Weinerzeuger der Welt. Fast drei Viertel dieser erheblichen Mengen kommen aus der Provinz Mendoza. Der Rest wird überwiegend in der nördlich davon gelegenen Provinz San Juan erzeugt. Bei einer Niederschlagsmenge von maximal 300 mm im Jahr muss gut bewässert werden. Da es in Argentinien keine gesetzlich geregelten Herkunftsbezeichnungen gibt, liess die Etikettierung der Flaschen ursprünglich kaum Rückschlüsse auf den tatsächlichen Geschmack zu. Mit der Einführung französischer und anderer europäischen Reben wude es indessen üblich, den Namen der Rebsorte auf der Flasche anzugeben, statt »Chablis«, »Champagne« oder »Margaux«. Heute ist mehr Fläche mit europäischen Reben als mit der einheimischen Criolla bestockt. Aus Sémillon, Chardonnay und Riesling werden Weissweine erzeugt, während bei den Rotweinen die Malbec aus dem Bordelais neben Cabernet Sauvignon, Merlot und Pinot noir die Hauptrolle spielt; aus Spanien kommt der Tempranillo und aus Italien der Barbera. Der Stil argentinischer Weine ist ausgeprägt »modern«. Die einst deutlich oxidierten Weissweine werden stets frischer und fruchtiger, während die körperreichen Rotweine von der Sonne profitieren, ohne brandig zu sein.

Chile

Chile ist der zehntgrösste Weinerzeuger der Welt. Anders als in Argentinien gibt es hier strenge amtliche Kontrollen. Einzigartig an den chilenischen Weinen ist der Umstand, dass die Reben niemals von der Reblaus befallen waren. Die Andenkette an der Grenze zu Argentinien, die Atacama-Wüste im Norden und der kalte Humboldt-Strom an der Pazifikküste haben den Schädling ferngehalten.

Das chilenische Weinbaugebiet wird in eine nördliche, eine zentrale und eine südliche Zone eingeteilt. Die nördliche, von der Atacama-Wüste bis 200 km vor Valparaiso reichende Zone liefert überwiegend verstärkte Weine aus der Muscat-Rebe. Das Kli-

Oben: Rebgärten bei Cafayate, Provinz Salta, Nordargentinien.

ma des Zentraltals ähnelt dem von Nordkalifornien. Die Reben stammen zwar aus Bordeaux, Burgund und Deutschland, aber wegen der Hitze hat der Rotwein trotz der pazifischen Winde mehr mit einem Rioja als mit einem Médoc gemein. Die südliche Zone ist vor allem für Tafelwein aus der lokalen País-Rebe bekannt; zunehmend finden auch die Europäerreben aus dem Zentraltal Eingang.

Chile erzeugt zweifellos die besten Weine Südamerikas.

Brasilien

Wein wird in der Südspitze Brasiliens erzeugt, und zwar meist aus Hybriden, die in dem feuchten Klima gut gedeihen. In Brasilien überwiegt der italienische Einfluss, wobei der Barbera fruchtige Rotweine und Trebbiano, Moscato und Malvasía den Grossteil der Weissweine liefern.

Uruguay

Die Weine Uruguays ähneln jenen Brasiliens. Klimabedingt werden überwiegend Amerikanerreben gepflanzt, doch experimentiert man heute auch mit Vinifera-Sorten, wobei Cabernet Sauvignon bereits gute Ergebnisse zeitigte.

Südafrika

Der Weinbau in Südafrika begann im 17. Jh., als holländische Siedler im Südwesten der Kapprovinz Reben pflanzten. Bereits zu Anfang des 18. Jhs. wurde der berühmte Constantia, ein schwerer, dem Madeira und Tokayer ähnlicher Dessertwein, nach Europa exportiert. Hugenottische Siedler erweiterten die Rebgärten. Unter der britischen Herrschaft seit 1805 entwickelte sich ein florierender Handel mit Grossbritannien, der durch Vorzugszölle gefördert wurde. Der Wegfall dieser Zölle sowie die Verwüstungen durch die Phylloxera führten gegen Ende des Jahrhunderts zum Zusammenbruch der Weinindustrie. Der Wiederaufbau begann 1918 mit der Gründung der KWV (Kooperative Weinbouwers Vereniging) und 1931 der SAWFA (South African Wine Farmers' Association), die sich auch um die Qualitätskontrollen kümmerten. Im Jahre 1972 wurden amtliche Vorschriften für »Wines of Origin« erlassen; diese sehen eine Einteilung in vierzehn Weinbaubezirke und die Vergabe eines amtlichen Identitätssiegels vor, das die Herkunft, den Jahrgang und die Rebsorte garantiert. Die Kontrollen erstrecken sich auch auf die Bezeichnungen »Superior«, wofür der Wein zu 100% aus der genannten Rebsorte bestehen muss, und »Estate«, womit Erzeugerabfüllungen bezeichnet werden.

Die Weine Südafrikas kommen aus zwei Hauptgebieten: von der Küstenebene mit Constantia, Durbanville, Malmesbury, Stellenbosch und Paarl, und im Osten von Klein Karoo mit Robertson, Worcester und Tulbagh. Der Boden in der Ebene ist sandig mit etwas Granit, im Klein Karoo ist er schieferhaltig. Das Klima ist mediterran, wobei an der Küste doppelt soviele Niederschläge fallen wie im Inland.

Die Rebsorten sind überwiegend europäisch mit lokalen Pfropfreisern. Die wichtigste Rebsorte ist der Cinsault von der südlichen Rhône, der hier als Hermitage bezeichnet wird und als Pinotage (eine Kreuzung mit der Pinot noir) einen noch feineren Wein liefert. Pinot noir wird reinsortig ausgebaut, ebenso Shiraz, ein Verwandter von Sirah, Merlot und Cabernet Sauvignon. Insgesamt handelt es sich um volle, fruchtige Weine mit kraftvollem, manchmal auch übermässigem Alkohol. Die »typischen« Weine sind die Pinotage; vielfach werden indes die Cabernet Sauvignon/Merlot-Mischungen aus dem Stellenbosch-Gebiet als die besten bezeichnet. Bei den Weissweinen steht Chenin blanc im Vordergrund, hier Steen genannt, aus dem geschmeidige, fruchtige Weine und seltene Auslesen wie der Nederburg Edelkeur

erzeugt werden. Sémillon, Clairette und Ugni blanc liefern reizvolle, eher säurearme Weine, während der Riesling bei Nederburg sehr erfolgreich ist. Weitere Rebsorten sind der andalusische Palomino und Muscat d'Alexandrie.

Das grösste und beste Weinbaugebiet ist Stellenbosch. An zweiter Stelle liegt Paarl mit hervorragenden sherry-artigen Weinen und einigen sehr erfolgreichen *ruby, tawny* und *vintage* »ports«. Aus Klein Karoo kommen grosse Mengen Tafelwein.

Oben: Weinbau am Kap bei Franschhoek.

3
Kurs für Fortgeschrittene

Zweck dieses Kurses ist es, das in der Theorie Erarbeitete in die Praxis umzusetzen. Natürlich ist es gut, etwas über Boden, Klima, Rebsorten, Vinifikationsverfahren, Jahrgänge usw. zu wissen; die Weinkenntnis fängt aber mit der Beschreibung des Geschmacks erst an, und das praktische Studium mit dem Glas in der Hand ist durch nichts zu ersetzen. Der ganze Zweck des Weinkurses an der Académie du Vin besteht ja darin, die Weine selbst bestätigen (oder gegebenenfalls auch widerlegen) zu lassen, was wir demonstrieren möchten. Wir verkosten zwar selten mehr als acht Weine in einer Übung; dennoch wurde in den folgenden Beispielen die Anzahl der Weine erhöht, um einen breiteren Überblick zu bieten. Da der Vergleich vielleicht das wichtigste Element bei der Weinverkostung ist, haben wir versucht, die Weine selbst zu beschreiben, um zu sehen, inwieweit sie ihrer *appellation* oder ihrem Stil entsprechen, und um sie den anderen, in der gleichen Gruppe verkosteten Weinen gegenüberzustellen.

Das eigentliche Verfahren der Weinverkostung und die dabei zu beachtenden Punkte haben wir bereits besprochen. Das Standardwerk zu diesem Thema ist Michael Broadbents »Weine prüfen – kennen – geniessen«. Es gibt aber noch andere hervorragende Bücher über die Weinverkostung, die in

der Bibliographie aufgeführt sind (s. S. 223). Das technischste und beeindruckendste Buch aus Frankreich ist zweifellos Professor Emile Peynauds »Hohe Schule für Weinkenner«. Das in diesen Büchern Gesagte braucht hier nicht wiederholt zu werden. Unser Hauptaugenmerk soll nun dem Geschmack der Weine selbst gelten.

Der Kurs für Fortgeschrittene ist in vier Teile gegliedert:

1. Einfache Weinverkostung

Wir behandeln die Weine innerhalb eines Spektrums von trocken bis süss, von leicht bis schwer. Der Schwerpunkt unserer Auswahl liegt auf Frankreich, weil das System der *appellation contrôlée* typische Weinstile hervorgebracht hat, die vielfach internationalen Weinerzeugern als Referenz dienen. Während manche Weine unbestreitbar trocken, süss, leicht oder schwer sind, gehören die meisten Weine, die als Begleiter zum Essen erzeugt werden, in die mittlere Kategorie. Zugleich wird die Säure und das Gewicht eines Weines von verschiedenen Menschen verschieden wahrgenommen. Ein Franzose aus Paris z. B. wird einen Muscadet weniger trocken finden als sein Landsmann in Nizza; letzterer wiederum wird einen Châteauneuf-du-Pape als fruchtig und angenehm beurteilen, während der Pariser ihn vielleicht schwer und einschläfernd findet. Wir haben Weine aller Kategorien ausgewählt und weisen jeweils auf die unterschiedlichen Stilrichtungen hin. Die drei Weissweinverkostungen und die drei Rotweinverkostungen sollten getrennt durchgearbeitet werden.

2. Verschiedene Rebsorten

Dieser Abschnitt behandelt die wichtigsten Rebsorten, die weltweit kultiviert werden, und auch hier geben wir Frankreich den Vorzug, da mit Ausnahme des Rieslings fast alle international kultivierten Rebsorten französischen Ursprungs sind. Es soll gezeigt werden, welche Ergebnisse die gleiche Rebe in unterschiedlichen Böden, Klimata und bei unterschiedlicher Vinifikation liefert. Die Merkmale der Rebsorte treten vor allem bei jungen Weinen deutlich zutage. Mit zunehmender Reife des Weines verliert sich das Traubenaroma zugunsten der sekundären und tertiären Aromen; dennoch bleibt der Wein typisch für die Rebsorte, aus der er erzeugt wurde. Französische Weine werden meist nach ihren Herkunftsbezeichnungen (Meursault, Hermitage) und nicht nach ihren Rebsorten beurteilt (Chardonnay, Syrah), weil beides miteinander verknüpft ist. Ähnliche geographische Appellationen gibt es auch in anderen europäischen Ländern; wenn allerdings »französische« oder internationale Reben vorherrschen, verfällt die Appellation üblicherweise, weil solche Weine als »untypisch« gelten. Dies sollte den Verkoster freilich nicht hindern, die Weine als regionale wie als Sortenbeispiele heranzuziehen.

3. Der Einfluss von Jahrgang und Herkunftsbezeichnung

Die vier Proben bestehen aus zwei »vertikalen« Verkostungen (ein einzelner Château- oder Domainewein im Jahrgangsvergleich) und zwei »horizontalen« Verkostungen (eine Serie unterschiedlicher *appellations* aus dem gleichen Gebiet und dem gleichen Jahr). Zweck der vertikalen Verkostung ist es, die Rolle des Jahrgangs deutlich zu machen, da bis auf das Klima alle Faktoren gleich sind; bei den horizontalen Verkostungen soll der Einfluss des Bodens, des Mikroklimas, der Traubenselektion und der Vinifikation anhand vergleichbarer Weine aus einem einzigen Jahr aufgezeigt werden. Auch hier kommen französische Weine zum Vergleich, und zwar aus Burgund und Bordeaux, den beiden wichtigsten und homogensten Weinbaugebieten. Den Abschluss dieses Abschnitts bildet eine vergleichende Verkostung verstärkter Weine.

4. Die Farbe des Weins

Farben sind leichter zu beschreiben als Geruch oder Geschmack. Mit Ausnahme des Muscat riechen Weine niemals nach Trauben: In der Jugend besitzen sie florale oder fruchtige Aromen, die sich zu einer unendlichen Fülle von Eindrücken weiterentwickeln. Das gleiche gilt für ihren Geschmack. Weine haben einen bestimmten Stil (ein Médoc ist streng, ein Elsässer fruchtig usw.), und dieser ist von vielen Faktoren abhängig, u. a. davon, wo und woraus der Wein erzeugt wurde. Aber auch wenn der Stil leicht zu erkennen ist, so ist es doch schwierig, den Geschmack zu beschreiben. Lehrreich ist es aber allemal, verschiedene Weine aus unterschiedlichen Gebieten, Rebsorten und Jahrgängen zu betrachten, die Farbunterschiede zu studieren und zu erfahren, was sie bedeuten.

Wir haben versucht, die jährlichen Verkostungen an der Académie du Vin wiederzugeben. Wenn die Verkostungskommentare manchmal blumig oder langatmig klingen, so liegt dies einfach daran, dass wir versucht haben, den Wein so vollständig wie möglich zu beschreiben.

Verkostung/Sehr trockene Weissweine

Bei dieser Verkostung betrachten wir Weine, die relativ wenig Körper und relativ viel Säure haben. Trocken ist jedoch nicht gleichbedeutend mit sauer. Alle Weine haben Säure, auch die süssesten wie z. B. Château d'Yquem. Worum es hier geht, ist die völlige Abwesenheit von Süsse. Wenn die Säure ausgeprägt ist, sollte es eine frische, mundwässernde Säure sein, die in Harmonie mit der Frucht und dem Charakter des Weines steht. Ein saurer Wein entsteht entweder aus unreifen Trauben oder durch schlechte Vinifikation.

Die Mehrzahl der sehr trockenen Weine ist jung und leicht. Dies liegt daran, dass die Weine mit dem Alter Säure abzubauen scheinen. In Wirklichkeit bleibt die Säure konstant, während der Wein entweder an Körper oder Frucht gewinnt oder seine jugendliche Frische verliert, wobei beide Faktoren zusammen den Wein weniger streng erscheinen lassen. Einige der hier vorgestellten Weine sind erzeugt, um sehr jung getrunken zu werden, einige können je nach Geschmack getrunken oder gelagert werden, während andere einfach deshalb aufgenommen wurden, weil sie zum Zeitpunkt der Verkostung sehr jung waren.

FARBE	BUKETT	GAUMEN	BEMERKUNGEN
Muscadet de Sèvre et Maine sur lie »Carte d'Or« Sauvion et fils			Loire, Frankreich
Klares, sehr helles Gelb, sehr frisch und jugendlich, etwas Kohlensäure zur Erhaltung der Frische.	Frisches, sauberes, spritziges Aroma, nicht wirklich fruchtig, unkompliziert erfrischend mit lebendiger Säure.	Lebendiges, frisches Aroma, gute, etwas hohe Säure, die unmittelbar einsetzt, erfrischender Abgang.	Gut gemacht, wegen seiner Frische, nicht wegen seiner Aromafülle berühmt. Klassischer, spritziger Muscadet, jung zu trinken.
Vinho Verde NV Quinta da Aveleda Penafiel			Portugal
Sauberes, klares, sehr bleiches Gelb, reichlich Kohlensäure, aber nicht schäumend.	Fruchtige Frühlingsaromen, wenig Tiefe, aber frisch und lebendig.	Sauberer, trockener, herbfrischer Abgang, recht floral, angenehm mit Kohlensäure unterlegt.	Insgesamt sauber und frisch, nicht wirklich komplex, aber ein ehrlicher, lebendiger, erfrischender Wein zum Aperitif oder zu leichten Mahlzeiten.
Castello di Neive 1988 Vino da tavola			Italien
Sehr bleiches, fast weisses Gelb, eher noch heller als die beiden vorherigen, ganz leichte Kohlensäure.	Diskrete Fruchtaromen, weicher als die obigen, eher verhalten als markant.	Saubere, ehrliche Frucht, eine Spur von frischen Mandeln, weich und lebendig zugleich, ein angenehmer Wein mit schönem Gleichgewicht Trockener Abgang.	Sehr gute Vinifizierung, keine grosse Tiefe, aber gute Qualität und Länge; leicht und frisch, aber zugleich elegant und weich.
Pouilly-Fumé 1988 Jean-Claude Chatelain			Loire, Frankreich
Sauberes, bleiches Gelb mit einer Spur Grün, präsenter als der Muscadet.	Jugendlich, frisch, betont fruchtig (rote Johannisbeeren) und schwach kräuterartig, aber verhaltener und eleganter Sauvignon-Stil.	Lebendiges, fruchtiges Aroma, zunächst Blätter von Schwarzen Johannisbeeren, hervorragendes Gleichgewicht von Frucht und Säure, elegant und stilvoll, weniger bestimmt als der Sancerre (siehe Seite 157).	Ein sehr gutes Beispiel, gute Säure, die den hohen Alkohol (13%) im Gleichgewicht hält, hohe Kellerkunst, klassischer Pouilly-Fumé.
Delegat's Hawkes Bay Sauvignon blanc 1988			Neuseeland
Sauberes, mittleres Gelb ohne eine Spur Grün, recht reich.	Fruchtige, saftige, leicht grasige Sauvignon-Aromen, eine Spur neuer, gut eingegliederter Eiche.	Trocken, aber nicht aggressiv, saubere Frucht mit einer Spur exotischer Ananas, aber nicht überbetont, harmonisch.	Schönes Exemplar, intensive Frucht, weniger komplex als der Pouilly-Fumé, setzt aber mit kraftvoller Frucht ein und haftet lange am Gaumen.
Pinot Blanc d'Alsace, 1988 Cave d'Eguisheim			Elsass, Frankreich
Sauberes, blasses Gelb, aber von deutlich vollerer und reicherer Erscheinung als die vier ersten Weine, sehr ansprechend.	Von fast explosiver Frucht im Elsässer Stil, dabei von erfrischender Leichtigkeit, sehr ansprechender Traubencharakter.	Exzellentes Fruchtaroma, leicht grüne Äpfelsäure, die Gleichgewicht gibt, guter Fruchtextrakt und Länge. Sehr schöner Stil.	Köstlich als Aperitif, aber eigentlich zum Essen gemacht. Schöner Körper und ausgeprägte Fruchtaromen statt nur trockene Frische; eine sehr gute Alternative zu Mâcon blanc. (siehe Seite 160).

FARBE	BUKETT	GAUMEN	BEMERKUNGEN
Bourgogne-Aligoté de Bouzeron 1988 A. & P. de Villaine Côte chalonnaise			Burgund, Frankreich
Bleiches, jugendliches Gelb mit grünen Anklängen, recht reich im Glas. Schön und höchst ansprechend.	Diskrete Frucht mit einem Hauch von Blüten und frischen Mandeln, nachhaltig. Komplex mit mehr Tiefe als bei einem Aligóte erwartet.	Rassig, fruchtig (Pfirsiche, apfelähnliche Säure), sehr schöne Balance und distinguiert. Lebendig, aber mit Tiefe und Länge, sehr burgundisch.	Ein ausserordentlich eleganter Wein, schönes Gleichgewicht von Frucht und Säure, vor allem aber ein schöner Terroir-Ton und hohe Kellerkunst. Der Pinot blanc ist im Vergleich dazu einfach.
Lenz Moser Grüner Veltliner 1987			Österreich
Schönes, bleiches Gelb, frisches und sauberes Aussehen, schöne Erscheinung.	Lebendige, fruchtige Nase, frische kräuterartige Frucht, mundwässernd.	Lebendiger, aufregender Geschmack, frische Säure im Abgang. Sauber, sehr trocken, belebend.	Sehr harmonisch, ein vorzüglicher Wein zum Aperitif oder zu leichten Mahlzeiten. Ähnelt einem volleren Muscadet oder einem trockeneren Chenin blanc.
CVNE 1987 Rioja			Spanien
Sehr bleiches, fast weisses Gelb, hell und frisch.	Sauberes, schwach riesling-/ »benzinartiges« Aroma, sehr lebendig und mundwässernd.	Einfach fruchtig, mehr Gewicht und Geschmeidigkeit als der Muscadet, aber weniger anhaltendes Aroma. Unprätentiös.	Ein sauberer, frischer Wein, zum Aperitif oder zum Essen geeignet, jung zu trinken. Gutes Beispiel für früh gelesene Trauben, gut vinifiziert.
Ch. Roquetaillade-la-Grange 1987 Graves sec			Bordeaux, Frankreich
Sauberes, helles Gelb, eine Spur Grün, aber dichter und etwas voller als der Pouilly-Fumé.	Lebendiger Eindruck, Frucht aber noch etwas diskret, braucht noch Zeit.	Sauber und fruchtig; geschmeidiger und milder im Stil als der Pouilly-Fumé, mit einer Spur neuer Eiche. Schöne Säure, keine Grünheit, gute Harmonie.	Ausgesprochener Tischwein; der Sémillon-Anteil von 80% mit dem *Graves-terroir* ergibt einen subtileren Wein, der sich noch verbessern wird.
Chablis 1er Cru les Montmains 1986 Louis Michel			Burgund, Frankreich
Schönes, volles Grüngelb, die typische Chablis-Farbe. Ein klarer, fest aussehender Wein.	Recht grasig, grün, noch ziemlich mager und hart.	Beim Einsetzen keine wahrnehmbare Frucht, ein Eindruck jugendlicher Magerkeit und fester Säure, aber schöne Anklänge durchbrechender Frucht.	Insgesamt magerer Abgang; nicht unharmonisch, doch sind die vegetalen/kräuterartigen Merkmale im Vordergrund. Braucht noch mindestens ein Jahr. Besitzt die Stahligkeit eines bestimmten Stils Chablis.
Colombia Crest Winery Chardonnay 1986 Washington State			USA
Schöne, saubere Farbe, Zitronengelb, sieht reich aus.	Recht saubere Frucht, eher kräuterartig als floral, aber sehr weich.	Geschmeidige Fruchtaromen mit einer Spur vegetaler Säure, kühle Vergärung lässt etwas Fülle vermissen.	Ein guter Wein, doch wurde mehr Wert auf saubere Frucht als auf Sortenaroma und Komplexität gelegt; auch eine Folge junger Reben.

Verkostung/Trockene Weissweine

In diese Kategorie fallen die meisten Weine, die man bei Tisch trinkt. Sie besitzen keinen oder nur sehr wenig Restzucker und sind daher trocken. Die Weine dieser Verkostung sind körperreicher als die sehr trockenen Weissweine und insgesamt komplexer. Sie zeigen die internationalen Stilmerkmale sowie den Einfluss des Jahrgangs, der Vinifikation und des Alters.

Wenn die Kommentare bei dieser Verkostung gegenüber der vorangegangenen etwas kritischer ausfallen, liegt dies daran, dass diese Weine ein grösseres Potential als sehr leichte trockene Weissweine haben. Die meisten dieser trockenen Weissweine können schon nach der Abfüllung getrunken werden, doch sind sie dann noch nicht auf dem Höhepunkt. Alkohol, Fruchtzucker, Säure und Extrakt müssen sich erst noch entwickeln. Dann allerdings sind die Weine perfekte Begleiter zum Essen – und oft genug dessen Krönung.

FARBE	BUKETT	GAUMEN	BEMERKUNGEN
Hunters Chardonnay Marlborough 1988			Neuseeland
Schönes, volles Gelb mit grünlichen Anklängen, fast ölig, markant.	Fruchtiger, recht grasiger Chardonnay, ein Wein im Landstil, Eiche vorhanden, aber schon gut integriert.	Schöner Extrakt von Fruchtaromen, recht reich mit ausgleichender limonenartiger Säure. Abgang mit Zitrone/Frucht/Eiche, noch zu jung.	Gutes Beispiel eines mehr kräuterartigen als floralen oder buttrigen Chardonnay. Möglicherweise zum Ausgleich des Alkohols von 13,5% nachgesäuert. Gut gemacht.
Santa Rita Chardonnay 1987 Medalla Real			Maipo Valley, Chile
Sehr bleiche Farbe, fast weissliches Gelb, etwas Kohlensäure.	Diskrete Frucht, etwas exotisch, ananasartig, Trauben vermutlich früh gelesen, um die Säure zu erhalten; kühle Vergärung.	Voller und fruchtiger als das Bukett erwarten liess, eine Spur Eiche beim Einsetzen, sauberer Abgang, gute Säure.	Insgesamt leichter und »spritziger« Stil, sauber und fruchtig, aber eher jugendlich als aromatisch.
Soave Classico Monte Carbonare, Viticola Suavia 1987			Italien
Lebendiges, sauberes, helles Gelb, eine Spur Kohlensäure, ein herb aussehender Wein.	Saubere, rassige Säure und Frucht, lebendig, mundwässernd.	Ähnlich lebendige Frucht/Säure, am mittleren Gaumen, aber weicher und floraler, noch sehr jung.	Gehört in diesem Zustand eher in die Kategorie »sehr trocken«, wird aber auf der Flasche weicher und breiter werden.
Tokay-Pinot Gris 1987 Domaine Weinbach			Elsass, Frankreich
Sauberes, lebendiges, bleiches Gelb, etwas Kohlensäure, frisch und jugendlich, aber reicher aussehend als der Soave.	Weiche Muskatfrucht, reife Trauben, sehr stiebender Elsässer Stil.	Ausladendes Aroma, Frucht deutlich vorhanden, schön. Harmonisch mit verhaltener Süsse und guter Säure.	Ein sehr schöner, vollständiger Wein, fruchtig und geschmeidig, aber lebendig, perfekte Balance. Trinken oder noch aufbewahren.
Meursault-Blagny 1er Cru 1987 Louis Jadot			Côte de Beaune, Burgund, Frankreich
Sauberes, klares Mittelgelb mit einer Spur Grün, recht reich: Eine wirklich wunderschöne Farbe.	Eine Spur neues Holz, reife Frucht, sehr elegant und schönes Blagny-Terroir (eher schwach für Meursault, siehe Clos de la Barre, Seite 161).	Schöne florale Geissblatt-Frucht, Obertöne von Haselnuss, feste, gute Säure, ausserordentlich elegant.	Für einen 1987er exzellentes, von *terroir* beherrschtes Sortenexemplar. Perfekte Balance, sehr lange nachtönend.
Chimney Rock Chardonnay 1986			Napa Valley, Kalifornien, USA
Schönes, leichtes Goldgelb, sehr voll und reich, reif.	Anflug von Eiche, exotische Fruchtaromen mit reizvoller Limone im Hintergrund, nicht verhalten, aber auch nicht übermässig stiebend.	Gute, saubere Frucht, weniger Holz am Gaumen als in der Nase, ausgeprägte, reiche Aromen mit guter Säure. Ausgewogen.	Ein sehr guter Wein. Ein völliger Kontrast zu Meursault, der bezüglich Festigkeit und Potential diesem »offeneren« Exemplar überlegen ist. (Siehe Chardonnay, Seite 161).

FARBE	BUKETT	GAUMEN	BEMERKUNGEN
Vouvray sec 1986 Clos Naudin, (A. Foreau)			Touraine, Loire, Frankreich
Wunderschönes volles Grüngelb, eine sehr gute Farbe, die die Säure der Chenin blanc und die Reife des Jahrgangs widerspiegelt.	Saubere, pulsierende Frucht, rote Johannisbeeren und Quitten, etwas schwach, aber schön.	Floral, Honig, Blumen und Früchte beim Einsetzen, aber noch etwas verhalten mit einem leicht aggressiven, grünen Abgang, der sich mit dem Alter mildern wird.	Perfektes Beispiel für Vouvray und Chenin blanc (siehe Seite 162). Offenkundig kein Wein aus heissem Klima; natürliche Reife und hohe natürliche Säure, klassisch.
Sandstone Sémillon 1986			Margaret River, Westaustralien
Schönes, markantes, volles Gelb mit grünen Reflexen.	Ansprechend, geschmeidig, aber nachhaltig, wachsartig, fruchtig und eingängig.	Setzt exzellent ein; saubere Frucht, geschmeidige Textur, recht voll, aber Säure im Hintergrund, Anklänge von gerösteter Eiche. Sehr gute Finesse und Länge.	Schönes Beispiel eines Sémillon (der in Australien besonders erfolgreich ist), von gesunden, reifen Trauben, tadellos vinifiziert. Trinken oder noch aufbewaren.
Ch. Smith-Haut-Lafitte 1986 Grand Cru Classé Graves			Bordeaux, Frankreich
Brillantes, bleiches Gelb, jugendlich, leicht grüner Rand.	Fruchtiges, etwas wächsernes Bukett mit der Lebendigkeit des Sauvignon (100%) und der komplexeren Frucht eines *cru classé*.	Komplexe, elegante Aromen, direkte Fruchtigkeit, gekonnt eingebaute Eiche. Vorzügliche Balance.	Fest und sauber, weniger ausdrucksvoll als der Sandstone, aber mit mehr Stil, hervorragendes Gleichgewicht von Frucht und Säure. Wird sich noch 2–3 Jahre verbessern und noch länger halten.
Hermitage 1984 Jean-Louis Chave			Mauves, Rhône, Frankreich
Helles, mittelvolles Gelb, sauber und frisch, für den Jahrgang keinerlei Anzeichen von Alter.	Komplex, fruchtig, nussig (Mandel- und Pfirsichkerne), sehr schön für ein schwieriges Jahr.	Schöne Frucht, strohartig, nachhaltige Säure, komplexe Aromen. Kein hervorstechender Wein, aber einer von hoher Qualität. Gewichtig, ölig, aber trocken.	Sehr schön, grosse Länge und gute Struktur, aber nicht wuchtig. Sehr typisch für die Appellation. Etwas für Entdecker.
CVNE Blanco seco 1983 Rioja			Haro la Rioja, Spanien
Sauber und lebendig, mittleres Gelb, recht reich, aber nicht süss aussehend. Für einen 1983er sehr jung.	Fruchtig, wächsern, mit Reife und eichenbetont, aber noch frisch und harmonisch	Weiche, milde Frucht, Eiche und Vanille vorhanden, aber weniger als in der Nase.	Schöne Balance, sauber und komplex, Anklänge von Sémillon, gute Länge. Auf dem Höhepunkt.
Riesling Osterberg 1983 Bernard Heydt			Ribeauvillé, Elsass, Frankreich
Sauberes bleiches Gelb, leicht grünlicher Ton zeigt Säure an, nicht wirklich alt.	Stiebende Frische, Frucht, Limonen-Bukett. Typische »benzinartige« Riesling-Obertöne.	Recht breites Fruchtaroma (Reife der 1983er), sehr floral, lebendig und trocken, aber mit einem fast honigartigen Abgang. Sehr langes und ausgeprägtes Aroma.	Klassischer Riesling (siehe Seite 158), Länge und Dauerhaftigkeit einer noblen Rebsorte in einem grossen Jahr, viel Rückhalt für weitere Reife.

Verkostung/Süsse Weine und Dessertweine (weiss)

Bei dieser Verkostung geht es um Weine, die süss oder jedenfalls nicht trocken enden, und Weine, die so aromatisch sind, dass sie nicht den trockenen Weissweinen zugeordnet werden können. Auch passen diese hocharomatischen, körperreichen Weine nicht besonders gut zum Essen.

Der Grad der Süsse der halbtrockenen und lieblichen Weine schwankt mit dem Weintyp und dem Jahrgang. Per definitionem süsse Weine wie Sauternes sind in sonnenreichen Jahren süsser und voller, da in den Trauben mehr natürlicher Zucker vorhanden ist, der in Alkohol und Restzucker umgewandelt werden kann. Weine, die der Erzeuger nach Gutdünken süss ausbaut, wie z. B. die aus Vouvray, Anjou oder dem Elsass kommen nur in Jahren auf den Markt, in denen die Trauben

einen entsprechenden Zustand der Überreife erreichen. Diese Überreife ist der entscheidende Faktor, und unter geeigneten Klimabedingungen erreichen die meisten noblen Rebsorten eine hohe Zuckerkonzentration. Bei ganz bestimmten Klimabedingungen geschieht dies durch die Edelfäule *(pourriture noble)*. Versuche, in Jahren, in denen die Trauben nicht voll ausreifen oder in denen keine Edelfäule auftritt, einen harmonischen süssen Wein zu erzeugen, sind meist nicht sehr erfolgreich.

Feine Süssweine dürfen bei aller Süsse nicht pappig sein. Sie sollten süss aussehen, wie auch sehr trockene Weine trocken aussehen. Man trinkt sie meist am besten für sich alleine.

FARBE	BUKETT	GAUMEN	BEMERKUNGEN
Condrieu 1988 E. Guigal			Ampuis, Rhône, Frankreich
Auffälliges, klares, brillantes, jugendliches Blassgelb, klebt beinahe am Glas.	Stiebende, exotische Aromen von reifen Pfirsichen, Aprikosen, mit Zitrus-Elementen, wunderbarer Extrakt.	Ähnliche Explosion reiner Freude: Reich, ölig, rassig, erlesener Fruchtextrakt, brillante Kellerkunst, köstlich.	Paradebespiel eines Condrieu, exotisch und sinnlich, reich aus einem sehr reifen Jahr, mundfüllende, lebendige Frucht, dabei ein harmonischer, grosser Wein.
Bonnezeaux 1986 Ch. de Fesles, J. Boivin			Anjou, Loire, Frankreich
Saubers, blasses Gelb, für einen 1986er recht bleich, noch keine Fülle.	Noch eine Spur Kohlensäure (die teilweise die bleiche Farbe bedingt), jedoch kommt bereits eine honigartige, florale, wächserne Frucht zum Vorschein.	Gute Säure, voll und vibrierend mit mittlerer Süsse. Noch vorhandene Kohlensäure überdeckt etwas die Geschmeidigkeit. Floraler, honigartiger, lebendiger Abgang.	Ein schöner Wein, noch zu jung, aber ein gutes Exemplar eines Chenin Blanc mit seiner Balance von Reichtum und Frucht. Braucht noch fünf Jahre.
Gewürztraminer Bollenberg 1986 Théo Cattin			Elsass, Frankreich
Saubers Hell- bis Mittelgelb, eine Spur Grün, sehr reich und ölig.	Üppig exotisch und nachhaltig, Lychees, Ananas.	Mundfüllend, reich und ölig, mit einer würzigen Aromafülle und einem leicht honigartigen Abgang.	Reich, endet etwas kurz nach einem beeindruckenden Anfang, klassischer Gewürztraminer des schweren Typs (13%), ausserordentlich aromatisch und anhaltend.
Burgmeister Nachfolger 1985 **Scheurebe Auslese**			Langenlonsheim, Deutschland
Blasses Gelb (1985) mit grünlichen Anklängen, die auf das nördliche Klima und gute Säure hinweisen.	Schöne, mundwässernde Fruchtaromen, beherrscht von zitrusartigem, grapefruitartigem Stil.	Recht reich und honigartig, Sommerfrüchte. Schöne Balance mit Frische und sauberer Säure.	Ein schöner Wein, nicht übermässig lang im Abgang, mit blumiger mittlerer Süsse und voller »joie de vivre«. Am besten für sich zu trinken.
Jurançon 1987 Domaine Cahupé			Monein, Pyrenäen, Frankreich
Volles Mittelgelb, noch jugendlich mit grünen Reflexen, ins Goldene spielend. Sehr reich.	Ausserordentlich anhaltend, reich, honigartig mit Obertönen von Gewürzen und Limonen, eine herrliche Konzentration reiner Frucht.	Reich, ölig, Honig und Blüten, voll und üppig, jedoch durch eine kräftige Säure im Gleichgewicht. Beeindruckende Länge, konzentriert, aber nicht wuchtig.	Ein herrliches Exemplar einer seltenen Appellation, die jetzt verdientermassen wieder Anerkennung findet. Braucht einen Vergleich mit den besten Süssweinen der Welt nicht zu scheuen.
Ch. Lafaurie-Peyraguey 1985 **1er Grand Cru Classé**			Sauternes, Frankreich
Volles Gelb mit einer Tendenz ins Goldene, aber auch mit einer Spur Grün. Üppig.	Sehr florales, treibhausartiges Honigbukett mit Anklängen einer grossen Süsse, aber nicht zu wuchtig.	Reiche Honig- und Lanolinaromen, malzige Süsse. Grossartiger Fruchtextrakt, hoch im Alkohol, aber gute Säure. Üppiger, beeindruckender Abgang.	Vollsüsser Sauternes aus einem guten Jahr; hat nicht die limonenartige Säure des Jurançon oder des Ch. Climens, dafür aber gekonnt eingesetzte Eiche. Ein Wein zum Aufbewahren.

FARBE	BUKETT	GAUMEN	BEMERKUNGEN

Ch. Climens 1983   1er Grand Cru Classé · Barsac, Sauternes, Frankreich

Mittleres Gelb, leicht grünliche Anklänge, beginnendes Goldgelb, aber bleicher als der Lafaurie-Peyraguey.	Honigartige, wächserne, sehr reife Sémillon-Frucht, grosse Beständigkeit, Muskatton von der Edelfäule, reich und komplex.	Setzt mit wundervollem Honigaroma ein, trotz hoher Konzentration und natürlich hohem Alkohol durch eine perfekte Säure in sehr schönem Gleichgewicht. Ein mächtiger Wein, aber vollständig harmonisch.	Ein klassischer Wein aus einer guten Lage und einem hervorragenden Jahr. Kompromisslose Liebe zum Detail bringt Spitzenqualität hervor. Übertrifft noch den sehr guten vorherigen Wein.

Lindemans Griffith Botrytis Selection Sémillon 1987 · NSW, Australien

Volles mittleres Gold mit einer Spur Bernstein, sehr reich und voll.	Kraftvolle, konzentrierte, honigartige Pfirsich-/Aprikosenaromen, sehr fruchtig, sehr viel Extrakt.	Sehr reiche malzige Frucht, vollsüsser, exotischer Aprikosenton. In der Mitte fast zu viel Honig, jedoch greift eine lebendige Säure hilfreich ein.	Ungemein reich, üppig mit limonenartiger Frische. Niedriger im Alkohol und von intensiverer Süsse als der Sauternes.

Beringer Nightingale Botrytised Sauvignon Blanc 1983 · Napa, USA

Volles Goldgelb, sehr reich und üppig.	Eine schwache Spur von Johannisbeerblättern, gefolgt von honigartiger Frucht mit exzellenter Säure, die die Frucht zügelt.	Ausserordentlich süss, sehr honigartig, geschmeidiger Aprikosenton. Etwas wuchtig im Vergleich zum Climens, aber sehr gelungen, grosse Länge.	Eine sehr traubenartige (Sauvignon) Süsse im Vergleich zum Lindemans, der komplexer mit höherer Konzentration ist. Sehr schön.

Isola e Olena   Vin Santo · Toskana, Italien

Klare, bleiche Bernsteinfarbe, nicht wirklich golden, Farbe eines alten Amontillado.	Konzentrierte Walnuss- und Mandelaromen. Erinnert eher an einen Malvasia als an einen nicht verstärkten Wein.	Dieselbe Aromafülle mit einem würzigen Obstton und Elementen von Marzipan. Lang nachtönendes Aroma, das nicht von Wucht gestützt zu werden braucht.	Ein sehr schöner, ausgeglichener Wein. Sein reines, leicht getoastetes Aroma erhält seine Fülle aus dem Eintrocknen der Trauben und endet daher trockener als die vorangegangenen fünf Weine.

Tokai Aszu 1979   5 puttonyos   Tokaji Wine Trust · Ungarn

Bernstein- oder Mahagonifarbe eines Amontillado oder Madeira.	Honigartiges, nussiges und zugleich fruchtiges Bukett, intensiv und konzentriert, sehr anhaltend.	Grosse Fruchtkonzentration mit hoher natürlicher Säure, Karamellaromen, die von quittenartiger Frucht unterstützt werden. Sehr schön und lang.	Kein verstärkter Wein, obwohl man dies meinen könnte. Etwas reicher als der Vin Santo, aber ein mehr konzentrierter als üppiger Abgang. Kann lange reifen.

Icewine 1987   Inniskillin · Niagara Peninsula, Kanada

Bleiches Bernsteingold, reich und üppig, sehr ansprechend.	Gewaltige Konzentration von Zucker und schweres Aprikosen-Aroma, gefolgt vom Eindruck einer sauberen, straffen Säure.	Reiche Süsse, höhere Zuckerkonzentration als selbst eine deutsche TBA und eine harmonisierende Säure. Mächtig, beeindruckend, nicht übermässig komplex.	Ausserordentlicher kanadischer Wein, überwältigender noch als die deutsche Art. Der konzentrierteste Wein der Verkostung.

Verkostung/Leichte Rotweine

Bei dieser Verkostung betrachten wir Weine, die man am besten jung trinkt. Leichte Rotweine kann man wie sehr trockene Weissweine aufbewahren; ihr Reiz liegt indes vor allem in ihrer Frische und Frucht. Was wir suchen, ist lebendige Frucht, frische Säure und möglichst wenig Tannin. Die ganz einfachen Alltagsweine bleiben hier unberücksichtigt, da sie ohnehin für den sofortigen Konsum verschnitten werden und niemals haltbar sind. In dieser Verkostung befinden sich, um das Spektrum interessanter zu machen, auch Weine, die im Grunde eher zur Verkostung der mittleren Rotweine gehören. Nicht berücksichtigt sind auch Weine wie die französischen Corbières und Minervois, die zwar in der Regel jung getrunken werden, aber doch nicht zu den sehr leichten Weinen gehören. Gemeinsam ist den Weinen in dieser Verkostung, dass sie trinkfertig sind; einige können vielleicht noch reifen, sind aber jetzt auf dem Höhepunkt.

FARBE	BUKETT	GAUMEN	BEMERKUNGEN
Beaujolais-Village 1988 Georges Duboeuf			Beaujolais, Frankreich
Pulsierendes, jugendliches Karminrot mit ausgeprägt violettem Rand.	Ansprechende Aromen von zerdrückten reifen Früchten. Anklänge von Veilchen, sehr hübsch.	Unmittelbar einsetzende Frucht, deutlich am Gaumen sich entwickelnde Frucht, derselbe Eindruck zerdrückter reifer Früchte wie in der Nase.	Gute Balance, Frucht, Säure und Länge. Typisch Beaujolais und Gamay. Gutes Beispiel aus einem festen, fruchtigen Jahr.
Chinon 1988 Domaine de Roncée			Lanzoult, Loire, Frankreich
Recht volles, jugendliches, violettes Karminrot, sehr reizvoll.	Lebendige, spontane Frucht, leicht floral und kräuterartig, weicher als der Beaujolais. Weniger aggressiv.	Jugendliche, saftige Frucht mit Himbeerton, leicht erdige Geschmeidigkeit in der Mitte mit einem lebendigen Abgang.	Ein lebendiger Wein, gut zum Zechen, aber mit ausreichend tiefer Frucht und unverkennbarem Stil (der Cabernet Franc konstrastiert den Gamay sehr schön), wird noch ein bis zwei Jahre halten.
Dry River Pinot Noir 1988			Marlborough, Neuseeland
Schönes, helles Karminrot mit hellviolettem Rand. Sehr ansprechend.	Fruchtige Aromen von Schwarzen Johannisbeeren; von sauberem, einfachem Stil.	Sofort einsetzender weicher Pinot, Himbeeren/Schwarze Johannisbeeren, ehrlich mit etwas Säure.	Angenehm fruchtiger, unverwechselbarer Pinot noir. Leichtigkeit weitgehend auf junge Reben zurückzuführen. Künftige Jahrgänge dürften komplexer sein.
Sancerre Rouge 1987 Domaine de Montigny			Sancerre, Frankreich
Volles, reiches Karminrot, jugendlich und lebendig, aber kein Violett mehr.	Gesunde, recht konzentrierte Pinot noir-Aromen, Himbeeren, von einem Hauch Holz unterstützt, überraschend gute Tiefe.	Ziemlich intensiver Fruchtextrakt, ebenfalls mit einer Spur Holz, recht komplex und gar nicht in dem problemlosen, fruchtigen »Primeur«-Stil.	Könnte eher für einen geringeren Côte de Nuits als einen Pinot noir von der oberen Loire gehalten werden; exzellenter Extrakt, insbesondere für dieses Jahr.
Malteser Blauer Zweigelt 1987 Trocken Souveräner Malteser Ritterorden			Kommende Mailberg, Österreich
Frisches, jugendliches volles Rubinrot mit violettem Rand. Ziemlich reich.	Fruchtige, kirschenartige Aromen, eine Andeutung von Pinot noir oder Gamay.	Angenehme, jugendliche Rebenaromen, leichter Erdton, aber durch und durch ein Zechwein, entsprechende Säure.	Angenehmer, umstandslos leichter, fruchtiger Rotwein. Kühl zu trinken. Eine ausgezeichnete Alternative zum Beaujolais.
Côtes du Rhône 1987 Domaine Rabasse-Charavin			Cairanne, Rhône, Frankreich
Mittleres, recht dichtes Granatrot, heller Rand.	Würzige pfeffrige Aromen mit Anklängen von reifen Früchten und Blumen, unleugbar ein warmes, südfranzösisches Bukett.	Feste Frucht beim Einsetzen, gefolgt von einem weichen, warmen, leicht lakritzartigen Ton. Schöne Balance, eine weichere, reichere Frucht als der manchmal etwas eckige Gamay.	Sehr gut gemachter Wein aus einem leichten Jahrgang, der die geschmeidige Frucht der Côtes du Rhône zeigt ohne das Tannin der körperreicheren Rotweine (siehe Seite 152).

FARBE	BUKETT	GAUMEN	BEMERKUNGEN

Chianti Classico 1986 Podere Capaccia

			Radda in Chianti, Italien
Volles, reiches Rubinrot mit leicht ziegelrotem Rand, warmer Ton.	Aromen von Trockenfrüchten und Gewürzen, ein Hauch von Tee, reife Frucht, aber nicht überreif oder überreich.	Feste, klare Frucht am Gaumen, im Abgang etwas mager und ledrig mit der typischen Chianti-Säure, Persönlichkeit gut erkennbar.	Ein gut gemachter und gut abgestimmter Chianti aus einem mittleren Jahr, als Begleiter zum Essen gedacht. Im Stil ein völliger Kontrast zur Fruchtigkeit der drei ersten Weine.

Valpolicella Classico Superiore 1985   Allegrini

			Veneto, Italien
Mittleres, fast bleiches Ziegelrot, sehr sauber und noch jugendlich aussehend.	Schönes, rosenartiges Bukett, eine gewisse Süsse beim Einsetzen, dann trockener werdend.	Saubere, kirschenähnliche Fruchtaromen, eine Spur Holz und ein Hauch Bittermandeln. Schöne Harmonie. Recht langer, trockener Abgang.	Schöner langer Geschmack trotz der leichten Farbe, harmonisch und komplex. Wie der Chianti ein Wein zum Essen. Auf dem Höhepunkt.

Mercurey 1985 1er Cru Clos du Roy   Faiveley

			Nuits-Saint-Georges, Frankreich
Mittleres Granatrot, recht reich, fester Rand, keine Spur von Schwäche.	Sehr reizvolles, leicht konzentriertes Pinot noir-Bukett: Gemischte Früchte, Himbeeren, dann erdige, vegetale und animale Übertöne. Klassisch.	Schöner Pinot-Einsatz, pure reife Frucht mit Terroir, gute Säure durch Holzausbau. Tannin beginnt sich abzubauen, hält aber den Wein im Gleichgewicht.	Sehr schönes Beispiel für die Rotweine der Côte Chalonnaise. Mustergültig für einen leichten Pinot Noir (siehe Seite 166). Jetzt köstlich, hält sich aber noch.

Ch. Patache d'Aux 1985   Cru Bourgeois

			Médoc, Frankreich
Sehr schönes, tiefes Karmesinrot, reich und fruchtig. Gute Farbintensität vom Cabernet-Sauvignon in einem reifen Jahr.	Bukett von reifen Früchten, Trockenfrüchten, Gewürzen, Nüssen, sogar Leder, prägnant und anhaltend.	Setzt kräftig ein und endet ein klein wenig kurz, wie es für die Weine des nördlichen Médoc typisch ist. Nicht zuviel Eiche, jetzt trinkfertig, wird aber noch fünf Jahre halten.	Ein klassischer Médoc mittlerer Qualität, perfekter Kontrast Burgund-Bordeaux mit dem vorangegangenen Wein. Beide sind nicht eigentlich »leicht«, aber von einem harmonischen, zugänglichen Stil.

Rioja Crianza 1984   Gran Condal   Bodegas Rioja

			Santiago, Spanien
Sauberes, mittleres Rot, beginnender Mahagoniton.	Verhaltene Frucht, rote Johannisbeeren überwiegend, recht schlank, Holz vorhanden.	Ehrlich, Frucht und Holz gut ausgewogen, aber ohne den Schwung der anderen Weine in dieser Verkostung. Im Abgang noch eine Spur Vanille.	Ein leichter Rioja aus einem mittleren Jahr, möglicherweise jenseits des Höhepunkts, aber ausgeglichen und von klarem Profil.

Quinta de Camarete 1984   J-M da Fonseca

			Azeitão, Portugal
Festes, jugendliches Rot, sieht ebenso jung aus wie der Patache d'Aux, aber nicht so voll.	Konzentriertes Fruchtbukett, leichter Erdton, reich, aber nicht wuchtig.	Beim Einsetzen etwas Vanille und Eiche; süsser konzentrierter Frucht folgt trockene Frucht im Abgang, ziemlich herb wegen möglicherweise hoher flüchtiger Säure.	Reizvoller, ansprechender trockener Wein mit süss einsetzender Frucht. Gutes Exemplar, auf dem Höhepunkt.

Verkostung/Mittlere Rotweine

In diese Verkostungsreihe fallen die meisten roten Tischweine. Die leichteren Weine weisen kaum einmal weniger als 11% Alkohol auf, während auch die schwersten unter 14% bleiben. Der Durchschnitt dürfte etwa bei 12,5% liegen. Gesucht sind hier freilich nicht nur mittleres Gewicht, sondern auch etwas mehr Tiefe, Komplexität und bessere Harmonie: Weine mit Potential.

Wir haben eine internationale Selektion von Weinen zusammengestellt, wobei viele der Appellationen oder Gebiete aus der Verkostung der leichten Rotweine wieder erscheinen. Die hier vorgestellten Weine kommen entweder aus besseren Jahrgängen, von älteren Reben oder von besseren Lagen der Appellation. Dasselbe gilt für die sich anschliessende Verkostung körperreicher Rotweine.

Unter »mittleren« Rotweinen sind weder zu leichte noch zu schwere Weine zu verstehen, die aber keineswegs von »mittlerer« Qualität sind. Leichte Weine sind jung zu trinken; volle, intensive Weine reifen in der Regel sehr gut; was hier interessiert, ist Balance, Komplexität und Potential.

FARBE	BUKETT	GAUMEN	BEMERKUNGEN
Fleurie 1988 Domaine de Quatre Vents Georges Duboeuf			Beaujolais, Frankreich
Fabelhaftes, reiches, fruchtiges Violettrot, ausserordentlich markant, typisch für ein sehr gutes Jahr.	Fruchtig, aber fest. Reife Früchte: Granatapfel, Himbeere, durch Fassausbau gestützt.	Elegante Frucht im Vordergrund mit einer Intensität und Tiefe, die sich deutlich gegenüber dem Beaujolais-Villages abhebt (siehe Seite 148). Elegant, mineralisch, Holzton.	Trinkbar, aber die Eleganz, Tiefe und das Fleurie-*terroir* zeigen, dass er noch lagern sollte. Besser kann Gamay kaum sein.
Ch. Smith-Haut-Lafitte 1986 Grand Cru Classé Graves			Bordeaux, Frankreich
Reiches, tiefes Karminrot, sehr jung (noch purpurne Ränder), erlesen.	Eine Spur neuer Eiche, klare, anhaltende Frucht, überzeugend und sauber. Ein Graves modernen Stils, frisch und attraktiv.	Anhaltende, geschmeidige, rosenartige Frucht, noch eine Spur Eiche am Anfang, weniger am Ende; etwas kurz, könnte extraktreicher sein.	Graves guter Qualität, dem es am Gaumen etwas an Intensität mangelt. Mehr auf Eleganz ausgerichtet und relativ jung zu trinken.
Santa Rita Cabernet Sauvignon 1986 Riserva			Maipo Valley, Chile
Tiefes, jugendliches Karminrot, intensive Kirschtöne, brillant.	Jugendliche, aromatische und stiebende Frucht: Johannisbeerblätter, Himbeeren, höchst ansprechend, leicht süss.	Rauchige, feste Frucht, noch recht hartes Tannin von der Eiche. Setzt frisch und würzig ein, schlanker und rauher im Abgang. Muss sich noch harmonisieren.	Guter Extrakt, köstlich würzige Frucht, gutes Potential von einer Lage, die sich fast noch im Versuchsstadium befindet (siehe den 1985er, Seite 164).
Orlando Cabernet Sauvignon 1986			Coonawarra, Südaustralien
Sehr reiche, volle, junge Rosinenfarbe, keine Spur von Alter, noch fast opaque.	Festes, rustikales Bukett von zerdrückten Früchten, Schwarzer Johannisbeeren und Blaubeeren.	Derselbe Eindruck süsser zerdrückter Früchte am Gaumen, sehr fruchtig mit guter Säure, trotz der Vanille-Eiche, Schwarze Johannisbeeren dominieren.	Recht gute Balance, jedoch beeinträchtigt die übermässige Frucht den Sortencharakter. Ohne definitives *terroir*, gut zu trinken, aber einfach im Vergleich mit trockeneren Weinen.
Crozes-Hermitages 1986 Domaine de Thalabert Paul Jaboulet Aîné			Rhône, Frankreich
Ganz aussergewöhnliche Farbe, reich, fast schwarz, von fast undurchdringlicher Dichte.	Intensive, rauchige, animalische Aromen, sehr konzentriert. Unverkennbar sehr strenge Selektion und tadellose Vinifikation.	Gewaltige Extraktfülle, auch sehr tanninreich, ein mächtiger, fast altmodischer Wein, intensiv, rauchig-würzige Frucht, hohe natürliche Säure.	Ein robuster Wein, eher ein körperreicher als ein mittlerer Rotwein, aber doch noch weniger kraftvoll als der Hermitage 1983 (siehe Seite 153). Wird frühestens in drei Jahren elegant.

FARBE	BUKETT	GAUMEN	BEMERKUNGEN

Chinon 1985   Château de la Grille — *Chinon, Loire, Frankreich*

Volles, tiefes Karmin-/Rubinrot, noch sehr jung und recht intensiv.	Eine Fülle von Extrakt, wacholderartige Frucht mit ledrigen, holzigen Obertönen. Trockenes Bukett, Pauillac-Stil.	Lange Mazeration auf den Schalen und langer Fassausbau haben sehr viel Extrakt gebracht, aber die Frucht des Cabernet-Franc und das *terroir* von Chinon dominieren doch. Braucht noch Zeit.	Ein gewichtiger, komplexer Wein, das Gegenteil des Chinon 1988 (siehe Seite 148). Geht deutlich in Richtung Bordeaux Cru Classé, wobei etwas von der reizvollen Frucht verloren gegangen ist. Gutes Reifepotential.

Chambolle-Musigny 1985   Domaine Roumier — *Côte d'Or, Frankreich*

Mittleres, klares Kirschrot, recht reich, könnte für das Jahr vielleicht etwas tiefer sein.	Reiches Fruchtbukett, eher gedünstete Früchte als die zerdrückten Früchte jüngerer Weine, insbesondere der Gamays. Mehr Finesse als Intensität.	Aromen von süssen roten Früchten, hauptsächlich Erdbeeren, eine Spur Eiche (alt). Ansprechend, harmonisch, viel Finesse.	Ein gutes Beispiel für die Eleganz eines Chambolle-Musigny, könnte aber nachhaltiger sein. Vom Gewicht ähnlich wie der Mercurey 1985 (siehe Seite 149).

Quinta da Cotta 1985   Grande Excolha — *Douro, Portugal*

Sehr reiche Farbe, der intensive Ton Schwarzer Johannisbeeren, kein Alter. Der Vergleich mit dem Chambolle lässt den Unterschied deutlich werden, den u. a. die Rebsorte ausmacht.	Lebendiges Wacholderbukett, Würze, Holz und Frucht im Verein.	Volles, ehrliches, solide fruchtiges Aroma, guter, schlanker Abgang, eine deutliche Spur *terroir* vom Granitboden, noch sehr jung.	Ein robuster, aber schlanker, fester Wein, ein völliger Kontrast zum Stil des Smith-Haut-Lafitte, wuchtiger als die meisten Weine dieser Verkostung.

Bandol 1984   Domaine de Pibarnon — *La Cadière d'Azur, Provence, Frankreich*

Reiches, fleischiges Rot, sehr jung für einen 1984er. Intensiv.	Würziger, erdiger, fast ledriger Eindruck mit warmer Frucht.	Recht körperreich für ein mittleres Jahr in Bandol, ein eleganter, würziger Wein mit reichlich Frucht, stabil, schlank, aber nicht mager.	Weniger gut als die exzellenten 1983er und 1985er, zeigt aber die schlanke Kraft der Mouvèdre.

Trefethen Cabernet Sauvignon 1984 — *Napa Valley, Kalifornien, USA*

Sehr schönes, tiefes Karmin-/Rubinrot, jung und recht reich.	Ausgeprägte Brombeeren/Johannisbeeren, nachtönende süsse Frucht.	Pfeffrige, würzige Aromen, eine Spur Vanille von der Eiche, Brombeeren mit grünem Pfeffer zugleich am Anfang, lebendiger Abgang.	Gut gemachter kalifornischer Cabernet, vielleicht am Anfang etwas süss, am Ende aber mit sauberem Tannin. Mit einem guten Médoc Cru Bourgeois vergleichbar.

Ch. Le Bon-Pasteur 1983 — *Pomerol, Frankreich*

Volle Farbe, tiefes Ziegelrot, sehr solide und kaum Altersspuren.	Konzentrierte Fruchtnase, gefolgt von Lakritz, teerartige, etwas gebackene Anklänge und exotische Gewürze, ein schöner, reicher Pomerol.	Geschmeidige, intensive, reiche Frucht, rauchig, Trüffeln, Erdaromen, reich und fest zugleich.	Wunderbar harmonischer Wein, grossartiger Extrakt und Länge, ein ausgezeichneter Wein kurz vor dem Höhepunkt. Der beste Wein dieser Verkostung.

CUNE Viña Real Gran Reserva 1976 — *Spanien*

Mittleres Rot, das am Rand in einen Tawny-Ton übergeht, deutlich reif, was angesichts des Jahrgangs nicht überrascht.	Reife Früchte, rote Johannisbeeren, reizvolle Süsse und noch sehr jung.	Köstliche geschmeidige Textur, im Abgang noch etwas Säure und Tannin, aber schöne Balance und Süsse, nachtönende Frucht.	Durch seine Frucht erinnert er an einen reifen Côte de Beaune. Noch eine Spur Holz. Sehr gut zum Essen. Vorzügliches Exemplar eines dreizehn Jahre alten Weines.

Verkostung/Körperreiche Rotweine

Leichte Rotweine können und müssen jung getrunken werden; Rotweine mit mittlerem Körper können ebenfalls, aber sollten nicht zu jung getrunken werden; körperreiche Rotweine dürfen nicht jung getrunken werden. Daher werden wir bei dieser Verkostung keine bloss alkoholreichen Weine betrachten, sondern solche mit grosser Tiefe, viel Extrakt und Tannin und entsprechend gutem Reifepotential.

Wir haben den Rahmen recht weit gesteckt, wobei

Frankreich insbesondere mit den kraftvollen Weinen der Rhône vertreten ist. Einige körperreiche Burgunder und Bordeaux erscheinen bei den Pinot noir- und Cabernet-Sauvignon-Verkostungen. Bei den ausserfranzösischen Weinen halten sich die klassischen und die einheimischen Rebsorten die Waage.

Das Potential liegt hier in den Rebsorten und im Boden; ergänzende Faktoren sind die Jahrgangsbedingungen und die Qualität der Vinifikation.

FARBE	BUKETT	GAUMEN	BEMERKUNGEN
Ridge Zinfandel 1986			Geyserville, USA
Schöne, tiefe, reiche Frucht, jugendliche Rosinenfarbe, noch ein violetter Rand.	Ausgeprägte primäre Fruchtaromen: Schwarze Johannisbeeren und Brombeeren, weich und würzig.	Üppige Aromen, sehr rosinenartig, überwiegend Brombeeren, leicht wacholderartige Obertöne aufgrund eines geringen Anteils Petite Syrah und Carignan.	Ein lebendiger, rosinenartiger Zinfandel, der noch ein bis zwei Jahre braucht. Leichter im Stil als der Crozes-Hermitage Thalabert (siehe Seite 150), aber noch in der Kategorie der Körperreichen.
Bonnes-Mares 1985 Roumier			Côte d'Or, Frankreich
Volles Schwarzkirschrot, samten und reich, eine Spur von Alter. Eine sehr schöne Farbe, zehnmal so dunkel wie der Chambolle-Musigny.	Konzentrierte, reiche, vielschichtige Frucht. Kein neues Holz, das die reine Frucht überdeckt, und doch ist Holz vorhanden. Herrlich tiefes burgundisches Pinot-Bukett.	Fest, aber sinnlich; sauber strukturiert, seidig, aber solide, entwickelt eine Spur Wildbretaroma. Feste Säure, grossartiger Extrakt und tadellose Harmonie.	Ein sehr schönes Beispiel eines Côte de Nuits mit weniger Fett als viele 1985er. Exzellenter Extrakt, Tannin. Grosse Lage, grossartige Vinifikation. Ein Markstein.
Wynns Cabernet Sauvignon 1985 John Riddock Coonawarra Estate			Südaustralien
Mächtige, intensive Farbe, tiefes Karmesinrot, samtener Ton, noch sehr jugendlich. Reich und fett.	Konzentrierte rote Früchte, eine Spur Zedernholz, ein Hauch Eukalyptus, anhaltend mit einsetzender köstlicher Komplexität.	Intensive, reife Frucht, konzentrierte Schwarze Johannisbeeren und Gewürze. Massvoll eingesetzte Eiche, harmonischer als die meisten australischen Cabernets. Beeindruckender Abgang.	Reiche Frucht, aber ausgeprägter Cabernet-Abgang, exzellente Balance, Gewicht und Finesse. Ein Weltklassiker.
Beringer Cabernet Sauvignon 1985 Knight's Valley Vineyard			Sonoma, Kalifornien, USA
Reiches, lebendiges Purpurrot, noch sehr jung und dicht, reicher im Glas als der vorige Wein.	Konzentrierte Blätter von Schwarzen Johannisbeeren und grüne Paprikas, sehr reich, intensiver Extrakt, eine Spur vegetal, muskulös und kraftvoll.	Mächtiger Wein, sehr viel Extrakt und intensive reife Frucht, aber im Moment noch sehr tanninreich, wenig Finesse. Braucht noch viele Jahre.	Aggressiver im Extrakt und Tannin als der Wynns. Ein grosser, die Zähne beschlagender Cabernet alten Stils, eine »Bombe«, die noch Zeit braucht.
Châteauneuf-du-Pape 1985 Ch. Rayas			Rhône, Frankreich
Volles, lebendiges, dichtes Karmesinrot, keine Spur von Alter, jedoch fehlt der jugendliche Violettrand.	Unglaublich intensiver, fast spritziger Eindruck, hoch im Alkohol, gefolgt von der süssen rustikalen Frucht eines sehr reifen Grenache.	Voll und süss mit gewaltiger Präsenz, zur Zeit noch im Einsetzen konzentriert, wobei die lange Fasslagerung etwas flüchtige Säure und festes Tannin hinterlassen hat.	Ein grosser Wein, noch zu wuchtig und nicht der Stabilste nach modernen Begriffen, wird sich aber mit der Zeit zu einem superben Châteauneuf entwickeln.
Barolo Monprivato 1984			Piemont, Italien
Volles jugendlich tiefes Karmesinrot, tiefer und reicher und mächtiger aussehend als der Château Rayas.	Würzig, recht schlank und noch holzbetont, aber mit einem guten Extrakt teeriger Frucht, die durchbrechen möchte.	Tanninreich, schlank, muskulös, »altmodisch« (d. h. keine rosinenartigen Tannine), ein strenger und fast unnahbarer Wein; grosse Tiefe und Reserve, braucht noch Zeit.	Noch sehr tanninreich (Fassausbau plus natürlicher Extrakt), hohe natürliche Säure. Wird sehr gut sein, wenn auch immer etwas massiv.

FARBE	BUKETT	GAUMEN	BEMERKUNGEN
Torres Gran Coronas Reserva 1982 (Black Label)			Penedès, Spanien
Sehr körperreiches, reiches Tiefrot, ähnelt einem Ruby-Port, keinerlei Altersanzeichen.	Eine Mischung aus reichen Früchten und Holz, gewürzartig (Muskatnuss), minzig und sogar ledrig. Entwickelt sich noch.	Volle, würzige Frucht, reiche Eindrücke von Rosinenkuchen, noch fest und etwas tanninbetont, aber wegen reifer Frucht am mittleren Gaumen weich. Säure und Tannin in gutem Gleichgewicht.	Sehr ausgewogener komplexer Wein, der sich jetzt öffnet. Der Cabernet-Sauvignon (100%) kommt dem rosinenartigen Torres-Stil sehr entgegen.
Hermitage »La Chapelle« 1983 Jaboulet Aîné			Tain l'Hermitage, Rhône, Frankreich
Sehr intensives, tiefes Rubinrot, klar, aber noch fast undurchdringlich solide, keine Spur von Alter.	Konzentrierte Schwarze Johannisbeeren, Brombeeren; Wacholder; intensiv, beginnt sich gerade zu öffnen.	Mengen von Extrakt, eine Fülle von Aromen und Tannin, überwiegend aus dem Fassausbau. Hinterlässt einen kantigen, vegetalen Eindruck, der Langlebigkeit garantiert.	Intensiv und kernig, hat nicht die aromatische Frucht des Crozes-Hermitage Thalabert 1986 (siehe Seite 150), übertrifft ihn aber hinsichtlich Struktur und Potential.
Châteauneuf-du-Pape 1981 Ch. de Beaucastel			Courthezon, Rhône, Frankreich
Reiches, tiefes Rubinrot, eine Spur festes, ledriges Mahagoni, für den Jahrgang lebendig und jugendlich.	Stechender Wildbretgeruch mit konzentrierten Früchten, Reife und Reichtum und eine Spur Holz. Beginnt sich zu öffnen.	Beeindruckendes Gleichgewicht zwischen der süssen Frucht eines Châteauneuf-du-Pape und komplexer Schlankheit, wobei sich die unterschiedlichen Rebsorten zur Geltung bringen. Sehr schönes Gleichgewicht zwischen Frucht und Holz.	Ein sehr individueller Wein, für einen Châteauneuf wenig Grenache und viel Mourvèdre, mehr Struktur als Fett, mehr Tiefe als Alkohol. Ein Kontrast zum Château Rayas.
Côte-Rôtie »La Landonne« 1981 E. Guigal			Ampuis, Rhône, Frankreich
Sehr tiefes Schwarzkirschenrot, Farbextrakt haftet an der Wand des Glases.	Reiche, fast portartige konzentrierte Frucht, gesteigert durch einen Hauch flüchtiger Säure, mit Brombeeren und Gewürzen.	Mächtiger, fast wuchtiger Geschmack, ein köstlicher Eindruck völlig reifer Frucht, gekonnt eingesetztes Holz, das die Fülle im Gleichgewicht hält. Geschmeidig, ölig, mit fester Struktur.	Ein ausserordentlicher Wein aus einem mittleren Jahr in der nördlichen Rhône. Grosse Harmonie und Beständigkeit des Aromas, mächtig und elegant zugleich.
Jean Léon Cabernet Sauvignon 1978			Penedès, Spanien
Volles, reiches, rosinenartiges Rot von Schwarzen Johannisbeeren, für einen 1978er eine ausserordentlich junge Farbe, mit einem Reichtum, der das Glas beschlägt.	Reiches, würziges, insbesondere pfefferminzartiges Bukett, jugendliche reife Frucht.	Würzig, Schwarze Johannisbeeren und Minze, ausgeprägter Eichenton, der trotz der konzentrierten Frucht einen schlanken, tanninbetonten Nachgeschmack hinterlässt.	Schön konzentrierte Frucht, typischer Cabernet-Sauvignon aus einem warmen Land, möglicherweise zu lange Fasslagerung vor der Abfüllung, aber doch beeindruckend.
Ch. La Mission Haut Brion 1978 **Grand Cru Classé Graves**			Bordeaux, Frankreich
Herrliche jugendliche Farbe: intensives Rubinrot, fast schwarz, keine Spur von Reife, von fast öliger Dichte.	Intensiv und würzig, mit erdigen, mineralischen Elementen, konzentrierte reife Frucht.	Mundfüllende, ausgeprägte Frucht, viel Eiche und Säure. Ein mächtiger, *trockener* Wein, noch sehr tanninreich und kantig.	Ein Wein alten Stils (vergleiche Barolo), fast mehr Pauillac als Graves, mit Ausnahme des Buketts. Etwas (zuviel?) *vin de presse* – Ein klassischer Mission.

Verkostung/Schaumweine

Bei dieser Verkostung werden unterschiedliche Stile von Schaumweinen vorgestellt. Der bekannteste Schaumwein ist natürlich der Champagner, und die *méthode champenoise* gilt als das beste und für viele Weinerzeuger und Weintrinker das einzige Verfahren, dem Stillwein zu Bläschen zu verhelfen.

Weil Schaumweine in der Regel verschnitten und immer »manipuliert« sind, ist das Traubenaroma (mit Ausnahme des Moscato d'Asti) weniger ausgeprägt als bei Stillweinen. Während Stillweine in der Regel zum Essen getrunken werden, dienen Schaumweine üblicherweise als Aperitif. Während der Champagner früher das Monopol bei diesem Weinstil hatte, streben heute auch andere Länder jene Harmonie von Geschmack und Finesse an, die den Ruf des Champagners begründet hat.

FARBE	BUKETT	GAUMEN	BEMERKUNGEN
Crémant de Bourgogne Brut o.J. Cave de Viré			Mâconnais, Frankreich
Reizvolles bleiches Gelb, gute *mousse*, kleine, beständige Bläschen.	Aroma von grünen Äpfeln, eine Spur Haselnüsse, aber insgesamt erfrischend herb.	Setzt lebhaft an mit anhaltender *mousse* am Gaumen, besser als Aperitif als zum Essen.	Recht kurzer Abgang und ziemlich hohe Säure (Aligoté), wird im Keller etwas weicher werden, aber doch sehr »brut« bleiben.
Asti Spumante NV La Brenta d'Oro			Piemont, Italien
Ansprechendes, zartes Hellgelb, schöne anhaltende *mousse*.	Sehr ansprechendes Muskat-Aroma, reine »joie de vivre«, wobei die Bläschen das Bukett steigern.	Leicht, spritzig, fruchtig, setzt süss ein, aber gutes Gleichgewicht durch limonenartige Säure. Sehr gut zum Zechen – nur 7% Alkohol.	Ein sehr schöner, gut gemachter Asti, rein und fruchtig, und in denkbar grösstem Gegensatz zum Crémant de Bourgogne.
Freixenet Cordon Negro Brut o.J. Cava			Spanien
Bleiches, sehr zartes Gelb, brillant, schöne *mousse*.	Sehr lebendig, fast rieslingartig (limonenartiger Oberton von Benzin) aufgrund der Parellada-Rebe.	Spritzig und lebendig, mit einer recht stürmischen *mousse*, die rasch zusammenfällt, keine grosse Tiefe.	Lebendig und von einem reizvoll süssen/fruchtigen Aroma. Gut als Aperitif, jung zu trinken.
Raimat Chardonnay Brut Nature o.J. Cava			Spanien
Rundes Gelb, eine schöne reife Farbe, ganz anders als der Freixenet, feine beständige *mousse* mit Stecknadelbläschen.	Floral, honigartig, eine köstliche wächserne Chardonnay-Frucht.	Setzt voll und recht reich ein, im Abgang sauber und trocken. Ein reifer Wein mit guter *mousse*. Viel besseres Gleichgewicht als der Crémant de Bourgogne.	Geschmeidige Lanolin-Textur durch erstklassige reife Trauben und Flaschenreife. Eine sehr schöne Flasche.
Omar Khayyam 1986 Brut			Maharasta, Indien
Sauberes, zitronenartiges Gelb, schöne, anhaltende Bläschen.	Saubere Frucht, leicht nussartiges Chardonnay-Bukett. Anklänge von Holz.	Sauberer trockener Geschmack und Abgang, schöne *mousse* und Textur, ganz im Cava-Stil, gut gemachter Wein.	Schöne Balance zwischen Säure und Frucht, gute Länge, wenig *terroir*, aber qualitativ besser als viele geringere Champagner.
Blanquette de Limoux »Laurens« Brut 1986 Cave de Chenevrières			Languedoc, Frankreich
Bleiches, weiches, blasses Strohgelb, sehr schöne, lebendige *mousse*.	Geschmeidig, etwas Geissblatt, reife Frucht und keine Säure im Hintergrund.	Voller Traubengeschmack, aber weniger markant und sommerlich als der Asti, ausgiebig schäumend, aber nicht aggressiv, sehr gut gemacht, schöne Länge.	Sehr schöner Schaumwein aus einer der ältesten Appellationen Frankreichs. Solche Weine sind durchaus keine Kopien des Champagners. Elegante, natürliche Frucht, brut im Abgang.

FARBE	BUKETT	GAUMEN	BEMERKUNGEN

Croser 1986 Brut — Petaluma, Südaustralien

Schönes bleiches Gelb mit limonenartigem Rand, sehr schöne *mousse,* dauerhaft, beeindruckende Erscheinung.	Sehr schöne reife Frucht, betonter Eindruck weisser Reben, elegant und lange nachtönend.	Aggressiver am Gaumen als erwartet, bisquitartiges, weiniges Aroma, was die Anwesenheit blauer Trauben verrät. Gute Länge, Struktur und vor allem eine schöne, cremige Textur.	Sehr schöne Balance, Blanc de Blancs in der Nase, mehr Pinot am Gaumen, perfekte Vinifikation, besser als alles andere aus Australien und ausgesprochen französischer Stil. Qualität aus Liebe zum Detail.

Vouvray Pétillant 1985 Brut Clos Naudia — Vouvray, Loire, Frankreich

Mittelvolles Gelb, eine Spur Gold, reif, anhaltende feine *mousse.*	Floral, fruchtig, aber diskret, Geissblatt, geschmeidige Frucht.	Klare, ausgewogene Frucht, *mousse* anhaltend aber nicht aggressiv, schönes Chenin-Aroma. *Mousse* durch lange Flaschenreife sehr schön integriert.	Sehr trockener Abgang, der das Geissblattaroma am Gaumen ergänzt. Ein vorzüglicher Schaumwein, perfekt zum Essen.

Veuve Clicquot Yellow Label Brut o.J. — Reims, Champagne, Frankreich

Sauberes, mittleres Gelb, schöne anhaltende *mousse,* klassisch.	Nussiges, toastartiges Bukett, recht cremig, schöne Balance und Frucht.	Schöner Geschmack und lange Frucht, rote Trauben deutlich überwiegend, fast fleischiges Aroma, aber doch elegant. Verrät Flaschenreife. Sehr gut.	Ein »molliger«, weiniger Champagner mit Stil und *terroir,* die Qualität ergeben. Musterbeispiel eines jahrgangslosen Champagners.

Schramsberg Blanc de Noirs 1982 Brut — Napa Valley, Kalifornien, USA

Schönes, bleiches Gelb, nur eine Spur Gold, für einen 1982er noch sehr jung, schöne, beständige *mousse.*	Sehr reizvolles Toastbukett, eine Kombination von blauen Trauben und Eichenfässern. Ein sehr gelungener Stil.	Reich, fast weich, Toastaroma kehrt wieder, wird aber beherrscht von Weinaromen; beständige *mousse* und gute Tiefe.	Exzellente Balance, ein völliger Kontrast zum Croser, vereint Fleischigkeit mit Eleganz. Ein klassischer *méthode champenoise* der Extraklasse, kann mit dem Veuve Clicquot durchaus mithalten.

Bollinger 1979 RD Extra Brut (degorgiert am 21. 10. 1988) — Ay, Champagne, Frankreich

Mittleres Gelb, Anklänge von Gold, reife Farbe, Ausgezeichnete *mousse,* anhaltend und winzige Bläschen.	Phantastisches, hefeartiges, weiniges Bukett, grosse Tiefe und Komplexität.	Reich, weinig, voll ausgereift, hält aber noch Jahre. Man schmeckt fast die Fässer, in denen der Wein ausgebaut wurde, gewichtig, aber elegant, sehr lang.	Weinig und reif, aber noch ganz jugendlich, kräftige Säure, fast die pure Essenz des Champagners. Muss zum Essen getrunken werden. Ein Triumph.

Langlois Crémant Rosé Brut — Saumur, Loire, Frankreich

Höchst ansprechendes Lachsrosa, gute *mousse,* ein höchst erfreulicher Anblick.	Reine Frucht, Himbeeren und Erdbeeren vom Cabernet franc, aber angenehm diskret.	Geschmeidige und leicht süsse Frucht beim Einsetzen, wie es einem perlenden Rosé angemessen ist, der also kein Schaumwein ist.	Schöne Fruchtaromen mit einem weichen, reizvollen Abgang. Kein gewichtiger Wein, aber einer, der Freude macht.

Verkostung/Rosés

Bei dieser Verkostung vergleichen wir verschiedene Stilrichtungen Rosés. Spezielle Herkunftsbezeichnungen nur für Rosés gibt es sehr wenige. In Frankreich wären zu nennen Tavel und Rosé de Riceys. Ansonsten ist es den Winzern überlassen, ob er einen Rosé erzeugen will oder nicht. Während bei AOC-Weinen das Verschneiden von Rot- und Weiss*weinen* verboten ist, ist der Zusatz weisser *Trauben* zu blauen erlaubt, und zwar grundsätzlich bis höchstens 20%. Im Prinzip ist ein Rosé ein leichter Rotwein, wobei die ansprechende Farbe von einer sehr viel kürzeren Maischegärung als bei den

Rotweinen herrührt. Die Art der Vinifikation und des Ausbaus prägt den Geschmack ebensosehr wie das Herkunftsgebiet.

Eine Schlussfolgerung dieser Verkostung ist, dass Rosés frisch und ansprechend sein müssen und dass sie, von sehr seltenen Ausnahmen abgesehen, andernfalls ihren ganzen Reiz verlieren. Ein anderer Aspekt ist, dass Rosés vergleichsweise wenig Bukett aufweisen; wo dieses ausgeprägt vorhanden ist, handelt es sich meist um einen reinsortigen Wein (Pinot noir, Cabernet franc).

FARBE	BUKETT	GAUMEN	BEMERKUNGEN
White Zinfandel 1988 Robert Mondavi			Napa Valley, Kalifornien, USA
Sehr bleiches Rosa, nur ein Hauch Farbe.	Leicht, fruchtig, floral, erfrischend, sommerlich.	Setzt sauber fruchtig ein, weicher, leicht süsser Abgang, erinnert an Rosenbonbons. Schöne apfelartige Säure.	Ein köstlicher leichter Rosé, fast ein *blanc de noirs*, eher für sich als zum Essen zu trinken.
Capezzana 1988 »Vin Ruspo« Rosato di Carmignano			Italien
Sehr gefälliges Violettrosa, beinahe ein ganz bleiches Rot, eine sehr sommerliche Farbe.	Köstlich fruchtig, reine Traubenfrucht mit floralen Übertönen.	Sauber, ehrlich, fruchtig am Gaumen, an den Rändern leichtes, fruchtiges Tannin. Recht volle Nachtönung (13%).	Ein Rosé *saignée*, lebendig und frisch, bei dem aber die Anwesenheit roter Trauben betont ist. Sehr gut gemacht, ernsthafter als der Mondavi.
Chinon Rosé 1988 Ch. de la Grille			Loire, Frankreich
Bleiches Rosa mit sehr hübschen Violettönen, fast ein perfektes Rosa, lebendiger und frischer als der Bandol (siehe dort).	Französische Fruchtaromen, Himbeeren, stiebende lebendige Frucht.	Spritzig, setzt fast wie Sauvignon blanc ein, lebendige Frucht mit sauberer vegetaler Säure; direkte Frucht mit ausgeprägtem Biss.	Sauberer Abgang, sehr trocken für einen Cabernet franc rosé, offenkundig ein Wein aus einem nördlichen Anbaugebiet, völliger Kontrast zum Bandol.
Tavel 1988 Domaine de la Mordorée			Rhône, Frankreich
Brillantes Violettrosa, lebendig, aber voller und reicher als der Chinon.	Explosive Fruchtaromen, sehr traubenartig, aber mit der Fleischigkeit der Grenache, der eine erlesene Fruchtsäure die Waage hält.	Derselbe Eindruck einer lebendigen und fleischigen Frucht am Gaumen, aber ohne Schwere, doch von kräftiger Art. Ein mundfüllender Wein.	Ein aussergewöhnlicher Rosé, der frisch einsetzende Frucht und langes Traubenaroma mit Eleganz und Feuer verbindet. Ein Musterbeispiel eines Tavel.
Bandol 1986 Domaine Tempier			Provence, Frankreich
Bleiche Lachsfarbe, ansprechend und noch jung für einen 1986er, ein weiches, seidiges Rosa.	Parfümiert, würzig, fast rosinenartig, schön und komplex, hat nicht mehr die Primärfrucht des Tavel.	Erstklassige Qualität, geschmeidige, würzige Frucht, Anklänge von Holz. Ein fester Rosé mit einer Fülle von Aroma.	Sehr schöne, für einen Rosé (im Vergleich mit dem Tavel) verhaltene Konzentration von Frucht, weinig, seriös. Klassischer Stil.
Ostenberg Schlossberg Spätburgunder Weissherbst Spätlese Trocken 1983			Deutschland
Bleiches »oeil de perdrix«, gelbliches Rosa, eigentlich »gris«, aber sehr ansprechend.	Attraktives, florales Bukett, noch jugendlich, vor allem für einen 1983er.	Weich einsetzende, sehr reiche Pinot-Frucht, Anklänge von Erdbeeren, recht aggressiver Abgang aufgrund etwas hohen Alkohols.	Sauberer Abgang, gute Frucht, überschreitet jedoch den Höhepunkt. Gegenüber dem Mondavi Zinfandel am anderen Ende des Spektrums.

Verkostung/Rebsorten/Riesling

Um zu zeigen, wie sich die klassischen französischen Rebsorten in unterschiedlichen Böden und Klimata verhalten, haben wir acht Verkostungen durchgeführt. Bei all diesen Verkostungen bildeten die französischen Weine das Kriterium, mit Ausnahme der Rieslinge, für die Weine aus Deutschland ausgewählt wurden. Wir haben versucht, eine möglichst umfassende Auswahl zu treffen und stellen solche Weine vor, bei denen die Merkmale der betreffenden Rebsorten wirklich zum Ausdruck kommen. Die Rebsorten wurden bereits besprochen (Seite 70–85) und kamen bereits in früheren Verkostungen vor. Wo erforderlich, wurden zu den Weinen in diesen Verkostungen Querverweise angegeben.

Man kann mit Recht behaupten, dass der Riesling die besten Weissweine der Welt liefert. Es ist eine Sorte mit niedrigem Ertrag, die in kühlem Klima sehr langsam reift, jedoch ist es gerade diese Fähigkeit, in einem langen sonnigen Herbst bis in den Winter hinein zu reifen, die jene Konzentration von Zucker und Aroma hervorbringt, die diesen Wein so ausserordentlich macht.

In Europa gedeiht der Riesling nur auf voll besonnten Hängen und unter ganz bestimmten Standortbedingungen. Wenn die Lage schlecht ist, der Boden ungeeignet oder der Jahrgang klein, kommt ein harter und saurer Wein zustande. Ein klassischer Riesling ist ein trockener, lebendiger Wein mit zarten Blumenaromen und einem geschmeidigen, reich nuancierten sauberen Geschmack. Er hat relativ wenig Alkohol und viel Säure, jedoch ist es eine jugendliche Säure, die ein schönes Gegengewicht zu der Frucht des Weines am Gaumen bildet.

Keine Rebsorte ist weltweit so verbreitet wie der Riesling. Bei dieser Verkostung stehen die deutschen Rieslinge im Vordergrund, denn sie setzen den Massstab für diese Weine. Bei aller Verschiedenheit der Herkunft und der Süsse bleibt der Stil der Trauben doch stets unverwechselbar: Die hohe Qualität, das kraftvolle Einsetzen, die grosse Frische, Delikatesse und Länge des Aromas.

FARBE	BUKETT	GAUMEN	BEMERKUNGEN
Rhine Riesling Leeuwin Estate 1987			Margaret River, Westaustralien
Brillantes bleiches Gelb mit Grüntönen, sieht reich aus.	Ausgeprägt florale Aromen, Geissblatt, fruchtige Süsse.	Setzt mit geschmeidiger Frucht ein, frischer zitronenartiger Abgang, höchst ansprechendes Aroma und Frucht, etwas Restzucker, gute Länge.	Gefälliger, floraler Wein mit schönen Zitrus-Obertönen, beides klassische Riesling-Elemente. Gut gemacht, jung zu trinken.
Petaluma Rhine Riesling 1987			Piccadilly, Südaustralien
Brillantes, bleiches Gelb mit etwas kräftigeren Grüntönen als der Leeuwin und kräftigere Farbe.	Konzentriert, floral, reich, sogar ölig; Komplexität und Nachhaltigkeit durch reife Trauben und gekonnte Vinifikation.	Setzt reif und floral ein, in der Mitte geschmeidigere Pfirsichfrucht und fester Riesling-Abgang. Komplex, mit guter Länge und Präsenz.	Ein sehr gut gemachter Wein (siehe Croser 1986, Seite 155), harmonisch und anhaltend mit dem sauberen Biss der Riesling-Säure. Grosse Klasse.
Riesling 1985 Cuvée Frederick Emile			Trimbach, Ribeauvillé, Elsass, Frankreich
Sauberes, sehr bleiches weissliches Gelb, beginnt eben Farbe anzunehmen, bleicher als die beiden ersten Weine.	Klassisches florales »Benzin-Bukett« eines Elsässer Rieslings, gefolgt von Limonenfrucht, anhaltend und markant.	Lebendig und voll verhaltener Frucht, deren Komplexität und Länge sich zu entfalten beginnt, exzellente Säure.	Prachtvolles Beispiel eines Bilderbuchrieslings. Der trockene Elsässer Stil wird noch durch die Trimbachsche Vinifikation betont: schlanke Weine, die perfekt reifen.
Wehlener Sonnenuhr 1986 Riesling Kabinett Deinhart			Mosel, Deutschland
Sauberes, brillantes, klares, sehr bleiches Gelb.	Zart florales Bukett, leichte Obertöne von Honig und Aprikosen, verspricht einen trockenen oder beinahe trockenen Wein.	Lebendiges, florales, fruchtiges Sommeraroma mit einer feinen Limonensäure im Abgang. Schön und harmonisch, ein herrlicher Wein.	Ein klassischer deutscher Moselriesling aus einem sehr guten, aber nicht grossen Jahr. Delikatesse, Finesse und Länge von der Traube und dem nördlichen *terroir*.
Mittelheimer Edelmann Riesling Kabinett 1986 Weingut Hupfeld Erben			Rheingau, Deutschland
Klares, brillantes bleiches Gelb mit grünen Reflexen, jung und frisch.	Wunderbares Riesling-Bukett, floral mit mineralischen Benzintönen. Elegant, rassig, Anklänge von der Frucht reifer Trauben.	Trockener als nach der Nase erwartet, aber recht breites Aroma, insbesondere im Vergleich mit dem vorigen Wein. Gute Fruchtkonzentration und frische Säure. Beinahe knochentrocken.	Noch sehr jung, wird mit dem Alter komplexer und eindringlicher werden. Trockener, aber gehaltvoller als der Moselwein.

FARBE	BUKETT	GAUMEN	BEMERKUNGEN
Firestone Johannisberg Riesling 1986			Kalifornien, USA
Mittleres bis volles Gelb mit grünen Reflexen, ziemlich reich, lässt an einen Süsswein denken.	Konzentrierter, sehr floraler, honigartiger Stil: Pfirsiche und Aprikosen mit der typischen herben Riesling-Säure.	Floral und intensiv aromatisch am Gaumen, ein voller Riesling, hoher Restzucker, eine breite fruchtig Süsse und ausgeprägte Konzentration.	Ein voller, fruchtiger Wein mit der deutschen Nachhaltigkeit der Frucht, der elsässischen Breite und der Vollreife Kaliforniens. Ein sehr guter Riesling.
Snowqualmie White Riesling 1987 Reserve Late Harvest			Washington State, USA
Mittelvolles Gelb, leichte Anklänge von Grün, reich, die Farbe eines jungen Sauternes.	Konzentrierte Treibhausaromen, Pfirsiche, Aprikosen, schön und eindringlich.	Reiche Konzentration am Gaumen, honigartige, fast malzige Frucht, aber Rieslingsäure noch vorhanden. Gute Länge.	Ein saftiger, lebendiger Wein, köstlich in der Dessertwein-Kategorie (siehe Seite 178), konzentrierte reife Frucht, hoher Restzucker, schöne Balance.
Traben-Trabacher Goldgrube 1976 Riesling Auslese Deinhard			Mosel, Deutschland
Sehr schönes, reifes Mittelgelb, einsetzendes Gold, aber noch eine Spur Grün. Reich.	Reife Früchte, Aprikosen und Pfirsiche mit Obertönen von Lanolin und Malz. Ein köstliches, fesselndes und komplexes Bukett.	Perfekte Balance zwischen Zucker und Frucht mit wunderbar reintönigem Aroma, endet sauber und jugendlich trotz seiner dreizehn Jahre.	Eine klassische Mosel-Auslese mit einer kräftigeren Säurebasis als die breiteren Rheingauer. Massstabsetzender reifer (aber nicht alter) Riesling.
Nelson Late Harves Rhine Riesling 1988			Redwood Valley, Estate, Neuseeland
Volles, gelbes Strohgold, sehr reich, haftet am Glas, beeindruckend.	Wunderbar konzentrierte Aprikosen- und Honigaromen, sehr sehr reich, aussergewöhnlicher Extrakt, überreif, fast rosinenartig.	Wunderbar süsse, intensiv reiche Aromen mit der lebhaften Säure des Rieslings. In Gewicht und Stil fast ein Eiswein.	Exzellenter Abgang, vielleicht etwas klebrig, aber mit lebendigen Aromen und nicht fad. Gewaltiger Fruchtextrakt am ganzen Gaumen.
Joseph Phelps Johannisburg Riesling 1985 Special Select Late Harvest			Napa Valley, Kalifornien, USA
Volles Stroh-/Bernsteingold, gelber Ton im Verschwinden begriffen, ausserordentlich reich.	Massiv konzentriertes Bukett, fast marmeladenartig, pure Aprikosen und Quitten, intensive Frucht.	Eine Fortsetzung des Bukets, reicher Aprikosenextrakt für die Frucht und Quitten für die Säure, ganz ausserordentliches Gewicht und Länge. Restzucker 24%, wuchtiger als eine deutsche TBA.	Die personifizierte Fülle und Konzentration, viskos, fruchtig, ein wahrer Traubenextrakt, eher ein Likör als ein Wein.
Riesling Hügel 1976 Sélection de Grains Nobles			Riquewihr, Elsass, Frankreich
Reiches, gelbliches Bernsteingold, zeigt Reife, lebhaft, ölig.	Honig, konzentriert, floral, mit rustikalem *terroir* im Hintergrund und benzinartigem Rieslingcharakter.	Konzentrierte honigartige Aprikosenfrucht, jünger am Gaumen als in der Nase, gewaltige Süsse, aber sehr gute Säure. Leichter verdaulich als der Phelps mit erheblich festerer Struktur.	Ganz anders als der Phelps und die TBA, da er 16,2% Alkohol aufweist (Phelps nur 7,2%) und im Juli 1977 noch gärte. Ein Kunstwerk.
Östricher Lenchen Riesling 1971 TBA Deinhard			Rheingau, Deutschland
Klares, strahlendes Bernsteingold, Farbe eines leichten Amontillado, sehr reich.	Aussergewöhnlich reiches Aprikosenbukett, zucker-, fast sirupartig, mehr eine Essenz als ein Wein – mehr noch als der Phelps – aufgrund einer Konzentration durch Reife.	Reich, ölig, massiv konzentrierte Frucht, unterstützt von einer knisternden Säure. Perfekte Harmonie, süss, aber nicht pappig. Unglaublich lange nachtönend.	Ein hochinteressanter Vergleich zwischen den letzten beiden Weinen, die beide die vollkommene Essenz der Rieslingrebe sind. Weitaus mehr Dimensionen als der kanadische Icewine (siehe Seite 147), mehr auch als der Phelps. Ein sehr grosser Wein aus einem grossen Jahr. Nur absolutes Qualitätsstreben des Winzers kann solche Weine hervorbringen.

Verkostung/Rebsorten/Sauvignon Blanc

Der Sauvignon Blanc kann nicht die gleiche Komplexität und Tiefe beanspruchen wie der Chardonnay oder Riesling oder (in Frankreich) der Chenin Blanc, gehört aber doch zu den grossen weissen Rebsorten der Welt. Typische Merkmale sind ein stiebendes Bukett von Stachelbeeren oder Roten Johannisbeeren, oft mit Obertönen von Gras oder Laub, sofort einsetzende Frucht am Gaumen und ein etwas rauher Abgang. Der Sauvignon ist am typischsten im mittleren Loire-Tal, wo er die einzige Grundlage der Weine von Sancerre, Pouilly-Fumé, Quincy, Reuilly und Ménétou-Salon ist sowie auch der beliebten Sauvignons de Touraine.

Aus dem kühleren Klima Neuseelands kommen seit neuestem vorzügliche Sauvignons, deren bemerkenswertester der Cloudy Bay ist. Im Südwesten Frankreichs, insbesondere im Bordeaux-Gebiet, mildert sich der jugendlich-stürmische Stil dieser Sorte. In den Graves ergeben der arme Kiesboden, die Hinzufügung von Sémillon und Fassausbau einen Wein von Finesse, Festigkeit und Haltbarkeit. Ausserdem spielt der Sauvignon eine wichtige Rolle bei Sauternes, Barsac und anderen süssen Weissweinen.

Wie der Sauvignon Blanc gedeiht der Cabernet Sauvignon besonders gut im warmen Klima. Er wird heute im ganzen Süden Frankreichs, in Nordspanien, in Italien und in den USA, in Südamerika und in Australien gepflanzt. Besonders gute Ergebnisse liefert er in Kalifornien, wo man zwei Stilrichtungen unterscheiden könnte, diejenige der Blanc Fumées des Loiretals und diejenige der Graves.

Die folgende Verkostung zeigt einige klassische Beispiele der Rebsorte.

FARBE	BUKETT	GAUMEN	BEMERKUNGEN
Sancerre 1988 Henry Natter, Domaine de Montigny			Loire, Frankreich
Brillant, sehr bleich, fast weisses Gelb, aber nicht ausdruckslos.	Auffallendes Aroma von Schwarzen Johannisbeerblättern, herb und erfrischend.	Sehr schöne Balance von Frucht und Säure. Ausgeprägter *terroir*-Eindruck und für Sancerre überdurchschnittliche Finesse, im Stil eher ein Pouilly-Fumé.	Ein sehr schönes Exemplar, mehr auf das *terroir* als auf die Rebe hin vinifiziert, daher weniger sortentypisch, aber komplexer. Trinken oder aufbewahren.
Cloudy Bay 1988			Cape Mentelle, Blenheim, Neuseeland
Brillantes bleiches Gelb mit grünen Reflexen, fest und beständig.	Sofort einsetzende Fruchtaromen, Rote Johannisbeeren, Rharbarber, Schwarze Johannisbeeren, sehr viel Klasse.	Ähnlicher Eindruck am Gaumen, mit einer schönen Balance zwischen dem leicht aggressiv einsetzenden Sauvignon und dem lebendigen, kultivierten Abgang.	Ein eleganter, mundfüllender Wein mit einer lebhaften Konzentration aromatischer Frucht mit Länge und Eleganz. Sehr schön, etwas nachdrücklicher als der Sancerre.
Katnook Estate 1987			Coonawarra, Südaustralien
Brillantes bleiches Gelb, lebendig, sauber und noch frisch.	Leicht aggressiv, schwach vegetale Sauvignon-Aromen, eine Spur Exotik.	Weicher, weniger aggressiv am Gaumen, voll reifer, zitronenartiger Frucht, gute Säure im Abgang, aber etwas kurz.	Ein ansprechender Wein, leicht und lebendig für einen australischen Sauvignon, aber nicht von der Klasse des Cloudy Bay.
Neil Ellis 1987 Vineyard Selection			Stellenbosch, Südafrika
Sauberes, bleiches bis mittleres Gelb, Grün fehlt, lebendig.	Recht verhaltenes Bukett von reifen Früchten; geröstete, verkohlte Eiche überwiegt noch.	Reiche Frucht am Gaumen, kein aggressiver Sauvignon, dem diesbezüglich die französische Eiche zugute kommt. Gut gemacht und im schönen Gleichgewicht.	Weniger elegant als der Cloudy Bay, deutlich reicher und mehr ein Wein zum Essen; zeigt sehr schön die Verwendung von Eiche bei jungem Sauvignon.
Dry Creek 1987 Fumé Blanc			Sonoma County, Kalifornien, USA
Recht leichtes, lebendiges, sauberes, bleiches Gelb, hübsch und jugendlich.	In die Nase springende Sauvignon-Frucht, leicht »mäuselnde« grasige Aromen im Dry Creek-Stil, die aber nicht zu einem Ungleichgewicht führen.	Saubere, frische Frucht mit einer Spur (in der Nase nicht wahrnehmbarer) Eiche, gute Intensität der Frucht und recht gewichtig (13,5%), trockener, aber nicht saurer Abgang.	Ein gut gemachter, komplexer Wein von einer auf Fumé spezialisierten Kellerei. Frucht, Eiche und Säure völlig im Gleichgewicht. Andere Auffassung als beim vorangegangenen Wein.
Ch. Malartic-Lagravière 1984 Grand Cru Classé Graves			Bordeaux, Frankreich
Bleiches Gelb, fast weissliches Limonengelb, sehr bleich für einen fünf Jahre alten Wein, aber nicht zu leicht.	Leicht rosinenartig, Kiefern- und Eichenaromen überlagern ein sauberes, lebendiges Sauvignon-Bukett.	Fruchtige, florale Aromen über einer geschmeidigen Lanolin-Textur. Die Eiche und das Graves-*terroir* überlagern die Rebsorte. Lange nachtönend und komplex.	Exzellente Balance, beginnende Reife zu einem Zeitpunkt, zu dem andere Weine ihren Höhepunkt überschritten hätten. Ein subtiler Wein, der zeigt, wie der Sauvignon seine Aggressivität verlieren und seine Frucht beibehalten kann.

Anmerkung: Dies sind sämtlich *trockene* Weine. Süsse Sauvignons und solche aus edelfaulen Beeren siehe Seite 146–147.

Verkostung/Rebsorten/Chardonnay

Die Chardonnay-Rebe liefert die feinsten trockenen Weissweine der Welt. Damit soll die Qualität der anderen guten Sorten nicht herabgesetzt werden, jedoch hat bei den trockenen Weissweinen der Chardonnay nicht seinesgleichen. Im Charakter weniger ausgeprägt als etwa der Riesling, der immer eindeutig nach Riesling schmeckt, wo er auch angebaut und wie er auch ausgebaut wird; Chardonnay ist daher weniger auf einen Typ festzulegen.

Es gibt die klassischen französischen Chardonnays: Blanc de Blancs aus der Champagne, Chablis, Meursault, die Montrachets, Pouilly-Fuissé, Mâcon Blanc; diese Weine sind jedoch so verschieden, dass man kaum glauben möchte, dass sie von der gleichen Rebe stammen. Nur – von welcher anderen Rebe könnten sie kommen? Jedenfalls nicht von Riesling, Chenin Blanc, Sauvignon oder Sémillon. Es ist die Vorstellung des terroir, die hilft, bestimmte Typen Chardonnay zu erkennen: Chablis ist anders als Meursault, Coteaux Champenois völlig verschieden vom Pouilly-Fuissé. Der Charakter dieser Appellation kommt vom Boden und vom Klima, gesteigert durch die allgemein anerkannten Vinifikationsverfahren. Ein im Tank vergorener Meursault wird sich von einem Mâcon Blanc unterscheiden, der im Bottich vergoren und auf Holz ausgebaut wurde. Selbst ausserhalb Frankreichs, wo die Herkunftsgesetzgebung bezüglich des Standorts der Rebsorten weniger streng ist, entwickelt sich der Stil aus dem Boden, dem Klima, der Vinifikation und dem Ausbau.

Gemeinsam ist all diesen Weinen die frische gelbe Farbe, die von Blass bis Golden reicht, manchmal mit grünen Reflexen; fruchtige Nase, manchmal apfelartig, blumig, butterig, nussig, Eichenton; desgleichen am Gaumen harmonisch, niemals süss und selten streng. Chardonnay ist der perfekte Essensbegleiter.

Diese Verkostung zeigt die grosse Anpassungsfähigkeit des Chardonnay an verschiedene Gebiete und Weinbereitungsverfahren.

FARBE	BUKETT	GAUMEN	BEMERKUNGEN
Tiefenbrünner Chardonnay dell'Alto Adige 1988			Italien
Sauber, lebendig, sehr hell, jugendlich, leicht.	Florale, lebendige, leicht an »Birnendrops« erinnernde Aromen (kühle Vergärung), lebendig und mundwässernd.	Ebensolcher Eindruck am Gaumen, Pampelmusen, Melonen, frische Säure, gute Balance.	Köstlicher Sommer-Chardonnay mit eleganter Frucht. In der Kategorie der sehr trockenen Weissweine perfekt.
Mâcon-Prissé 1988 Georges Duboeuf			Mâconnais, Frankreich
Klares, brillantes bleiches Gelb, lebendig und frisch, reicher als der Tiefenbrünner.	Florale Fruchtaromen, Anklänge von Pampelmusen und Ananas, reich mit lebendiger Säure.	Schöner, fruchtiger Chardonnay, kein Holz, stiebende, lebendige Frucht, Reife, durch gute Säure gezügelt.	Ehrlicher, spritziger Mâcon. Andere Mâcon-Villages – Viré, Clessé, Loché – hätten mehr Tiefe, ebenso Saint-Véran. Eher zum Zechen.
Chablis 1987 1er Cru les Butteaux Jean-Marie Raveneau			Burgund, Frankreich
Klares, sehr bleiches Gelb, Spuren von Grün, zart, fast Muscadet-Farbe.	Leiche Stroharomen, Spuren von Holz, vegetal, fest, Frucht beginnt gerade durchzubrechen.	Feste und markantere Frucht am Gaumen, schlank, gute Struktur, ohne den honigartigen, fleischigen Charme des 1986ers; ein Jahrgang, bei dem die Frucht sich erst noch entwickeln muss.	Im Stil ganz im Gegensatz zur unproblematischen Offenheit des Mâcon und zu den reicheren Chardonnays der neuen Welt. Schlank und verhalten, wird sich aber noch verbessern.
Ngatarawa 1987			Hawkes Bay, Neuseeland
Volles Gelb, keine Spur von Grün, reich und körperreich.	Sofort einsetzende Eiche und exotische Früchte, voll und reich, mit leicht vegetalen Untertönen, noch nicht reif.	Voll, fruchtig, eichenartig, butterig mit einer grapefruitartigen Reichheit, die sich durch Frucht und Säure auszeichnet. Ein kraftvoller Wein (über 13%), aber nicht überrumpelnd.	Im Augenblick recht massiv und vierschrötig, wird erst in einem Jahr seine Aggressivität verlieren, sehr guter Fruchtextrakt, für einen neuseeländischen Chardonnay ziemlich kraftvoll.
Jim Barry 1987			Clare Valley, Südaustralien
Sauberes, mittelhelles Buttergelb, recht reich.	Sehr floral, Geissblatt mit reifen, exotischen Früchten.	Reich und floral am Gaumen, fruchtig, fast süss einsetzend, im Abgang Zitronenfrucht, besitzt fast die Fülle und Frucht eines Gewürztraminers.	Ein Chardonnay im Elsässer Stil mit reicher Zitrusfrucht und einer feinen Spur Holz. Eher fruchtig als komplex.

FARBE	BUKETT	GAUMEN	BEMERKUNGEN

Phelps 1987 — Saint Helena, Napa Valley, Kalifornien, USA

FARBE	BUKETT	GAUMEN	BEMERKUNGEN
Klares, brillantes bleiches Gelb, frisch, lebendig, ausgeglichen.	Sehr ansprechend in der Nase: fruchtig, Pampelmuse, mit einer Spur Mandeln. Deutlich eleganter als die beiden obigen, mit schönem Extrakt.	Setzt sehr schön fruchtig und floral mit einer winzigen Spur Eiche ein. Hoch im Extrakt und Alkohol, aber nicht wuchtig, sehr gute Länge.	Ein vorzüglicher Wein im Stil eines Puligny-Montrachet. Perfekte, selbstbewusste Winzerkunst, sogar ein Hauch von *terroir*.

Acacia 1987 — Carneros, Napa Valley, Kalifornien, USA

FARBE	BUKETT	GAUMEN	BEMERKUNGEN
Sauberes, bleiches Gelb, grünlicher Rand, lebendig, recht reich und vollständig.	Reizvolle Eiche- und Fruchtaromen in guter Balance, elegant, im neuen »verhaltenen« Stil Kaliforniens.	Schöne, saubere Frucht, leicht mineralische Übertöne und zitronenartige Säure. Lässt das kühlere Carneros-Klima erkennen; honigartige Frucht bricht durch, sehr gut im Gleichgewicht, noch jung.	Ein weiterer kalifornischer Chardonnay im französischen Stil, ganz im Kontrast zu einem ebenfalls verkosteten schweren Beringer-Chardonnay; zeigt, wie sich Klima, Boden und Vinifikation auf einen Chardonnay auswirken können.

Covey Rise 1986 — Idaho, Washington State, USA

FARBE	BUKETT	GAUMEN	BEMERKUNGEN
Sauberes, bleiches Gelb, jugendlich grünlicher Rand, etwas leichter als der Acacia.	Lebendige, florale Chardonnay-Frucht, eine Spur Vanille/Eiche.	Reizvolle, lebendige Frucht, relativ leicht, aber fein, gestützt durch Eiche und mineralische Töne. Ausgewogen und elegant. Auf der leichten Seite.	Offenkundig junge Reben. Sehr gutes Beispiel für ein aufstrebendes Weinbaugebiet, gekonnte Vinifikation, die mehr Eleganz und Stil als Gewicht sucht.

Meursault 1986 Clos de la Barre Comte Lafon — Côte d'Or, Frankreich

FARBE	BUKETT	GAUMEN	BEMERKUNGEN
Volles Gelb, sogar leichte Anklänge von Gold, kein Grün, sehr reich und dicht, selbst für einen 1986er voll.	Honigartig, buttrig, sogar leicht rosinenartig, noch üppig und eichenbetont, braucht noch Zeit.	Setzt mit komplexer, recht süsser Frucht ein, die von leicht angekohlter Eiche unterstützt wird. Guter Extrakt, Alkohol und Säure im Gleichgewicht, viel Präsenz und Gewicht, aber nicht wuchtig.	Noch jung, aber mit einem leicht überreifen Ton wegen spätgelesener Trauben. Besitzt den reichen Nusston eines guten Meursault und die fleischige Frucht eines reifen Chardonnay.

Chassagne-Montrachet 1986 1er Cru Morgeot Jean-Noël Gagnard — Côte d'Or, Frankreich

FARBE	BUKETT	GAUMEN	BEMERKUNGEN
Sehr schönes volles mittleres Gelb mit grünen Reflexen. Eine aufregende feste Farbe.	Noch diskrete florale Eichenaromen, verrät Klasse, eine Spur *terroir*.	Schöne, leicht verhaltene Frucht, schwach honigartig mit einer Spur Eiche, die Rückhalt gibt. Ein schöner, eleganter Wein von tadellosem Stil.	Noch ein wenig zuviel Eiche, wird aber hervorragend werden. Zeigt die Qualität des Bodens und der Vinifikation, wodurch die Rebsorte im Hintergrund bleibt. Klassischer weisser Burgunder, d. h. mustergültiger Chardonnay.

Puligny-Montrachet 1986 1er Cru les Referts Louis Jadot — Côte d'Or, Frankreich

FARBE	BUKETT	GAUMEN	BEMERKUNGEN
Sehr schönes bleiches Strohgelb mit grünen Anklängen, fest, recht reich.	Ausgeprägtes florales Weissdornblütenbukett, leicht nussartig, elegant.	Sehr schöner Fruchtausdruck am Gaumen mit sehr gut integrierter neuer Eiche. Recht reich im Alkohol, aber mit der Subtilität und Eleganz der besten Pulignys.	Gegenüber dem Chassagne eine Spur fleischiger und weiter entwickelt. Schönes Exemplar.

Corton-Charlemagne 1985 Louis Jadot — Côte d'Or, Frankreich

FARBE	BUKETT	GAUMEN	BEMERKUNGEN
Ungemein reiche, ölige, grüngelbe Farbe mit wunderbarem Gewicht und Präsenz.	Floral und nussartig, sehr anhaltend, Mengen Frucht und Extrakt, die sich entwickeln wollen. Grosse Qualität, nicht wuchtig.	Ausserordentlich fruchtig, fast süss, nussartig, schlank und reich zugleich. Ungeheure Länge und Nachhaltigkeit, aber immer noch nicht auf dem Höhepunkt. Profitiert zusätzlich von dem sehr reifen 1985er Jahrgang.	Kein Zweifel, dass dies ein »grand vin« ist. Hat Kraft, Extrakt, Eleganz, eine ungeheure Präsenz, ist perfekt ausgewogen und kann nur noch besser werden. Überragt die übrigen Chardonnays dieser Verkostung.

Verkostung/Rebsorten/Chenin Blanc

Der Chenin Blanc, in Frankreich auch Pineau de la Loire genannt (jedoch keine Verwandtschaft mit dem Pinot des Burgund, Elsass und der Champagne), ist eine sehr vielseitige Rebsorte. In Frankreich liefert sie alle grossen Weine der Touraine und in Anjou – Weine, die mit den besten Weissen des Landes mithalten können. Montlouis, Vouvray, Saumur, Savennières, Bonnezeaux und Coteaux du Layon weisen alle jene honigartige Frucht und zitronenartige Säure auf, die mit derjenigen des Rieslings wetteifert, und in Jahren mit Edelfäule entstehen Weine in der Klasse der besten Sauternes. Aus der Chenin Blanc können wie beim Riesling bei zeitiger Ernte in einem leichten Jahr fruchtige Weine von frischer Säure entstehen, bei späterer Lese halbsüsse Weine, und üppige Dessertweine aus Trauben, die erst im November gelesen werden. Ausserdem ist er einer der klassischen Trauben für Schaumweine nach der méthode champenoise. Ausserhalb Frankreichs verliert der Chenin jedoch etwas von seiner Säure und liefert mildere Weine von unkompliziertem Charme.

Er ist eine der erfolgreichsten Rebsorten in Südafrika, der in dieser Verkostung mit zwei Mustern vertreten ist. Siehe auch die beiden Chenin blancs in der Verkostung auf Seite 144–147.

FARBE	BUKETT	GAUMEN	BEMERKUNGEN
Dry Creek 1988 »Dry Chenin Blanc«			Sonoma County, Kalifornien, USA
Bleiches, frisches, lebendiges Gelb, leicht und frisch aussehend.	Floral, fruchtig (Melonen) mit Zitrusobertönen, mundwässernd.	Recht voll und fruchtig, hat die unmittelbare Frucht und das Profil eines jungen Sauvignon, nur eine Spur Süsse, gute Säure, die den Chenin blanc verrät.	Ein lebendiger, angenehmer Wein für den problemlosen Genuss. Gut gemacht, eine gute Alternative zum Sauvignon, fruchtig und frisch, ohne grosse Komplexität.
KWV Steen 1987			Coastal Region, Südafrika
Bleiches, lebendiges, leichtes Gelb, eine gewisse Sattheit.	Angenehme, würzige Aromen mit leichter Frucht und gefälliger Säure.	Saubere Aromen, nach dem Bukett ziemlich schlank, herber Abgang.	Korrekter, sauberer Chenin/Steen-Stil, jedoch fehlt etwas Charme. Steht ein wenig im Schatten der fruchtigen Frische des Dry Creek.
Savennières 1986 Clos de la Coulée de Serrant			Anjou, Loire, Frankreich
Klares, mittleres Gelb, recht körperreich, lebendig, eine schöne Farbe.	Schwach honigartiges und leicht erdiges Bukett, reiner Anjou-Chenin, dessen Komplexität erst zum Vorschein kommt.	Eher lebendig als direkt fruchtig, mineralische Obertöne, Säure beherrscht jetzt die Frucht, aber grosses Aromapotential vorhanden.	Dieser Wein braucht noch mindestens fünf Jahre. Im Augenblick lassen die Festigkeit und Geschlossenheit *terroir* und Potential ahnen, wenig mehr.
Vouvray 1986 Ch. Gaudrelle			Touraine, Loire, Frankreich
Volles Mittelgelb, grüne Schattierungen, recht reich und voll.	Lebendige Zitrusaromen, akzentuiert durch Geissblatt-Obertöne, floral und honigartig, anhaltend, grosse Qualität.	Höchst angenehm einsetzende florale Frucht, auffallendes Gleichgewicht von honigartiger Fülle und Säure. Ausgesprochen typisch für die Appellation, weniger für die Sorte.	Sehr schönes Muster eines halbtrockenen Vouvray mit reicher Süsse und hoher natürlicher Säure. Zugänglicher als der Coulée de Serrant und weicher als der Vouvray sec (siehe Seite 145).
Vouvray »Moelleux« 1985 Le Haut Lieu Domaine Huët			Touraine, Loire, Frankreich
Sauberes, blasses Gelb, bleicher als der Ch. Gauderelle, bleich für das Jahr und einen »Moelleux« (möglicherweise auf etwas Kohlensäure zurückzuführen), doch sehr rein.	Geschmeidiges, fruchtiges, florales Bukett, etwas Erdigkeit, Anklänge von Honig und Blumen, fein und delikat.	Ebensolche köstliche Delikatesse am Gaumen, setzt sehr schön ein, süss, aber nicht zu süss, weniger Gewicht als der Ch. Gaudrelle, aber mehr Länge und Finesse.	Jetzt sehr schön, sollte noch 15–20 Jahre aufbewahrt werden, um Rundungen, Farbe und Fülle zu gewinnen. Ein sehr schön ausgewogener, harmonischer Wein.
Nederburg 1978 Edelkeur			Paarl, Südafrika
Prächtiges, brillantes Bernsteingelb, die Farbe eines schweren Amontillado, sehr reich.	Intensives Bitterorangenbukett mit Toffee und Rosinen. Konzentriert und zu Kopf steigend, wunderbarer Extrakt.	Überwältigend süsses Rosinenaroma. Ausserordentlich reich, ein Eindruck von Edelfäule, aber gute Säure im Abgang und keineswegs pappig. Sehr lang.	Ein aussergewöhnlicher Wein (siehe Süsse Weine Seite 146). Mit seinem reichen Bittergeschmack den besten Dessertweinen gewachsen.

Verkostung/Rebsorten/Sémillon

Obwohl der Sémillon als die Grundlage der erlesensten Süssweine aus Sauternes, Barsac und anderen Appellationen von Bordeaux anerkannt ist, gilt er erst seit jüngster Zeit als Rebsorte von Rang. Dies ist vor allem dem Weinbauland Australien zu verdanken; Sémillons aus dem Hunter Valley gehören zu den erlesensten Exemplaren reinsortiger Sémillon-Weine. In der Gironde liefert der Sémillon – mit 10–20% Sauvignon und ein wenig Muscadelle – die geschmeidige, fleischige Fruchtbasis, die dem Sauvignon »Pfiff« gibt.

Der Sémillon ist klimaempfindlicher als die robusteren Sauvignon und Chardonnay und tendiert leicht zur Überproduktion oder Plumpheit wegen zu hohen Alkohols. Wenn früh gelesen, besitzt er ein weiches Limonenaroma, das die Aufdringlichkeit des Sauvignon kontrastiert. Fassausbau gibt dieser Geschmeidigkeit den nötigen Rückhalt.

Wir haben für diese Verkostung eine Auswahl trockener Weine zusammengestellt. Siehe auch den Lindemans-Sémillon und die beiden Sauternes bei der Dessertweinverkostung.

FARBE	BUKETT	GAUMEN	BEMERKUNGEN
Rothbury Estate 1988 Brokenback Vineyard			Hunter Valley, NSW, Australien
Sehr schönes, brillantes, bleiches Grüngelb. Pulsierend und frisch.	Überwältigende, fast explosive florale, kräuterartige Aromen, sauberer und lebendiger Fruchtextrakt, keine Eiche, daher reine Traubenfrucht.	Feines, frisches, elegantes Aroma, floral und herb, sehr lang, trotz des niedrigen Alkoholgehaltes von 10,5% jetzt perfekt, wird sich aber halten.	Ein hervorragend gemachter Wein, ein Klassiker seiner Rebsorte, in dem sich lange Aromafülle, Tiefe und gute Säure ohne Aggressivität vorzüglich miteinander verbinden.
Moss Wood 1986			Margaret River, Westaustralien
Volles, brillantes Gelbgrün, reich aussehend und noch sehr frisch.	Geschmeidige, wächserne, reife Frucht, sehr typisch Sémillon, Anklänge von Pampelmusen.	Geschmeidig und sehr fruchtig, mundfüllend, sehr gut unterstützende Eiche, die Gewicht und Komplexität verleiht; langes, aufregendes Aroma.	Ein Klassiker im internationalen Sinne: Die Traube ist beim Einsetzen sofort präsent, gefolgt von Eleganz, Länge und Gleichgewicht. Selbst Domaine Benoit (siehe dort) ist im Vergleich hierzu kurz.
»R.« de Ch. Rieussec 1986 Bordeaux Supérieur			Sauternes, Frankreich
Brillantes bleiches Gelb, recht reich, aber noch strahlend und frisch.	Nicht allzu kraftvoll, aber geschmeidige, wächserne Frucht.	Mächtiges Aroma am Gaumen mit einem trockenen Abgang. Hat den leicht wächsernen Sémillonstil, recht honigartig und floral mit gutem Biss am Ende, aber eine Spur Schwere.	Etwas rustikal im Vergleich zu anderen Weinen, vielleicht unter seiner ungewöhnlichen Rolle als trockener Sauternes leidend.
Mercurey Bay 1985			Waikoukou, Neuseeland
Sehr schöne Farbe, volles, aber sauberes Gelb mit grünen Reflexen, beeindruckend.	Sofort einsetzende Frucht, zuerst reich, dann herb und fest (Brennessel, Mineralien).	Setzt mit fester Frucht ein und leitet zu einem ausgeprägt würzigen Abgang über, der vermutlich auf junge Reben zurückzuführen ist. Fast mehr Sauvignon als Sémillon.	Ein Hauch *terroir* – kräuterartig, würzig, sogar zitronenartig – dominiert die Rebe. Ein individueller Wein, noch sehr frisch und jung.
Domaine Benoit 1985			Graves, Frankreich
Sehr frisches und jugendliches bleiches Gelb, das tiefer wird, recht reich.	Sehr schöne geschmeidige, reife Frucht, wächsern, leicht rauchig, vorzügliche Balance.	Sauber und recht voll, Eiche noch vorhanden, aber nur als Hintergrund, hat das Gewicht eines Meursault, geschmeidige Frucht und gute Länge.	Als reinsortiger Sémillon in Graves – noch – eine Seltenheit. Völliger Kontrast zum Smith-Haut-Lafitte (siehe Seite 145).
The Rothbury Estate 1976 Individual Paddock			Hunter Valley, NSW, Australien
Volles, reiches Grüngelb, gewinnt einen Hauch Gold, aber noch unglaublich jung für einen dreizehn Jahre alten Sémillon.	Wächsernes, leicht erdiges und rustikales Bukett, eine Spur Eiche, sehr schöne reife Frucht.	Dieselbe geschmeidige schmiegsame Frucht am Gaumen, buttrige Textur, mit Säure unterlegt, perfekte Reife ohne Verlust an Lebendigkeit, wie sie bei einem 13 Jahre alten trockenen Weisswein kaum zu finden ist, schon gar nicht aus einem heissen Land.	Ein abgerundeter, vollständiger, lebendiger Wein, in dem das Holz zum Vorschein kommt. Ein Ergebnis ausgelesener, gesunder, reifer Trauben und engagierter Weinbereitung.

163

Verkostung/Rebsorten/Cabernet-Sauvignon

Wenn man den Charakter verschiedener Rebsorten betrachtet, ist die grundlegende Stilrichtung meist untrennbar mit einem bestimmten Weintyp verbunden, der in Frankreich erzeugt wird. So »ist« Chardonnay weisser Burgunder, Gamay »ist« Beaujolais, Syrah »ist« Hermitage usw. In diesem Sinne ist Cabernet-Sauvignon Médoc. Zwar ist Médoc kaum einmal ein reinsortiger Cabernet-Sauvignon, jedoch wird Cabernet eben am häufigsten mit den Weinen dieses Gebietes, insbesondere Pauillac und Saint-Julien verglichen. Wo diese Rebe gepflanzt wird, sind die typischen Merkmale immer die gleichen: Eine sehr volle, intensive rote Farbe, fast tintenschwarz in der Jugend, ein stechendes Aroma von Schwarzen Johannisbeeren, Paprika, mit einer Spur Zimt oder Zeder, grosse Aromatiefe, streng, mit Biss, oft rauh und in der Jugend immer tanninreich, jedoch stets mit eindeutiger Frucht. Ausser in seiner frühesten Jugend, wo er ungeniessbar tanninreich ist, ist Cabernet-Sauvignon fest und erfrischend; Rotweine »kleben« zwar in der Regel gewiss nicht am Gaumen,

doch ist keiner so köstlich sauber wie der Cabernet, wie wir nachstehend sehen werden.

Cabernet-Sauvignon ist eine sehr beständige Rebsorte und wird in allen Weinbaugebieten der Welt kultiviert. In Frankreich erobert sie jetzt die Weingärten des Südens, wo man auf Qualitätsverbesserungen bedacht ist. In Italien ist der Cabernet franc mit seinem Himbeeraroma populärer, jedoch werden aus Cabernet-Sauvignon ein paar ausserordentliche Weine erzeugt. In ganz Osteuropa, in Afrika, Australien und Nord- und Südamerika gilt der Cabernet-Sauvignon als die klassische blaue Rebe, auch wenn dort andere Rebsorten heimisch oder erfolgreicher sind.

Reinsortig ist der Cabernet-Sauvignon kantig und kompromisslos; durch Hinzuführung geeigneter Rebsorten wie Merlot oder Cabernet Franc wird die ihm eigene Finesse gesteigert, während er selbst dem Wein Struktur, Frucht und Eleganz verleiht. Der Cabernet-Sauvignon ist ein Aristokrat, wie diese Weine und andere aus früheren Verkostungen belegen.

FARBE	BUKETT	GAUMEN	BEMERKUNGEN
Stonyridge 1987			Waikeke Island, Neuseeland
		(Cabernet-Sauvignon 79%, Merlot 15%, Cabernet franc 4%, Malbec 2%)	
Mächtige Farbe, intensives, tiefes, purpurnes Schwarzrot, sehr voll, die Intensität eines jungen Hermitage.	Würzige Reife, pfeffrige Frucht, Schwarze Johannisbeeren, noch sehr jung und geschlossen, Eiche noch deutlich im Vordergrund.	Setzt mit Mengen reifer Frucht ein, gefolgt von Mengen sehr harten Tannins, denen die Frucht die Waage hält, aber ein Wein mit mehr Intensität als Finesse.	Ein gewichtiges Beispiel der Konzentration von Extrakt und Frucht, braucht mindestens fünf Jahre.
Vasse Felix 1987			Margret River, Westaustralien
Schönes, reifes, volles Rot von Schwarzen Johannisbeeren, noch sehr jung. Ansprechend.	Reich, fast zu Kopf steigend, intensive Aromen von Schwarzen Johannisbeeren und Brombeeren, köstlich warmer Fruchtextrakt, weniger hart als der Stonyridge.	Setzt sehr fruchtig ein, dann Holz (Eiche) und natürliches Tannin. Noch jung, aber mit beginnender sehr schöner Aromaentwicklung.	Exzellentes Beispiel reicher Cabernet-Sauvignon-Frucht, unterstützt von natürlichem Tannin und Holz. Ausgewogener und wenig intensiv als der Stonyridge.
Santa Rita 1985 Medalla Real			Maipo Valley, Chile
Volles, reiches, jugendliches Purpurrot, ein sehr ansprechender warmer Ton.	Sehr reif, Aromen von roten Beerenfrüchten, reich und fest, exzellenter Extrakt und ein Eindruck von Tiefe.	Ein rauchiges, erdiges Aroma legt sich über feste und reife Frucht. Gute Struktur und Länge aufgrund reifer Trauben und guter Vinifikation. Ein klassischer Cabernet.	Schönes Gleichgewicht zwischen Tannin und Frucht, jetzt trinkfertig, verbessert sich aber noch. Sehr viel besser als der Riserva (siehe Seite 150), französischer im Stil als die beiden ersten Weine.
Orlando Saint Hugo 1985			Coonawarra, Südaustralien
Sehr volle Farbe, reich und fleischig, sieht etwas reifer aus als der Santa Rita, aber doch intensiv.	Reiches, konzentriertes Bukett von Schwarzen Johannisbeeren, voller reifer, wacholderartiger Frucht, fast fleischig.	Reiche, fast süsse Frucht. Wegen seiner Reife und natürlichen Fülle sehr reizvoll. Im Stil das Gegenteil der trockeneren europäischen Cabernets.	Ein sehr schöner und beeindruckender Schluck mit einer reifen Süsse, mehr Klasse als der 1986er Orlando (siehe Seite 150).

FARBE	BUKETT	GAUMEN	BEMERKUNGEN

Ch. Haut-Bages-Liberal 1985   5ème Cru Classé Pauillac
Bordeaux, Frankreich

Volles, noch intensives tiefes Rubinrot, noch kein Zeichen einsetzender Reife, eine beeindruckende Farbe.	Wacholderartige Frucht, Bukett von Laub Schwarzer Johannisbeeren, völliger Kontrast zur konzentrierten Süsse des Orlando, reiner Cabernet, sauber und erfrischend.	Saubere, ehrliche Frucht, harmonisches Tannin. Ein eleganter, geschmeidiger Wein im Gegensatz zu den gewichtigeren Weinen aus heisseren Lagen.	Sehr typisch Cabernet-Sauvignon, offensichtlich hohe Kellerkunst, die die reiche Frucht mit gerade einer Spur Tannin extrahiert. Kann getrunken werden, wird aber noch besser.

Sassicaia 1985   Vino da Tavola   Tenuta San Guido
Toskana, Italien

Sehr konzentriertes, tiefes Karminrot, noch ein violetter Rand, für einen 1985er fast undurchdringlich.	Konzentrierte, aber sehr schöne Fruchtaromen, reiner Cabernet mit gerade den richtigen Mengen neuer Eiche.	Derselbe Eindruck einer erlesenen Harmonie zwischen Frucht und Eiche, rauchige, geschmeidige, pulsierende Frucht, pure Harmonie. Noch viel zu jung, hält noch zwanzig Jahre.	Ein klassischer Wein nach allen Standards und ein hervorragend harmonischer Cabernet-Sauvignon mit einem fast weiblichen Charme trotz der festen Frucht.

Rose Creek 1985
Washington State, USA

Sehr tiefes, intensives, reiches Schwarzkirschenrot, Mengen Extrakt, noch nicht gereift.	Intensive Aromen von Holz und reifer Frucht.	Rauchige, feste, konzentrierte Frucht, sehr tanninreich und sehr jung, aber eindeutig Cabernet.	Sehr junge Reben (1980 gepflanzt). Der 1985er hat zuviel Tannin, aber eine schöne Fruchtbasis. Das Gleichgewicht wird sich mit zunehmendem Alter der Reben verbessern.

Marqués de Griñon 1984   Vino da Mesa
Toledo, Spanien
Cabernet-Sauvignon 90%, Merlot 10%)

Sehr schön, für einen 1984er jugendlich, intensiv, fast schwarzes Rubinrot, fest, aber nicht schwer.	Schöne, saubere Frucht von Schwarzen Johannisbeeren mit rauchigen Vanille-Obertönen. Recht schlank im Vergleich zum Orlando, rosinenartig im Vergleich mit dem Haut-Bages.	Feste, elegante Frucht, leicht rauchige Schinkenaromen, intensiver, aber verhaltener Fruchtextrakt, was einen schönen, geschmeidigen Wein mit gut unterlegtem Tannin ergibt.	Sehr schöne Balance reifer Frucht, aber ohne Süsse, im Fass gereift, das mit einem Tabak- und Zedernaroma den letzten Schliff gibt. Noch nicht auf dem Höhepunkt.

Ridge 1984 York Creek
Santa Clara County, Kalifornien, USA
(Cabernet-Sauvignon 89%, Merlot 9%, Cabernet franc 2%)

Volles, tiefes Karminrot, weniger intensiv als bei den 1985ern, aber schön, reich und noch jung.	Reife Frucht, aber auch ein leicht rauhes Pfefferaroma, das eine gewisse Aggressivität bewirkt.	Reich, am Gaumen abgerundete, schöne Cabernet-Frucht, vollständig, aber doch kräftig mit Tannin unterlegt.	Ein schlanker, fast kerniger Cabernet, im Stil eines Pauillac, aber muskulöser als die Haut-Bages. Braucht noch 3–4 Jahre.

Ch. Desmirail 1983   2ème Cru Classé Margaux
Frankreich
(Cabernet-Sauvignon 80%, Merlot 10%, Cabernet franc 9%, Petit Verdot 1%)

Volles, tiefes Zinnoberrot, reich, noch sehr jung, eine aufregende, intensive Farbe.	Köstliches, sehr intensives Bukett von Schwarzen Johannisbeeren, Laub von Schwarzen Johannisbeeren, würzige Frucht.	Herrlich würzige, süsse Frucht, ausgleichende Eiche, sogar etwas Fleischigkeit eines Merlot. Ein sehr schönes Exemplar eines Margaux: pure Finesse und Balance.	Köstlich süsser, reifer, fruchtiger Abgang, aber keine Schwere und ein trockener Abgang, ein perfekter Wein zum Essen. Aufgrund seiner Balance trinkfertig, verbessert sich aber noch.

Ch. Branaire-Ducru 1979   4ème Cru Classé Saint-Julien
Frankreich
(Cabernet-Sauvignon 60%, Merlot 20%, Cabernet franc 15%, Petit Verdot 5%)

Volle Farbe, festes tiefes Rot, ganz schwacher »tawny«-Rand, jung.	Sehr schönes, würziges Médoc-Bukett (Zedernholz), in dem Eleganz und Harmonie an die Stelle der Primäraromen jüngerer Weine getreten sind.	Klassischer Médoc, trockener Abgang, dem saubere, reife Frucht vorausgeht. Harmonisch und gleichgewichtig, schöner *terroir*-Ausdruck, wobei die Rebe weniger im Vordergrund ist.	Klassischer Bordeaux aus einem sehr guten, wenn auch ertragreichen Jahr. Jetzt perfekt trinkfertig; der Cabernet ist durch die Reife weicher geworden, hat aber all seine Kraft behalten.

Ch. Montrose 1970   2ème Classé Saint-Estèphe
Frankreich
(Cabernet-Sauvignon 65%, Merlot 25%, Cabernet franc 10%)

Intensives, sehr tiefes Rot mit ziegelrotem Rand, noch pulsierend und voll – nach 18 Jahren.	Intensives Bukett sonnenwarmer Steine, rauhe Cabernet-Tannine, aber ein reifes Jahr, komplex.	Noch sehr rauh, reiche Frucht, Menge von Extrakt, aber keineswegs im aktuellen Stil der weichen Médocs. Sehr lang.	Wird sehr tanninreich bleiben, aber Frucht ist vorhanden. Sehr intensiv, vergleichbar mit La Mission 1978 (siehe Seite 153). Aristokratisch, muss dekantiert werden.

Verkostung/Rebsorten/Pinot Noir

Pinot Noir ist die einzige Rebe, aus der roter Burgunder gemacht werden darf. Sie ist zwar auch die Hauptrebe der Champagne und wird, wie der Chardonnay, auch in anderen Gebieten Frankreichs kultiviert, jedoch ist sie nicht so anpassungsfähig wie jene weisse Rebsorte. Während der Chardonnay viele Stilrichtungen hat, ist der Pinot Noir weniger flexibel. Die Farbe ist mit wenigen Ausnahmen niemals zu schwer oder zu tief; in der Jugend sollte er ein Aroma von angequetschten Früchten, hauptsächlich Erdbeeren oder Wildkirschen haben, während er im Alter ein Bukett überreifer Früchte oder sogar einen animalischen Geruch entwickelt. Der Geschmack sollte sauber und erfrischend sein, wie üppig der Wein auch sein mag, denn trotz der populären Vorstellung, dass der Burgunder ein wuchtiger Wein sei, sind die besten Pinot-Weine elegant mit lang nachtönender Frucht. Ausserdem mischt er sich – anders als die Cabernets, Merlot oder Syrah – nicht gut mit anderen Sorten, da er dabei seine Finesse und Rasse einbüsst. Am besten gedeiht der Pinot Noir in einem kühlen Klima, und mehr als jede andere Rebsorte kommt in ihr der Boden und das Klima zum Ausdruck.

In Frankreich wächst der Pinot an sehr unterschiedlichen Orten: Champagne, Loire, Burgund, Jura und Elsass. In jedem dieser Gebiete liefert er einen sehr unterschiedlichen Wein, ja selbst in jedem Mikroklima; ausserhalb Frankreichs wird jedoch gerade der burgundische Stil gesucht. Weil Weine mit einem echten Pinot Noir-Bukett und -geschmack selten sind, sowohl in Frankreich als auch anderswo, ist eine vergleichende Verkostung weniger ausgewogen als z. B. eine Verkostung mit Cabernet-Sauvignons. Bei dieser Probe haben wir versucht, Pinots auszuwählen, die einerseits sortentypisch sind und andererseits ihren regionalen Ursprung erkennen lassen.

FARBE	BUKETT	GAUMEN	BEMERKUNGEN
Gevrey-Chambertin 1987	**1er Cru »Les Fonteneys«** Joseph Roty		Côte d'Or, Frankreich
Schönes, pulsierendes Kirschrot, jung, recht voll.	Neues Holz deutlich präsent, beherrscht noch ein schönes reiches Aroma von zerdrückten Früchten.	Mineralische und lakritzartige Aromen, Holz dominierend, jedoch bricht saubere, reine Frucht durch, die die sich entwickelnde Komplexität verrät. Gute Länge, Säure und Balance.	Klassischer Gevrey-Chambertin – feste, leicht würzige Frucht und klassischer Pinot noir, wenn auch zur Zeit noch zu tanninreich. Lang und anhaltend, braucht noch mindestens fünf Jahre.
Hunter's Marlborough Pinot Noir 1987			Neuseeland
Mittlere Farbe, eine Spur Orangerot, deutlich weniger intensiv als der vorige Wein.	Gute Pinot-Frucht, aber mehr von der »gebackenen« als von der frischeren »zerdrückten« Art, weniger unmittelbar. Leicht pfeffrig und würzig.	Ähnliche Frucht am Gaumen, Eiche vorhanden, schönes Gleichgewicht, im Abgang noch etwas kantig, aber beinahe reif.	Kein schlechter Pinot von jungen Reben; in späteren Jahrgängen dürfte die Frucht besser definiert sein.
Ponzi 1986			Willamette Valley, Oregon, USA
Sauberes, mittelvolles Kirschrot, spielt bereits etwas ins Ziegelrote.	Würziges Kräuterbukett (Brennesseln), aber insgesamt schöne Pinot-Frucht.	Ähnlicher Eindruck am Gaumen, gute (hohe) Säure und natürlicher Extrakt, etwas schlank und Eichentannin im Abgang, aber tadellose Balance.	Ein eher vegetaler als erdbeerfruchtiger Pinot. Junge Reben verhindern eine vollere Dimension wie beim Gevrey Chambertin oder auch die geschmeidige Frucht des Arbois.
Arbois 1986 Rolet Père et fils			Jura, Frankreich
Klares, jugendliches, mitteltiefes Kirschrot mit hellem Rand.	Reine Pinot-Frucht – Erdbeeren, Kirschen – mit einer Spur Eiche, derselbe Eindruck wie bei einem leichten Côte de Beaune, köstlich.	Pinot-Frucht beherrscht auch hier das *terroir*, eine sehr schön abgerundete Frucht, die durch das Holz Festigkeit bekommt. Ehrlich; sehr gut gemacht.	Ein moderner, fruchtiger Pinot im Gegensatz zu den weniger unmittelbaren Rebsorten des Arbois, dem Trousseau und Poulsard. Harmonisch; trinken oder aufbewahren.
Au Bon Climat 1986			Santa Barbara County, Kalifornien, USA
Schönes, tiefschwarzes Kirschrot, voll und jugendlich, eine begeisternd reiche Farbe.	In die Nase springende Frucht, leicht konzentriert, guter Extrakt, eine Spur Eiche, elegant und nachtönend.	Schöne lebendige Frucht am Gaumen und sehr gut eingesetzte Eiche, die das pulsierende Pinot-Aroma und das *terroir* nicht verdeckt. Exzellentes Frucht/Säure-Gleichgewicht.	Exzellentes Aroma und Länge, einer der besseren Pinots Kaliforniens aus ertragsbeschränkten Reben mit intelligenter, an Burgund orientierter Vinifikation.

FARBE	BUKETT	GAUMEN	BEMERKUNGEN
Calera Jensen 1986			San Benito County, Kalifornien, USA
Reiche, vibrierende Farbe, voller und tiefer als der schon feste Au Bon Climat.	Reiche, konzentrierte Lakritzaromen, eine Fülle von Früchten mit reichen Brombeeren, Anklänge von Holz, ein lebendiger, komplexer Wein.	Sehr feiner Extrakt reifer Frucht, schliesst sehr schön an die Nase an, grosse Beständigkeit, Balance und Länge. Exzellent.	Einer der allerbesten kalifornischen Pinots von einem engagierten Weinerzeuger. Übertrifft den Au Bon Climat an Tiefe, Intensität und Komplexität. Ohne weiteres der Standard eines 1er Cru Côtes de Nuits.
Pinot Noir d'Alsace 1985	Cuvée à l'Ancienne		Cave de Turkheim, Frankreich
Bleiches Rot, aber eindeutig mehr rot als rosé, was für einen elsässischen Pinot noir ungewöhnlich ist; leichter »tawny« Rand.	Reines Pinot-Bukett: schokoladig, vegetal, rauchig, süss, leicht kantig.	Reine Pinot-Aromen, recht hoch im Alkohol, aber harmonisch mit gutem Extrakt. Etwas rustikal und mineralisch im Abgang, ähnlich einem Côte de Nuits.	Sehr gutes Exemplar eines Pinot noir aus einem besonders guten Jahr im Elsass. Volle, seidige Textur mit unterlegtem Tannin.
Mount Mary Wineyards 1985	Lilydale		Victoria, Australien
Mittleres bis tiefes Kirsch-/Karminrot, noch jugendlich und recht reich.	Reich, mit der typischen Präsenz und dem »rustikalen« Aspekt einiger Côte de Nuits, unterstützt von etwas Holz.	Reiche, fruchtige, »gebackene« Fruchtaromen, schöne Tiefe und Balance. Auf dem Höhepunkt, aber noch haltbar.	Ein sehr eleganter und stilvoller Pinot noir, vor allem für Australien. Nicht so köstlich wie die kalifornischen Weine, aber mit schöner Balance und Frucht.
Moss Wood 1985			Margaret River, Westaustralien
Volles, tiefes Kirschrot, robust, guter Extrakt, tiefer als der Mount Mary.	Konzentriert fruchtig, Erdbeer-Pinot-Aromen, beherrscht von neuer Eiche, noch sehr jung.	Ziemlich süss, aber sehr schön einsetzender Pinot mit rauchigen Eichentönen, etwas hohe Säure im Abgang, fast ein Cru Burgunder im Stil, mit Opulenz und Finesse, aber etwas zu süss.	Guter, stilvoller Wein, setzt köstlich ein, geschliffen, offen und geschmeidig: Ein sehr guter Pinot noir.
Hamilton Russell Wineyards »grand Vin Noir«			Kap der Guten Hoffnung, Südafrika
Reifes Ziegel-/Mahagonirot, an den Rändern leicht bräunliche Aufhellungen, reich.	Komplexe Frucht, setzt mit süssen Himbeeren ein, gefolgt von gebackenen Früchten. Gute Säure.	Warmer, körperreicher Wein. Süsse, aromatische Frucht, leicht erdiger Abgang. Würzig (Kampfer, Zimt), recht reif.	Exzellentes Gleichgewicht, ohne Jahrgang, aber mindestens fünf Jahre alt. Gute Frucht und typische Pinot-Säure, süsse Aromen und Balance.
Mondavi Pinot Noir 1984			Napa Valley, Kalifornien, USA
Mittlere Farbe, etwas voller, möglicherweise jünger als der vorige Wein, reicher und dichter.	Süsse, würzige Frucht mit deutlichen Anklängen von Eukalyptus, aber doch unverkennbar Pinot. Guter Fruchtextrakt.	Vollfruchtig, sogar lakritzartig: Warme, reife Frucht, recht anhaltend, wenn auch nicht komplex, setzt direkt und ehrlich ein. Gut gemacht.	Besitzt die Frucht, den vegetalen Charakter und die Süsse des Pinot, aber nicht die Eleganz und die Tiefe des Au Bon Climat oder Calera.
Clos Saint-Denis 1978	Grand Cru Georges Lignier		Côte d'Or, Frankreich
Volle, reife, warme Farbe, Mahagonirot, deutlicher Braunton an den Rändern, aber kein wirkliches Alter.	Reif, animalisch, Wildton, zu Kopf steigend, Anklänge von Kompost, tiefe Frucht, unverkennbar Côte de Nuits.	Fällt gegenüber dem Bukett etwas ab, leichter Alterston, jedoch die süsse Pinot-Frucht und der mineralische Côte de Nuits-Charakter noch vorhanden.	In der Mitte zwischen reif und alt, hätte pulsierender sein können, jugendlicher, aber doch ein sehr schön ausgewogener Wein. Der Roumier Bonnes-Mares 1985 (siehe Seite 152) ist zweifellos besser.

Verkostung/Rebsorten/Merlot

Das Hauptmerkmal der Weine, die aus der Merlot erzeugt werden, ist ihre geschmeidige Frucht. Im Gegensatz zum Cabernet-Sauvignon, mit dem Merlot häufig verschnitten wird, ist letzterer einerseits weniger streng und intensiv, andererseits reifer und fruchtiger. Er weist auch weniger Tannin auf, während Cabernet-Sauvignon alleine meist zuviel davon hat und zum Ausgleich die Geschmeidigkeit des Merlot braucht. Ausser in grossen Jahren wie 1961 und 1982 oder aus sehr sonnenreichen Rebgärten (Australien, Kalifornien) weist Merlot nicht die Farbdichte eines Cabernet-Sauvignon auf, sondern eher ein weiches, einladendes Rubinrot. Die früh austreibende Rebe ist durch Frühjahrsfröste gefährdet, und bei kühlem, feuchtem Erntewetter kommt es leicht zu Fäulnis. Sie reift allerdings früh, und in guten Jahren baut sie eine Zuckerfülle auf, die dem Wein eine rosinenartige, fruchtige Süsse und grosse Aromaintensität verleiht.

Merlot ist die dominierende Rebsorte in Pomerol und Saint-Émilion, und man braucht nur an den Ruf von Weinen wie etwa Ch. Pétrus oder Trotanoy zu denken, um sich das Potential der Trauben vor Augen zu führen. Im Médoc und in Graves steht Merlot an zweiter Stelle hinter dem Cabernet-Sauvignon. In Norditalien liefert der Merlot köstliche, geschmeidige, fruchtige Weine, denn je heisser das Klima, desto robuster wird der Merlot. Er ist ein grosser Erfolg in Kalifornien und Oregon, wo der Cabernet-Sauvignon etwas wuchtig und ertragsschwach sein kann. Merlot-Weine sind ansprechend und leicht zu trinken, jedoch ist dies nur die halbe Wahrheit: Wenn der Ertrag nicht gesteigert wird, sind sie so ernst zu nehmen wie die grossen Pomerol.

FARBE	BUKETT	GAUMEN	BEMERKUNGEN
Vin du Pays de L'Aude 1988			Frankreich
Reiches, rosinenartiges Purpurrot, natürlich sehr jung, fruchtig.	Rosinenartige Fruchtaromen, saubere Merlotfrucht, aber auch Komplexität.	Setzt mit weicher Frucht ein, eine Spur Festigkeit, die den Wein nicht glatt sein lässt.	Ein gut gemachter sehr preiswerter Merlot, gute Frucht, guter Extrakt und eine gewisse Länge, typische problemlose Merlot-Fruchtigkeit.
Clos du Bois 1986			Sonoma County, Kalifornien, USA *(76% Merlot, 24% Cabernet-Sauvignon)*
Schönes, reiches, jugendliches, tiefes Rubinrot, voll und lebendig fruchtig.	Reiches, rosinenartiges Bukett, noch ein Hauch neuer Eiche, weich und geschmeidig.	Dieselbe reiche Frucht am Gaumen, deutlich festerer Abgang wegen des Cabernet-Sauvignon, schönes Gleichgewicht, nicht übermässig komplex.	Attraktiver, reicher, geschmeidiger Wein, nur eine Spur Eiche, wird in den nächsten beiden Jahren ein Genuss sein, aber nicht zum Aufbewahren.
Rosemount Estate 1985			Hunter Valley, NSW, Australien
Volles, tiefes, samtenes Schwarzkirschrot, sieht geschmeidig und weich aus.	Fruchtig, geschmeidig, Anklänge von frischen Mandeln, milchiges Bukett, ausgeprägte Frucht, kein Tannin.	Eiche deutlich vorhanden, die aber mehr Geschmeidigkeit als einen Geschmack von Holzkohle beiträgt. Reif, fruchtig, geschmeidig, mürb, glatt, ohne grosse Tiefe.	Sehr geschmeidig, gut gemacht, Merlot drückt sich mehr in fruchtiger Geschmeidigkeit aus als in intensivem Aroma wie beim La Grave Trignant de Boisset.
Newton 1985			Napa Valley, Kalifornien, USA
Schönes, pulsierendes, reiches und tiefes Karminrot, schönes jugendliches Aussehen.	Sehr ansprechend zusammengestellte Frucht und Eiche mit etwas Tabak.	Schöne Frucht und Säure, exzellente Balance, kein überreicher oder überfruchtiger Merlot, aber alle Frucht durch gekonnte Vinifikation sehr schön vorhanden.	Sehr schön komponierter Wein, mit guter Reife, sauber strukturierter Frucht und gekonnt eingesetzter Eiche. Ein klassischer, verhaltener Merlot, kann reifen.
Sainte Michelle River Ridge Vineyards 1983			Washington State, USA
Mächtige Farbe, intensives, tintiges Purpurrot, unglaublich jung für einen 1983er.	Würzige, konzentrierte Brombeeren, beinahe Zinfandel-Bukett, setzt mit fetter und fleischiger Frucht ein, im Abgang schlanker.	Reiche Frucht, (Wacholder, schwarze Johannisbeeren), Mengen von Extrakt, aber *vin de presse*-Eindruck; Kraft zu Lasten der Finesse betont. Robust.	Beeindruckend, ziemlich massiv, noch sehr tanninreich, Tannin letztlich stärker ausgeprägt als die Frucht.
Ch. La Grave Trignant de Boisset 1982			Pomerol, Frankreich *(90% Merlot, 10% Cabernet franc)*
Volles, tiefes Rot mit ziegelrotem Rand, leichter Anflug von Reife.	Reicher, weicher, erdiger, trüffelartiger Merlot, geschmeidig, fast süsse Anklänge gedünsteter Pflaumen.	Reich, fruchtig, dieselben Anklänge gedünsteter Frucht, aber mehr in Richtung würziger Trockenfrüchte, ein reicher, warmer, generöser Wein mit festem Rand.	Aristokratisch, fast exotisch, würzige Frucht, noch eine Spur Eiche, opulent, aber noch fest, sehr komplex, Merlot und Pomerol par excellence.

Verkostung/Rebsorten/Syrah

Die Syrah-Rebe gedeiht in sonnigem Klima: In Frankreich ergibt sie im Rhône-Tal die schönsten Resultate, insbesondere im nördlichen Abschnitt; zur Zeit breitet sie sich auch in der ganzen Provence aus. Sie ist sehr erfolgreich in Australien, wo sie Shiraz oder Hermitage genannt wird, in Südafrika oder Kalifornien, wo sie nicht mit der Petite Sirah verwechselt werden sollte. Syrah-Weine haben eine tief purpurne Farbe, ein intensives Aroma von Schwarzen Johannisbeeren und Gewürzen, sind reich und robust am Gaumen mit rauher Frucht, die oft erst nach Jahren geschmeidiger wird und die Komplexität hinter der Kraft hervortreten lässt. Professor Saintsbury nannte den Hermitage den männlichsten der Weine, eine sehr passende Beschreibung. Es kann keinen Zweifel geben, dass Hermitage und Côte-Rôtie, wo auf Steilhängen gepflanzte Reben über der Rhône Weine von unvergleichlich konzentriertem Geschmack und Aroma hervorbringen, für Syrah Massstab sind.

Der Syrah ist die einzige Rebsorte für Hermitage, Cornas, St. Joseph und Crozes-Hermitage, meist auch für Côte Rôtie (wo bis zu 20% der weissen Viognier zugefügt werden dürfen); er spielt eine wichtige Rolle für die Weine von Châteauneuf-du-Pape, der südlichen Côtes-du-Rhône und der Provence, wo seine feste, würzige Frucht die üppige Fülle der Grenache ausgleicht. Trotz seines Rufs als schwerer Wein ist Syrah selten wuchtig, und er weist eine natürliche Säure auf, die ihn, ausser in heissen Gegenden, davor bewahrt, überreif zu werden.

FARBE	BUKETT	GAUMEN	BEMERKUNGEN
Rosemount Hunter Valley 1987			NSW, Australien
Reich, intensiv, jugendlich und fast undurchdringlich, sehr körperreich.	Ledrige, muskulöse Frucht, die aber einem weicheren Aroma von Brombeeren und Schwarzen Johannisbeeren weicht.	Reiche, rosinen- und wacholderartige Frucht, Brombeeren deutlich vorhanden, breit, fleischig, reich mit einer fast Sorbet-ähnlichen Konzentration.	Sehr reich und fruchtig, voll einsetzend, rosinenartig und mundfüllend, unverkennbar der reiche australische Syrah-Stil.
Cornas 1986			Rhône, Frankreich
Fabelhafte Farbe, intensives Purpurrot, reich, aber nicht schwer.	Noch recht verhalten, aber verborgene Kraft; eine brombeerartige, pfeffrige, rauchige Frucht bricht durch; sehr schön.	Ein seriöser, klassischer Syrah, Frucht lässt ihre Kraft erst ahnen, eher hoch im Tannin und eher niedrig im Alkohol, im Vergleich mit dem Rosemount fast ein Syrah im Médoc-Stil.	Ein sehr ausgewogener Wein für einen mittleren Jahrgang: Der 1985er bietet das Doppelte an Frucht, Biss und Tannin. Klassischer Syrah, aber mehr Cornas *(terroir)* als Syrah.
The Armagh 1985 Jim Barry			Clare, Südaustralien
Gewaltige Farbe, tiefes Schwarzrot, intensiv, aber sauber strukturiert, sehr reich. Ein prächtig aussehender Wein.	Reiche, konzentrierte Brombeerenfrucht und ein deutlicher Eindruck erstklassiger Eiche, im Stil des Sassicaia oder Lynch-Bages. Anklänge von flüchtiger Säure steigern das Bukett.	Samtiges, würziges, mundfüllendes Aroma, sehr üppig und wuchtig, Brombeeren und Eiche im Abgang, Pfefferminz und Eukalyptus. Floral und intensiv.	Ein Wein von grosser Klasse und grossem Potential, intensive und würzige Syrah-Frucht, mundfüllend, aber nicht plump.
Ch. Le Amon 1985			Bendigo, Australien
Fast schwarze, absolut jugendliche Farbe (könnte ein 1988er sein), sehr reich, ähnlich dem The Armagh.	Würzige Pfefferminzaromen, mehr Napa Cabernet-Sauvignon als Shiraz, saubere Wacholderfrucht.	Reiche, feste Frucht mit Persönlichkeit und Tiefe, schlankes Tannin, aber nicht zu schlank für die Frucht, schönes Gleichgewicht.	Mengen von Extrakt, ein sauberer, muskulöser Wein, fester und weniger üppig als der The Armagh. Ein sehr schönes Exemplar.
Joseph Phelps 1980			Napa Valley, Kalifornien, USA
Volles, recht intensives, tiefes Mahagonirot, an den Rändern Aufhellungen und Brauntönungen, ein völliger Kontrast zu den jüngeren Weinen.	Würzige, reife Frucht, leicht süsslich/ledrig – erdig/wildbretartig, fast burgundisch; gute Konzentration.	Ähnlicher Eindruck am Gaumen, Frucht setzt süss ein, noch mit Säure unterlegt, gute Balance.	Ausgereift, mehr Komplexität als unmittelbare Frucht, jedoch ist das typisch pfeffrig/würzige Aroma noch vorhanden. Harmonischer Wein.
Côte-Rôtie »Côte Brune« 1978 Gentax-Dervieux			Rhône, Frankreich
Reiches, jugendliches, dunkles Zinnoberrot, mit Anklängen von Granat, kaum Altersanzeichen für einen zehn Jahre alten Wein.	Komplexes, würziges, vegetales, rauchiges, kompostartiges Bukett, tiefe Frucht, noch lebendig und würzig.	Perfekt ausgewogene intensive Frucht, noch etwas Brombeeren und Jugendlichkeit, Anklänge von Holz, grosse Konzentration und Eleganz. Ein aristokratischer, aber kein »dünkelhafter« Wein.	Sehr köstlicher, fester Wein, gebackene, konzentrierte Frucht, grosse Länge, weniger reich als der Landonne (siehe Seite 153), aber vielleicht klassischer. Ein perfektes Exemplar.

Verkostung/Rebsorten/Rote Burgunder 1978

Der Zweck dieser Verkostung ist ein ähnlicher wie bei der horizontalen Verkostung der 1983er Bordeaux auf den Seiten 172–173: Es soll der Unterschied zwischen den *appellations* in der Côte de Beaune und der Côte de Nuits aufgezeigt werden. Bei gleicher Rebsorte, hier Pinot Noir, sind Unterschiede in Stil und Charakter durch die geographische Lage der Rebgärten, den Boden, den Untergrund und das Mikroklima bedingt. Da die burgundischen Rebgärten so zersplittert sind, können Vinifikationsunterschiede den typischen Charakter der verschiedenen appellations sowohl übersteigern als auch verwischen. Deshalb entschieden wir uns bei dieser Verkostung dafür, ausschliesslich Weine von einem einzigen, hoch angesehenen négociant-éleveur zu nehmen, nämlich Leroy. Die Weine wurden bei selbständigen propriétaires bezogen und unverschnitten abgefüllt. Sie bringen zum einen die persönliche Vorliebe von Madame Bize-Leroy für gut strukturierte, langlebige Weine, zum anderen aber auch den Stil der einzelnen villages zum Ausdruck, und wir sind der

Meinung, dass durch diese Homogenität die Unterschiede nur um so besser zum Ausdruck kommen.

1978 ist in Frankreich, insbesondere aber im Burgund, das Jahr des »Herbstwunders«. Durch eine späte Blüte im Juni hatte man sich bereits mit einer kleinen Ernte abgefunden. Der Juli war kalt und der August so feucht, dass einige Winzer im Burgund die Ernte schon überhaupt abschrieben. In der ersten Septemberwoche änderte sich dann das Wetter, und die Sonne schien fast ununterbrochen bis Mitte Oktober. Das Ergebnis waren Weine von sehr guter Struktur, nicht durch die Sonne konzentriert wie im trockenen Jahr 1976 oder etwas verwaschen wie bei der folgenden grossen Ernte des Jahres 1979. Sowohl Côte de Beaune wie Côte de Nuits brachten Weine mit tiefer Farbe und markanter Frucht hervor, die lange Lagerung lohnen. Elf Jahre nach der Ernte sind die Villages-Weine auf dem Höhepunkt; Premiers und Grand Crus sehen einer vielversprechenden Zukunft entgegen.

FARBE	BUKETT	GAUMEN	BEMERKUNGEN
Côte de Beaune-Villages			
Schönes, solides Ziegelrot, noch jung, heller Rand, kein Braunton.	Reiche Frucht mit würzigen, lakritzartigen Anklängen von Wildbret, sehr reif, eine Spur *terroir*.	Geschmeidige, gute Frucht und gute Länge, harmonische Säure, Eleganz, Struktur und Finesse.	Ein sehr gutes Exemplar eines Côte de Beaune: Geschmeidigkeit, aber feste Frucht, mit der ausgewogenen Konzentration eines 1978ers.
Chassagne-Montrachet			
Solides Mahagonirot, voller und konsistenter als der erste Wein.	Florale Pinot-Frucht, Muskatton, Anklänge von Leder und Wildbret, ephemer.	Setzt sehr schön ein, gebackene, würzige Frucht, ein Hauch Leder, tadellose Aromalängen, gute Säure, etwas Tannin, aber ein guter Frucht-Rückhalt.	Exzellente Balance, mehr Klasse als der erste Wein – und doch keine höhere Appellation.
Auxey-Duresses			
Prächtig konzentriertes, dunkles Mahagoni, samten, reich, sehr beeindruckend und sehr jung.	Dieselbe Konzentration, leicht verbrannte, geröstete Aromen (Kakao, Kaffee), sogar eine Spur Veilchen, sehr reich und tief, offensichtlich von sehr alten Reben.	Wunderbar jugendliche, samtige, vielschichtige florale Frucht, sogar eine unwahrscheinliche Spur neuen Holzes, ausserordentlich sinnlicher, aber fester Wein.	Ein hervorragender Wein mit der Kraft und »Power« eines Côte de Nuits, aber üppige Geschmeidigkeit im Abgang, wunderbarer Extrakt, wird noch weitere zehn Jahre halten.
Savigny-les-Beaune »Les Narbentons« 1er Cru			
Voll, jung und reich, weniger konzentriert als der Auxey-Duresses, aber sehr ansprechend.	Misch-Bukett aus Frucht und Röstung, wunderbar warme Frucht beim Einsetzen.	Geschmeidige Frucht und nicht nur eine Spur Schokolade, köstlicher Eindruck von süsser Pinot-Frucht mit der Delikatesse der Weine von der Beauner Seite von Savigny.	Sehr harmonisch, sehr gute Länge und Finesse. Ein Savigny-les-Beaune »Les Serpentières« war seriöser, besass aber weniger Charme und ähnelte mehr einem Aloxe-Corton als einem Beaune.
Volnay-Santenots 1er Cru			
Schönes, solides Samtrot, reich im Glas, kein heller Rand.	Sehr konzentrierte gemischte rote Früchte, recht reich, ehrlich.	Schön, poliertes Möbelwachs, Frucht, sehr reich, gute Balance, reif, etwas wenig Komplexität.	Reich, reif, fest, für einen Volnay voll (dieser stammt aus der Gemeinde Meursalt), etwas weniger lebendig als die Savignys.

FARBE	BUKETT	GAUMEN	BEMERKUNGEN
Volnay-Caillerets 1er Cru			
Sehr schöne Farbe, viel jünger und pulsierender als die Santenots mit demselben samtigen Ausdruck.	Konzentrierte florale Frucht, Anklänge von wilden Veilchen, elegant und eindeutig 1er Cru-Klasse.	Lebendige, fast jugendliche Frucht, eine Spur Veilchen, sogar Iris, guter Extrakt, vor allem aber eine wunderbare Finesse.	Rasse, Delikatesse und anhaltende Frucht. Faszinierender Kontrast zum Santenot, der erfreulich ist, aber nicht von dieser Qualität.
Pommard »Les Vignots«			
Schöne, jugendliche Farbe, festes, tiefes Mahagoni, kaum Altersanzeichen.	Recht verhaltene Frucht, eindeutig ein fester Wein mit guter Frucht, besitzt aber nicht das aromatische Bukett des Volnay-Caillerets.	Herrliche Explosion aromatischer Früchte am Gaumen, konzentrierte zerdrückte Früchte, leicht ledrig, sehr gute Struktur, Länge und Finesse.	Exzellente Länge, ein klassischer fester, aber nicht schwerer Pommard, noch jugendlich, ein schöner Kontrast zur floralen Eleganz des Volnay-Caillerets. Hält noch lange mit.
Chambolle-Musigny			
Schönes, mittleres Rot, jedoch ohne die Tiefe der letzten fünf Weine. Möglicherweise von jungen Reben.	Gebackene, reife Pinot-Frucht, leichter Holzton, beginnt zu altern.	Ehrlich, ohne die Komplexität und Erregung der vorigen Weine, Frucht ziemlich von Holz und der natürlichen Säure beherrscht.	Hat nach den Volnays und den Pommards einen schweren Stand. Möglicherweise noch zu jung; wahrscheinlich aber fehlende Komplexität eines Villages im Vergleich mit einem Cru.
Nuits-Saint-Georges »Les Boudots« 1er Cru			
Reiches, solides Tiefrot, tief und dicht, samtig.	Reiche Frucht, leichter Muskatton, noch recht verschlossen.	Begeisternde Frucht, Fülle am Gaumen, eine reiche, animalische Frucht, kräftig, aber mit Länge und Rasse.	Ein klassischer fester Nuits-Saint-Georges, etwas hohe Säure aufgrund des Jahrgangs, fast aggressiv, im Stil das Gegenteil des Volnay-Caillerets, braucht noch Zeit.
Nuits-Saint-Georges »Les Perdrix« 1er Cru			
Fabelhafte Farbe, sehr jung und sehr reich, wunderbar tiefes, warmes Rot.	Verblüffende, fast explosive Frucht, exotische, würzige Elemente, lebendig, grosse Tiefe und lange nachtönende Aromen.	Grossartiger Eindruck von Frucht und *terroir,* reich, zum Beissen, geschmeidig, samtig. Mehr Biss als der Boudot, ganz exzellent.	Ein Wein von Grand Cru-Qualität, besitzt die Finesse eines Bonnes-Mares (siehe Roumier, Seite 152) mit der Festigkeit eines Nuits-Saint-Georges.
Gevrey-Chambertin La combe aux Moines			
Sehr tiefe Farbe, ebenso tief wie der Perdrix, voll, fest und samtig, keinerlei Altersanzeichen.	Exquisite Mischung floraler (Veilchen, Iris) wildbretartiger Aromen mit reichen Schokoladenobertönen, konzentriert, aber elegant.	Setzt grossartig ein: Schokolade, Kakao, Trockenfrüchte, reich und fast dick vom Extrakt, grosse Eleganz und Präsenz. Ein erlesener Wein.	Sehr schönes Exemplar eines Gevrey-Chambertin, wie er kaum besser sein kann, herrlicher Extrakt und *terroir,* massiv und lange nachtönend. Grand Cru-Standard.
Mazis-Chambertin			
Schöne Farbe, weniger reich und dicht als der Chevrey-Chambertin, vielleicht aber lebendiger und pulsierender, wirklich schön.	Perfekter Fruchtausdruck, seidig, aber mächtig, reine Eleganz, unglaubliches Aroma, Länge.	Schokolade, Kaffee, reiche Früchte, sehr deutliche Anklänge von *terroir,* wodurch der Mazis geschmeidiger und sogar noch länger ist als der Gevrey-Chambertin. Weniger selbstbewusst, mehr Finesse.	Kaum nachzuvollziehende Verwandlung der Traube zum fertigen Wein: Die Qualität und das Geheimnis erlesener Burgunder. Perfektion.

Horizontale Verkostung/Rote Bordeaux 1983

Zweck dieser Verkostung ist es, die Stilunterschiede bei den wichtigsten Herkunftsgebieten in Bordeaux aufzuzeigen, in denen sich der Einfluss des Bodens und des Klimas und insbesondere der Rebsortenzusammenstellung sowie der individuelle Stil einzelner Châteaus spiegelt. Ausgewählt wurde der Jahrgang 1983, der sich jetzt, nach sechs Jahren, allmählich öffnet. Von den davorliegenden Jahrgängen war 1982 auf alle Fälle opulenter, möglicherweise der reichste Jahrgang seit 1969; 1981 sehr fein, mit klassischen Weinen, von eher schlanker Art; 1980 ziemlich leicht; 1979 ein Jahr hoher Erzeugung, das sich jetzt sehr gut trinkt; 1978 ein klassisches Jahr, wie die auf Seite 170–171 verkosteten

Weine zeigen. Im Gegensatz zur Burgunderverkostung haben wir hier keinen mehr oder weniger trinkfertigen, sondern einen in Entwicklung begriffenen Jahrgang ausgewählt, der die Unterschiede im *terroir* besser erkennen lässt.

Hinsichtlich der Witterung war 1983 ein fast perfektes Jahr mit gutem Fruchtansatz und lediglich etwas zu viel Regen in der ersten Septemberhälfte. Die Ernte war gross, nicht so konzentriert wie 1982 (mit Ausnahme von Margaux) und lieferte klassische Weine mit Tiefe und Typizität. Die kleineren Weine sind jetzt sehr gut trinkbar, diejenigen in dieser Verkostung noch einige Jahre vor dem Höhepunkt.

FARBE	BUKETT	GAUMEN	BEMERKUNGEN
Ch. Prieuré-Lichine 3ème Cru Classé Margaux			*(Cabernet-Sauvignon 52%, Merlot 31%, Cabernet franc 12%, Petit Verdot 5%)*
Reiches, tiefes Mahagonirot, kein wirkliches Alter, dicht und warm.	Reich, würzig, sogar schwach verbrannt, Mengen Extrakt und Eleganz.	Setzt sehr schön ein, für einen Prieuré-Lichine ungewöhnlich viel Kraft und Konzentration. Ein fleischiger, fester Wein, durch die Finesse aber eindeutig Margaux.	Ein reifer 1983er, Aromen von Veilchen, reifer Frucht, schön und lang. Dürfte in drei Jahren auf dem Höhepunkt sein.
Ch. Palmer 3ème Cru Classé Margaux			*(Cabernet-Sauvignon 55%, Merlot 40%, Cabernet franc 3%, Petit Verdot 2%)*
Volle, fleischige Farbe, ölige, am Glas haftende Viskosität, reich und schön.	Reiche, fruchtige, würzige »Weihnachtspudding«-Aromen, enormer, guter Extrakt.	Mengen Frucht und Aroma, fleischig, würzig und geschmeidig im Vergleich zu manchen schlankeren Margaux (siehe Ch. Desmirail 1983, Seite 165), fast üppig.	Wunderbarer Fruchtextrakt und erlesene Balance, ein typischer fleischiger Palmer aus einem Jahr, in dem im Margaux die anderen Médocs ausstach.
Ch. La Lagune 3ème Cru Classé Haut-Médoc			*(Cabernet-Sauvignon 55%, Merlot 20%, Cabernet franc 20%, Petit Verdot 5%)*
Sehr volle Farbe, so voll wie der Palmer, nicht ganz so reich.	Rosinenartig, Vanille, süsse, konzentrierte Frucht, mit Tannin.	Reich, rosinenartig, weniger würzig und intensiv als der Palmer, reife Frucht (Schwarze Johannisbeeren), kontrastiert vom neuen Holz. Braucht noch zwei bis drei Jahre.	Ein schöner, intensiv fruchtiger, rauchiger Wein, noch etwas hart vom Holz.
Ch. Leoville-Poyferré 2ème Cru Classé Saint-Julien			*(Cabernet-Sauvignon 65%, Merlot 35%)*
Sehr, sehr mächtige Farbe, dichter als Palmer und La Lagune aufgrund eines langen Extrakts von reifem Cabernet-Sauvignon.	Würzige, dichte Frucht, vom Cabernet beherrscht, etwas Holz, nicht durchwegs neu wie bei La Lagune.	Noch fest und verhalten, Kraft und Tiefe des Cabernet hinterlassen einen leichten Rappengeschmack, aber guter Extrakt und wird gut reifen.	Einer der besten Jahrgänge eines Châteaus, das allmählich seiner Klassifikation gerecht wird. Im Moment noch zu wenig Schliff und Eleganz.
Ch. Lynch-Bages 5ème Cru Classé Pauillac			*(Cabernet-Sauvignon 70%, Merlot 18%, Cabernet franc 10%, Petit Verdot 2%)*
Sehr schöne Farbe, rosinenartiges, intensives Rubinrot, sehr reich und dicht.	Köstlich würzige Aromen, zerdrückte Früchte und Obertöne von Zedernholz, leichte Ledrigkeit, eine robuste, feste Frucht.	Vorzügliche Frucht, ganz würzige Cabernet-Konzentration, schön und sauber, nicht der massive Reichtum des 1982ers, aber exzellente Vinifikation. Lang und jede Menge Potential.	Ein klassischer Pauillac, wie von Lynch-Bages gewohnt, voll und reich, aber fest.

FARBE	BUKETT	GAUMEN	BEMERKUNGEN
Ch. Duhart-Milon-Rothschild 4ème Cru Classé Pauillac			*(Cabernet-Sauvignon 70%, Merlot 20%, Cabernet franc 5%, Petit Verdot 5%)*
Schönes, tief konzentriertes Karminrot, recht reich, aber weniger intensiv als der Lynch-Bages.	Gut konzentrierte rote Beerenfrüchte, fester Rand, nicht das rauchige Fett des Lynch-Bages, verhaltenere Frucht.	Feste Frucht mit zedernartigem, holzigem Tannin, ein schön strukturierter Pauillac, braucht noch vier bis fünf Jahre, damit die Frucht den Fassausbau wieder übertönen kann.	Im Stil das Gegenteil des üppigen Lynch-Bages, ein fester, straffer Wein, der die leichte Härte der meisten 1983er Pauillacs zeigt.
Ch. Cos d'Estournel 2ème Cru Classé Saint-Estèphe			*(Cabernet-Sauvignon 60%, Merlot 40%)*
Massive Farbe, festes fleischiges Rot ohne Altersspuren, vielleicht etwas weniger pulsierend jung als Lynch-Bages und Palmer.	Recht derbe, ausgequetschte Frucht, in der Mitte zwischen einem eher reifen Bukett und primären Fruchtaromen, im Vergleich zu den anderen geschlossen.	Ausdrucksvoller am Gaumen, ein voller, fester Wein mit rauchigen Obertönen und der Fülle des Merlot. Beginnt zu reifen.	1983 war im nördlichen Médoc weniger gelungen und der Kontrast zum Palmer ist augenfällig. Gut, aber nicht gross.
Ch. Haut-Bailly Cru Classé Graves			*(Cabernet-Sauvignon 36%, Merlot 30%, Cabernet franc 10%, alte Reben 24%)*
Festes, fruchtiges, tiefes Ziegelrot, am Rand leichte Reifeanzeichen, weiter fortgeschritten als die übrigen Weine dieser Verkostung.	Gemischte Fruchtaromen, Rote Johannisbeeren, eine Spur Hagebutten, noch Holzton, beginnt aber insgesamt auszureifen.	Feste Frucht, hat nicht mehr die fleischige Frucht der Jugend, aber noch Tannin. Schöne Harmonie, wird in zwei Jahren optimal sein, noch etwas kantig.	Aromatischer, ziemlich verhaltener Graves, weniger erfolgreich als 1979 und 1982, wird aber diese schwierige Phase bald hinter sich lassen, die er früher erreicht hat als die meisten 1983er.
Ch. La Mission Haut-Brion Cru Classé Graves			*(Cabernet-Sauvignon 60%, Merlot 35%, Cabernet franc 5%)*
Sehr ausladende, reiche Farbe, Mengen Extrakt, nur eine leise Spur Reife.	Fleischig, würzig, Lakritz, aber mit einem aromatischen, rosenähnlichen floralen Ton. Wirklich sehr gut.	Sehr schöne Tiefe der Frucht, einsetzende Reife mit unverkennbarem Holz, das aber nicht mehr neu ist, grossartige Konzentration, pulsierend, reicht an den Palmer und den Lynch-Bages heran.	Konzentriert, fast altmodisch, aber im Vergleich mit dem 1978er weniger tanninbetont. Ein sehr schöner, ausgewogener Wein, ganz anders als der Haut-Bailly, braucht noch fünf Jahre.
Ch. Larmande Grand Cru Classé Saint-Émilion			*(Merlot 65%, Cabernet franc 30%, Cabernet Sauvignon 5%)*
Sehr ausladende, dichte, reiche Farbe, voll, jung und samten.	Rauchige, konzentrierte reiche Merlot-Frucht, rosinenartig und begeisternd.	Superb, fleischig, reiche Fruchtaromen mit genau den richtigen Mengen Holz. Ein reifer Wein, Mengen von Extrakt, sehr gut gemacht, nähert sich dem Höhepunkt.	Ein sehr schöner Saint-Émilion, der die überladene Fruchtigkeit vieler Weine vermeidet; als 1983er, wenn nicht überhaupt, dem Palmer und Lynch-Bages gleichwertig.
Ch. Magdelaine 1er Grand Cru Classé Saint-Émilion			*(Merlot 80%, Cabernet franc 20%)*
Tiefe, konzentrierte Farbe, vielleicht weniger reich als der Larmande, aber sehr schön und perfekter Ton.	Setzt erheblich leichter ein als der Larmande, dafür aber mehr aromatische Tiefe, die die Lage auf den hohen Saint-Émilion-Hängen deutlich werden lässt.	Sehr würzige Frucht, Cabernet franc überwiegt, rauchige Aspekte von Holz, reich, aber ausserordentlich elegant. Fast trinkfertig.	Fabelhafte Balance, ein Eindruck von der Finesse eines Volnay in Saint-Émilion, weniger fleischig als der Larmande, sehr fein.
Ch. Latour à Pomerol Pomerol			*(Merlot 80%, Cabernet franc 20%)*
Wunderbar tiefes Mahagoni, Zinnoberrot, tief, intensiv und reich.	Reich, samten, erdig, Wildbretaromen, sehr voll und wuchtig.	Würzige, körperreiche, seriöse Frucht, fester Tanninrand und reicher Fruchtextrakt, grosse Aromatiefe.	Gleiches Rebenverhältnis wie beim Ch. Magdelaine, wobei der Pomerol mehr einem Corton-Rugiens ähnelt; fleischig und erdig. Sehr gelungen. Genauso gut wie der 1982er.

Vertikale Verkostung/Rote Burgunder

Mit dieser Verkostung soll der Unterschied zwischen zwölf Burgunderjahrgängen aus den 60er, 70er und 80er Jahren illustriert werden. Wir haben eine einzelne Volnay-Lage ausgewählt, den Clos de la Bousse d'Or, wo der Wein in jedem Jahrgang vom gleichen Erzeuger gemacht wurde, so dass der Jahrgangseinfluss unverfälscht zum Ausdruck kommt. Volnay gilt als das Urbild eines Côte de Beaune.

Clos de la Bousse d'Or, Volnay

Das Gut besitzt 13 ha Reben mit Lagen in Pommard und Santenay wie auch in Volnay. Der Rebgarten Clos de la Bousse d'Or (die ursprüngliche Schreibung Bousse statt Pousse wurde 1967 wieder eingeführt) ist ein *monopole*. Neben den Gütern des Marquis d'Angerville und von Mme Hubert de Montille gehört das Gut zu den besten in Volnay, und Gérard Potel ist einer der fähigsten Weinerzeuger der Côte d'Or.

Ausser in kalten Jahren, wenn die Rappen den Wein grasig statt gerbstoffhaltig machen, entrappt M. Potel vor der Gärung nicht. Letztere findet in glasausgekleideten Emaille-Tanks statt und dauert in der Regel zwölf bis vierzehn Tage. Der Wein bleibt durchschnittlich vierzehn Monate in Fässern, von denen jährlich die Hälfte erneuert wird. In den 60er Jahren filtrierte M. Potel nicht, jedoch verlangte der Exportmarkt Glanzhelligkeit, weshalb jetzt ganz leicht filtriert wird. Chaptalisiert wird kaum, in guten Jahren wie 1971 und 1985 überhaupt nicht. Die Erträge werden u. a. durch strenge Rebschnitte durchschnittlich bis gering gehalten. Das Durchschnittsalter der Reben beträgt 27 Jahre.

Im Stil ist der Clos de la Bousse d'Or fest und markant mit einem konstanten Anteil Tannin, der die Frucht erst spät zur Entwicklung kommen lässt. Es ist vielleicht ein Pauillac unter den Volnays.

FARBE	BUKETT	GAUMEN	BEMERKUNGEN
1986			
Festes, tiefes Karminrot mit noch jugendlich rosafarbenem Rand.	Guter Extrakt, saubere Frucht, Holz vorhanden, beginnt die fruchtig jungen Pinot-Aromen abzubauen.	Feste, recht solide Frucht, mit zusätzlicher Festigkeit durch das Holz, aber schöne Balance und Länge. Braucht noch fünf Jahre.	1986 war ein »neidischer« Jahrgang: diejenigen, die früh lasen, erzeugten leichte, gefällige Weine; wer durchhielt und erst nach dem Regenwetter las, erzeugte erlesene Weine, meist in der Côte de Nuits. Dieser liegt in der Mitte.
1985			
Volle, pulsierende Farbe, voller als der 1986er, samtiger und reicher.	Reiche Frucht, rote Beeren und Rosinen, mit einer gewissen erdigen/animalischen Dichte.	Sehr schönes Aroma, reicher Extrakt, ein fester, aber fleischiger Volnay mit reifer, geschmeidiger Frucht, keine Wucht, perfekte Balance und Länge.	Ein Jahrgang von perfekter Reife mit gesunden Trauben, die einen harmonischen Wein ergaben. Die zusätzliche Qualität dieses Weines hat ihre Ursache in der aromatischen Konzentration durch Ertragsbeschränkung und gute Vinifikation.
1984			
Volles, tiefes Mahagonirot, sehr gut für einen 1984er, nur leichte Aufhellungen am Rand.	Recht reifes, gebackenes Fruchtbukett, eine Spur Säure, aber gute Frucht.	Setzt mächtig ein, aber noch ein Rand von Säure und Holz. Aufgrund von Selektion aus konzentrierte Frucht für einen weniger grossen Jahrgang. Wird erst in zwei Jahren seine Säuren verlieren.	Ein kalter, nasser Sommer ergab Trauben mit nicht ausreichender natürlicher Reife. Dies ist ein sehr gutes Exemplar mit besserem Alterungspotential als die meisten anderen; wird trocken, aber nicht ausgezehrt sein.
1983			
Mittelvolle Farbe; intensiveres Rot als in einem Jahr zu erwarten, von dem viele Weine ihre Farbe verloren haben.	Gute Fruchtkonzentration: Rote Beeren, Rosinen, eher Fruchtextrakt als natürliche Reife.	Hoher Extrakt, leicht hohe Säure und hohes Tannin, noch recht hart und ohne den Charme des Volnay, aber ein schöner, seriöser, komplexer Wein für die nächsten fünf bis zehn Jahre. Einer der besten 1983er.	Eine rasch um sich greifende Fäule zwang in der dritten Septemberwoche die Güter zur raschen Lese. Nur diejenigen, die faule Trauben auslasen und den Rest lange genug gären liessen, erzeugten einen guten Wein.

FARBE	BUKETT	GAUMEN	BEMERKUNGEN
1982			
Mittlere Farbe, recht reif, leichte Bräunung am Rand und ziemlich diffus.	Angenehm, etwas Frucht, leicht konzentriert, noch etwas Holz.	Ziemlich leicht, vor allem nach der Konzentration des 1983ers, hält nicht durch. Auf dem Höhepunkt, wird nicht besser werden.	Ein Jahr von erheblicher Überproduktion, in dem es selbst dem Bousse d'Or an Substanz und Präsenz fehlt. Weniger gut als der 1984er.
1980			
Gute Farbe, für einen neun Jahre alten Wein jugendlich, mehr Tiefe als der 1982er.	Recht reiches, expansives Bukett, rote Früchte, Anklänge von Tabak und Schokolade.	Ausgewogene Frucht, geschmeidig mit Festigkeit und Finesse, Obertöne von Schokolade, recht reif, aber noch haltbar.	Ein unterschätzter Jahrgang, besser in der Côte de Nuits (vielleicht dem 1986er gleichwertig). Etwas wenig Länge, aber harmonisch.
1979			
Sehr schönes Rubin-/Mahagonirot, jugendlicher und samtiger als der 1980er.	Sehr schöne Frucht, erinnert noch an die Pinot-Traube, mit einer Mischung aus Erdigkeit und Geschmeidigkeit.	Sehr schön, ein wirklich köstlicher Côte de Beaune, geschmeidig, harmonisch, sehr gut ausgereift und noch haltbar. Das Gleichgewicht, das man im Volnay sucht; kein grosser Wein, aber im Alter perfekt.	Späte, aber gute Blüte, ein mässiger Sommer und schönes Lesewetter ergaben eine grosse Ernte – geschmeidiger Wein mit ausreichendem Körper für ein Jahrzehnt. Fast ein Klassiker.
1978			
Noch recht intensiv, tiefer als der 1979er, beginnt aber am Rand braun zu werden.	Reichliche, konzentrierte Frucht, ein leichter Erdton, mehr Länge und Tiefe als der 1979er.	Schöne Konzentration von Aromen, die einen grossen Wein anzeigen, reife Frucht, fast samtener Extrakt mit der Festigkeit des Bousse d'Or, grosse Länge. Ein Bilderbuchburgunder, der sich seinem Höhepunkt nähert und noch zehn Jahre halten wird.	Kaltes Frühjahr, späte, eingeschränkte Blüte, sehr schlechter Sommer, aber ständig sonniges Wetter ab September sorgten für ein Lesewunder. Kleine Ernte fester, harmonischer Weine, die beste der 70er Jahre.
1976			
Tiefe, fast gewaltige Farbe, tiefer als die beiden vorherigen Weine.	Konzentriertes, robustes Bukett, im Gegensatz zum Volnay oder dem Bousse d'Or von rustikaler Art.	Das harte Tannin beginnt sich abzubauen und dem Fruchtextrakt zu weichen. Noch zu kantig, um optimal zu sein, grosse Konzentration ohne Einbusse an Gleichgewicht.	Kleine bis mittlere Ernte überkonzentrierter Trauben aufgrund eines ausserordentliche heissen trockenen Sommers. Nur sorgfältige Vinifikation konnte die Finesse des Pinots erhalten. Mehr Extrakt als die 1964er.
1971			
Eher Lohfarbe als Mahagonirot, im völligen Gegensatz zum 1976er.	Süsse und schöne Reife trotz seines Alters, beginnt jedoch abzubauen.	Gute Frucht und noch recht reich, einstige hohe Konzentration recht überreicher Früchte noch erkennbar. Noch eine Spur Säure. Sehr gut für einen sehr ungleichmässigen Jahrgang, hat aber den Höhepunkt überschritten.	Nach einer ungleichmässigen Blüte reduzierten schwere Hagelunwetter Mitte August die Erntemenge, wodurch die Trauben eine grössere Konzentration, aber auch den charakteristischen Hagelgeschmack bekamen. Viele Weine waren unharmonisch.
1966			
Schöne, saubere, bleiche Lohfarbe mit gelbem Cognac-Rand.	Geschmeidige, süsse Frucht, man ahnt Konzentration, noch sehr lebendig.	Weiche, verklingende Rosen-, Erdbeerfrucht, sehr schöne Balance, beginnt abzubauen, aber harmonischer als der 1971er und noch einige Jahre haltbar. Ein höchst ansprechender Wein, noch die Essenz eines Volnay.	Ein kaltes Frühjahr, warmer Juni, schlechter Juli und August und anschliessend prächtiges Lesewetter lieferten rassige, distinguierte Weine, zunächst nicht sehr vielversprechend, aber in sehr schönem Gleichgewicht.
1964			
Recht festes »tawny«-Rot, voller als das der 1966er, vibrierender.	Markanter und konzentrierter als der 1966er, Obertöne von Schokolade, leichte Erdigkeit eines reichen, intensiven Jahrgangs.	Feste Struktur mit einer reichen, aber nicht süssen Präsenz im Mund. Im Stil ganz anders als der 1966er, ein bemerkenswerter Kontrast.	Gutes Juniwetter bewirkte eine einwandfreie Blüte, jedoch reduzierte ein heisser, trockener Sommer (wie 1976) die Ernte und verdickte die Schalen der Trauben, so dass solide, körperreiche Weine von grossem Charakter und Potential entstehen konnten.

Vertikale Verkostung/Rote Bordeaux

Ziel dieser Verkostung ist es, die Charakterunterschiede eines Jahrgangs und den Reifezustand der Weine zu einem bestimmten Zeitpunkt aufzuzeichnen. Hierfür haben wir ein erstklassiges Château aus dem Médoc ausgewählt, das sich seit 1826 im Familienbesitz befindet.

Château Léoville-Barton 2ème Cru Classé Saint-Julien

Château Léoville-Barton umfasst 45 ha Kiesboden mit lehmigem Unterboden, der mit folgenden Rebsorten bepflanzt ist: 70% Cabernet-Sauvignon, 20% Merlot, 8% Cabernet franc, 2% Petit Verdot. Das Durchschnittsalter der Reben beträgt etwas mehr als 25 Jahre. Die Vergärung erfolgt in den traditionellen Holzbottichen; anschliessend bleibt der Wein 24 Monate in kleinen Eichenfässern bzw. in leichteren Jahren wie 1980 und 1984 etwas kürzer. Anthony Barton trat im Jahre 1986 die Nachfolge seines Onkels Ronald Barton an, hat aber bereits seit Anfang der 80er Jahre die Hauptverantwortung für die Weinbereitung. Die Weine von Léoville-Barton haben eine aromatische Dichte und Balance, die das Wahrzeichen der besten Bordeaux ist.

FARBE	BUKETT	GAUMEN	BEMERKUNGEN
1986			
Sehr schönes, tiefes, royales Karminrot, sehr ansprechend, voll, noch sehr jung, aber bereits harmonisch aussehend, klassisch.	Konzentrierte rote Früchte, Blätter von Schwarzen Johannisbeeren, definitive und eindeutige Elemente von Holz, solide Cabernet-Frucht, schlank und reif, grosser Stil.	Markante und beständige Frucht, exzellenter Extrakt, Struktur und Balance, nicht so fett wie viele moderne Médocs. Ein sehr schöner Léoville, den man bis 1993 zurücklegen sollte.	Aus einem Rekordjahr. Die Reife und die gekonnte Vinifikation ergeben einen ausserordentlich harmonischen Wein.
1985			
Reiches, volles, fleischiges, tiefes Samtrot, kein jugendliches Purpur, aber noch sehr jung, Mengen von Körper, aber weniger beeindruckend als beim 1986er.	Sehr konzentriert, scheint verhaltener als der 1986er, ist aber in Wirklichkeit mächtiger und weniger elegant. Mengen von Extrakt.	Sehr breit, insgesamt ein mächtigerer Wein als der 1986er, Fruchttannin und Holztannin im Gleichgewicht, reicher und fleischiger, aber weniger elegante Länge.	Während einer Hitzewelle gelesen, ist dieser Wein fester und weniger vordergründig als erwartet und beginnt gerade die ersten Anzeichen von Reife zu zeigen. Wird 1995 auf dem Höhepunkt sein.
1984			
Mittleres Rot, zeigt noch kaum Alter, aber nicht voll und vibrierend; für das Jahr korrekt.	Aromatisches, ansprechendes Bukett, saubere Frucht, nicht reich und konzentriert, sondern elegant und leicht, angenehme Spur Holz.	Aromatische Cabernet-Frucht, nicht fleischig, am Rand leichte grüne Säure und mehr Holz als in der Nase. Braucht noch Zeit, um weicher zu werden.	Gute Harmonie. Fehlende Reife zeigt sich deutlich an einem Mangel an Glyzerin und dichter Frucht; typische Médoc-Aromen sind jedoch vorhanden. 1990–1993 trinken.
1983			
Festes, solides Tiefrot, ein leicht bleicher Rand, nicht soviel Extrakt und Konzentration wie die beiden ersten Weine, aber voller als der 1984er.	Elegantes, würziges Zigarrenkistenaroma, ausgeprägt Cabernet mit Paprikaaroma vom Cabernet-Sauvignon und der Würze des Cabernet franc, gefolgt von reifer Frucht.	Sehr ausgewogen vom markanten Einsetzen bis zur langen Nachtönung, gute Johannisbeerfrucht, unterstützt von einem festen Tanninrand; elegant.	Schöne Harmonie und gut gemacht, aber nicht der durchschlagende Erfolg des 1986ers. Muss noch bis 1991–1992 liegen und wird bis zum Jahr 2000 halten.
1982			
Sehr mächtige, intensive Farbe, reich, konzentriert, sehr reifer Wein, sehr beeindruckend für einen sieben Jahre alten Wein, opulent, aber fest.	Konzentration und Finesse zugleich, fast die Teerigkeit eines Barolo mit dem Veilchenaroma des Médoc. Eine Spur flüchtiger Säure gibt der Frucht mehr »Pep«.	Intensive, warme Frucht, ein Rand Tannin vom Holz, eine fast erdige, laubige Frucht, perfekte Balance trotz der »Wucht« des Jahres, noch sehr jugendlich.	Das Jahr der Hitze. Der verstorbene Ronald Barton sagte, dass dies einer der besten Weine war, die er jemals machte. Zeigt die Anlagen grosser Jahre wie 1961 und 1970. Fast zuviel Konzentration, aber doch noch elegant.

FARBE	BUKETT	GAUMEN	BEMERKUNGEN
1981			
Volles Ziegelrot, am Rand mit leichten Aufhellungen, aber noch jugendlich und sehr reich, aber etwas geringer als der aussergewöhnliche 1982er.	Aromatisches Cabernet-Bukett, recht fleischig, jedoch ist die laubartige, feste Frucht des Cabernet im Vordergrund.	Setzt sehr unmittelbar ein, noch einige unverkennbare Reste süsser Frucht, eindeutiges Bordeaux-Aroma, fester Abgang, relativ schlank, elegant, fast fertig.	Die Reife des als »Jahrgang des Bordeaux-Liebhabers« bezeichneten Jahres wurde durch Regen verwässert; das Ergebnis war eine feste, markante Frucht, aber mangelnde Fülle und Opulenz.
1979			
Mittelvolles Mahagonirot, recht fest und gut für einen zehn Jahre alten Wein im mittleren Lebensalter.	Laubartiges Cabernet-Aroma mit fleischigen, sogar ledrigen Obertönen, wobei die Frucht vorherrscht; Eleganz statt Kraft.	Harmonische Frucht, eine kleine Spur Grasigkeit im Abgang, wird sich nur noch wenig verbessern und noch fünf Jahre halten.	Manche 1979er Médocs besassen mehr Konzentration; möglicherweise beeinträchtigte die grosse Erntemenge die Intensität.
1978			
Reiches, tiefes Mahagonirot, lohfarbener Rand, älter als der 1979er, aber viel lebhafter, viskoser und präsenter.	Sehr schönes, aromatisches Laubbukett, typisch für Léoville-Barton, sehr schöne reife Fruchtbalance, lange nachtönend und klar.	Setzt mit wunderbar präsenter Frucht ein, gefolgt von einem festen Tanninrand, der dem Wein noch mindestens zehn Jahre gibt. Ausserordentliche Qualität.	Eine viel kleinere Ernte, höhere Konzentration und die klassische Léoville-Balance geben diesem Wein einen weit höheren Rang als dem 1979er. Aroma und Delikatesse im Bukett und feste Médoc-Frucht.
1976			
Reiches, volles Mahagonirot, warm und reif, sehr schön, nicht wirklich alt.	Recht reiche, rosinenartige Frucht, deutliche Reife aufgrund dieses sehr heissen Jahres, aber keineswegs das brandige oder gekochte Aroma mancher Weine, ein sehr schönes Bukett.	Reiche, warme Frucht mit einer Geschmeidigkeit, die den 1978 deutlich kontrastiert. Sehr mundfüllend, wenn auch nicht intensiv, schöne Balance, wenn auch nicht sehr lang.	Ein köstlich eleganter Wein aus einem ausserordentlich trockenen und heissen Sommer. Wenig natürliche Säure, recht reif und noch haltbar bis Mitte der 90er Jahre. Die Eleganz eines feinen Saint Julien scheint durch.
1975			
Sehr schöne Farbe, leicht verbranntes, dunkles Mahagonirot, lohfarbener Rand, aber fest, pulsierend, reicher Eindruck.	Typisches aromatisches Léoville-Barton/Cabernet-Bukett, aber floraler als der Ruf des Jahres erwarten liess, beeindruckend, schön.	Eine schöne Balance zwischen Frucht und natürlichem Tannin, nicht so voll wie die Weine der 80er Jahre, auf alle Fälle weniger alkoholreich. Ein recht verhaltener, vergleichsweise altmodischer Wein.	Ein wirklich sehr schöner Wein, fast bezaubernd für das Jahr, klassisch unprätentiös, einfach sehr gute Qualität. Jetzt trinkfertig, wird aber noch 15 Jahre halten.
1970			
Tief, noch dicht, aber eindeutig reifes, verbranntes Rot. Lohfarbener Rand, aber keine Anzeichen von Abbau.	Köstlich reiche, reife Frucht, Cabernet deutlich im Vordergrund, im Abgang Zedernholz. Klassisches Bordeaux-Bukett aus einem grossen Jahr.	Setzt mit sehr schöner Frucht ein, leicht flüchtige Säure steigert die Frucht, die bereits die Patina des Alters angenommen hat. Trinkfertig, aber noch haltbar.	Ein Jahrgang, der grosse Mengen mit sehr grosser Qualität vereinigt. Mit fast zwanzig Jahren der Prototyp eines Saint-Julien.
1966			
Schönes, klares, tiefes Ziegelrot, abbauender lohfarbener Rand, noch fest für das Jahr.	Köstliches, würziges Bukett, sogar leichte Schokoladentöne, harmonisch, beständig.	Schöne, anhaltende, noch reife Frucht mit Anklängen von Zedernholz und Harz, ebenfalls die Schokolade des Bukets, gleichgewichtig und vielschichtig.	Köstliche Frucht, schöne Balance, die Säure beginnt jetzt durchzubrechen und wird die schöne, anhaltende, aromatische Frucht in einigen Jahren übertönen.

Verkostung/Verstärkte und Dessertweine

Verstärkte Weine werden in der Regel alleine getrunken, entweder als Aperitif oder nach den Mahlzeiten. Man kann sie jedoch durchaus auch zum Essen trinken: Sherry oder Madeira zur Suppe, Portwein zum Käse, jedoch gibt es hier in jedem Land andere Bräuche. Bei dieser Verkostung sollen daher einige Grund-Stilrichtungen verstärkter Weine verkostet werden (siehe Seite 200). Interessant ist der Vergleich bezüglich der Aroma- und Süssekonzentration mit den reicheren Weinen der Verkostung »Süsse und aromatische Weine«.

Auf Grund der sehr unterschiedlichen Herkunft ist es schwierig, diese Weine zu vergleichen. Der Grundwein wird in unterschiedlichen Phasen der Vinifikation verstärkt, wobei manche knochentrocken, andere natürlich süss sind, während wieder anderen Süsse hinzugefügt wird. Sherry und Madeira sind im Grunde Weissweine, die mit dem Alter dunkel werden (maderisieren), während Port und Banyuls Rotweine sind, die mit dem Alter Farbe verlieren. Sofern die Weine nicht während des Alterungsprozesses gesüsst werden, haben sie alle die Tendenz, immer trockener zu werden, bis der Alkohol die Frucht dominiert. Dies dauert allerdings viele Jahre.

FARBE	BUKETT	GAUMEN	BEMERKUNGEN
Sherry Fino San Patricio Garvey			Spanien
Bleiches Strohgelb, leicht grünlicher, jugendlicher Ton, frisch und herb. Die Farbe eines trockenen Weissweines.	Hefeton, frische Heuaromen, spritzig, hochtönig, leicht salzig.	Knochentrocken, mundwässernd sauber, stark aromatisch, gute Struktur, leicht malzig, floral, aber fest, gute frische Säure.	Ein Fino par excellence, der perfekte Aperitif, ein trockener, intensiver Weisswein, leicht verstärkt, dadurch mehr Rückgrat, aber keine Schwere. Gekühlt reichen.
Sherry Fine Dry Oloroso Sandeman			Spanien
Sehr schönes, bleiches Bernsteingelb, leicht goldbraun, eine leicht verbrannte und warme Farbe. Mehr Glyzerin als der Fino.	Nussig, malzig, hochtönig mit Anklängen an Karamel, recht voll, aber lebendig.	Nussige, volle Aromen, intensiver, würziger, fast brandiger Abgang. Ausgeprägtes Holz gibt Festigkeit, trockener, alter (durchschnittlich 12 Jahre) Abgang mit einer Spur Rancio.	Sehr schönes Gleichgewicht, so trocken wie der Fino, aber reicher texturiert und komplexer: Nussaroma durch Fassausbau und den trockenen Oloroso-Stil.
Madeira Cossart's Duo Centenary Sercial			Madeira, Portugal
Wunderbarer Bernsteinton, voller als der Oloroso, Anklänge von Orangen, die Farbe eines Armagnac mit grünem Rand. Ziemlich reich.	Reiches Rancio-Bukett, nussig, Anklänge von Armagnac, hohe Säure, Mengen von Holz durch langen Ausbau.	Reiches, intensives Aroma, von einer festen Säure im Gleichgewicht gehalten; setzt fast süss ein, endet voll mit einem nussigen und beissenden Abgang. Sehr lang, mehr Tiefe und verbrannteres Aroma als der Oloroso.	Die sengende Säure eines schönen Sercial durchdringt die Fülle und lässt den Wein trocken und sehr lang ausklingen. Ein perfekter Aperitif, oder zur Suppe.
Madeira finest Old Verdelho Solera 1851 (abgefüllt 1973)			Madeira
Geröstetes Bernsteingelb, fast braungelb, die Farbe eines alten Pale Cognac, wunderbare Klarheit.	Erlesenes Rancio-Bukett, fast mehr Cognac als Madeira, sehr sauber konturiert, langer Holzausbau offensichtlich, typisch hohe Säure.	Setzt süss und reif ein, unglaubliche Balance zwischen Holz und gerösteten Karameltönen, direkt und intensiv.	Grosse Länge, ein Wein, der völlig durchgetrocknet ist, aber nichts von seiner Kraft verloren hat, ein Musterbeispiel eines verstärkten Weines. Eine Rarität.
Port, Graham's 1985 (abgefüllt 1987)			Portugal
Gewaltiges, intensives, fast opaques Schwarzkirschenrot, ausserordentlich dicht.	Rosinenartig, würzig, Aromen von Weihnachtspudding, Alkohol, Süsse sehr deutlich präsent, hinter der Rosinenartigkeit aber ein trockener Kern.	Setzt süss mit Korinthenton ein, mit Schwarzen Johannisbeeren, Feigen, gemischten Trockenfrüchten; weiches, rosinenartiges Tannin, reich und pulsierend.	Ein sehr junger Vintage-Port, könnte getrunken werden, da die Süsse das Tannin verdeckt, wird aber erst in zehn Jahren harmonisch sein. Er wird trockener werden und mindestens noch 15 Jahre halten.
Banyuls 1975 »Vieilles Vignes« Domaine du Mas Blanc (abgefüllt 1989)			Frankreich
Volle, tiefe Mahagonifarbe, reifes, altes Rot mit ziegelrotem Rand.	Konzentriertes Bukett von gerösteten Trockenfrüchten, ein Eindruck von sonnengebackenen Trauben, Überreife und eine Spur Rancio durch das Alter.	Warme, fast schokoladenartige Aromen, würzig, konzentriert, schöner, trockener Rancio-Abgang.	Eine wunderbare Balance mit Fülle, Konzentration, Extrakt und Trockenheit. Ein »Winzer-Port«; sehr schön ausgebaut.

FARBE	BUKETT	GAUMEN	BEMERKUNGEN

Port   Taylor's 20-year-old Tawny   (abgefüllt 1989)   Portugal

Reifes, geröstetes Bernsteinrot, ein wirklich brillanter, reicher Ton, am Rand lohfarbenes Gelb.	Reich, geröstet, würzig, mineralisch, pfeffrig, nussig und leicht karamelartig. Ein wunderbar warmes, komplexes und eindringliches Bukett.	Reich, vibrierend, süss, aber würzig, Trockenfrüchte, ein beinahe erfrischender Hauch Rancio, im Abgang der Holzausbau spürbar. Ein sehr geschliffener Wein.	Ein perfekter Tawny-Port, köstliche Konzentration von Süsse mit fester Walnussfrucht. Erstklassiger Verschnitt und Ausbau.

Port   Graham's 1966   (abgefüllt 1968)   Portugal

Schönes, solides, tiefes Karminrot, sehr reich, keine Spur des hohen Alters, wobei freilich Vintage Port eine solche jugendliche Farbe behält.	Konzentrierte Süsse, gefolgt von pfeffriger, trockener Frucht, Feigen und teeartigem Bukett. Insgesamt Süsse, reife Frucht.	Reich, warm, würzig, für einen 1966er sehr traubenartig, Rosinenton. Der ganze Extrakt und die Wärme eines guten Vintage-Port.	Sehr harmonischer, süsser Stil (Graham's), besitzt nicht den Tannin-Biss eines wirklich grossen Vintage (1977, 1963). Im Stil ein völliger Kontrast zum Taylor's 20-year-old Tawny, jedoch beide vorzüglich.

Muscat de Beaumes de Venise 1987   Domaine Coyeux   Frankreich

Sauberes, blasses Gelb, leichter Holzton, recht reich.	Angenehm, floral, Aprikosen und reife Melonen, pure Sommerfrüchte.	Reich und muskatartig, jung und floral, Reife durch zuckerreiche Trauben.	Alkohol hinter der Frucht gerade erkennbar, aber ein sehr deutlicher Kontrast nach dem Port. Reine, sommerliche Explosion von Muscat-Frucht. Nicht zu schwer.

Pineau de Charentes   Ch. de Beaulon   10 Jahre alt   Frankreich

Mittleres, leicht strohartiges Gelb, sehr reich, eine schöne alte Farbe, aber noch nicht Bernsteingelb.	Florales, rosinenartiges Bukett, durch den Alkohol leicht strohartig, aber schönes Gleichgewicht.	Reich, rosinenartig, aber nicht pappig, Holzausbau gibt Tiefe und Komplexität, die den Wein gegenüber der üppigen, aber einfachen Frucht des Muscat auszeichnet.	Ein sehr interessanter Wein, typisch Cognac. Gewichtig, aber viel Finesse. Exzellent als Aperitif.

Setubal Moscatel   J.M. da Fonseca   20 Jahre alt   Portugal

Sehr schöne, leichte Mahagonifarbe, dunkler Bernsteinton, brillant klar.	Sehr reiches, leichtes Rancio-Bukett, dem Taylor's nicht unähnlich; zeigt die ausgeprägte Wirkung des Holzausbaus, aber eher reich und süss als würzig.	Sehr alter Twany Port-Stil, vollreich, leicht geröstet mit einer süssen Rosinenkonzentration und guter Säure. Volle Muscat-Frucht, komplex.	Ein sehr gut gemachter Wein, grosse Aromakonzentration durch Selektion von Trauben und Holzausbau. Ein Klassiker unter den verstärkten Süssweinen.

Sherry   Very, Very Old Oloroso   Sandeman   Spanien

Sehr tiefes Mahagoni mit Anklängen von Gold, gelber/bernsteinfarbener Rand, dicht, reich und warm aussehend.	Intensives reiches Nussbukett, Anklänge von Melasse, Trockenfrüchte, Reife und Reichheit.	Wunderbare reiche Süsse, volle, opulente Aromen, sehr mächtig und ölig, aber mit schöner Säure. Das Gewicht einer deutschen TBA oder eines Grains Nobles-Dessertweines, und deren Präsenz.	Aus einer Solera mit einem Durchschnittsalter von 24 Jahren stammend, hat dieser Wein all die Fülle der besten Dessertweine. Die Alkoholverstärkung verlängert das Aroma.

Verkostung/Farbe/Weissweine

Muscadet de Sèvre et Maine. *Ein Jahr alter Loire-Weisswein.*
Dieser leichte Loire-Wein ist sehr bleich, fast farblos, frisch und mundwässernd. Ein Muscadet aus einem sehr sonnigen Jahr kann etwas voller sein.

Pouilly-Fumé. *Ein Jahr alter Loire-Weisswein.*
Etwas voller als der Muscadet, hat dieser junge Sauvignon-Wein die helle Farbe eines herben, trockenen Weissweines. Nach drei bis vier Jahren wird der Wein in einem ähnlichen Zustand sein.

Riesling. *Ein Jahr alter Elsässer Weisswein.*
Wie zu erwarten jung; wird sich mit zunehmender Reife des Weines runden, wobei die Säure die Farbe viele Jahre frisch halten wird.

Meursault. *Vier Jahre alter Weisswein von der Côte de Beaune.*
Eine weiche, vollere Farbe, tiefer und reicher als beim Riesling. Die hohe Qualität dieses Weines, ein Premier Cru, bei dem die Säure die reiche Frucht im Gleichgewicht hält, hat die Farbe jung und frisch erhalten.

Napa Valley Chardonnay. *Vier Jahre alt.*
Dem Meursault sehr ähnlich, beides Chardonnays, aber keine grünen Reflexe und etwas weicher. Dies ist einer der Napa-Chardonnays im
französischen Stil.

Arbois. *Drei Jahre alter Arbois-Weisswein.*
Voller und reifer aussehend als die älteren Chardonnays. Ein Teil der Farbe stammt vom lokalen
Savagnin, ein Teil vom Fassausbau, um den trokkenen, nussigen Arbois-Stil zu erzielen.

Vouvray demi-sec. *Sechzehn Jahre alter halbsüs-*
ser Loire-Weisswein.
Bemerkenswert frische, aber doch intensive
Farbe für einen Wein dieses Alters, was auf die
Säure des Chenin Blanc zurückzuführen ist. Jetzt
ein sehr vollständiges, honigartiges Strohgelb.
Wird sich noch viele Jahre halten.

Sauternes   1er Cru. *Zehn Jahre alt.*
Volles, reiches Goldgelb eines sehr süssen Weines
aus einem erstklassigen Jahrgang, der sich jetzt
der Altersreife nähert. An diesem Punkt wird sich
die Farbe sehr schnell zu einem Bernsteingold
entwickeln, nach vielen weiteren Jahren zu
einem tiefen Bernsteingold.

181

Verkostung/Farbe/Rosés

Bourgueil Rosé. *(Touraine).*
Ein sehr leichter Loire-Rosé aus dem Cabernet franc. Die zarte Farbe ist auf das *saignée*-Verfahren zurückzuführen, bei dem die Farbe den Schalen durch langsames Pressen entzogen wird.

Bandol Rosé. *(Provence).*
Der beste Rosé der Provence. Die bleiche Lachsfarbe entsteht durch kurzes Angärenlassen der Schalen, der leichte Orangeton durch den Holzausbau.

Côte de Provence Rosé. *(Provence).*
Dies ist der andere Stil eines Rosé aus der Provence, wobei eine längere Maischegärung mehr Farbe und Intensität gibt; der Wein wird aber in Edelstahl gelagert, um Oxidation zu vermeiden.

Arbois Rosé. *(Arbois).*
Dies ist ein Rosé, der wie ein Rotwein vinifiziert ist, wobei die rosa Farbe durch den geringen Pigmentanteil des Poulsard entsteht. Der leicht braune Rand unterscheidet diesen Wein von anderen.

Verkostung/Farbe/Volnay Premier Cru

Drei Jahre alter Volnay. *Mittlerer Jahrgang.*
Zeigt die frische junge Farbe des Pinot noir, die
meist nicht so reich und intensiv ist wie ein
Cabernet oder Syrah, aus einem grossen Ernte-
jahr. Ein fruchtig aussehender Wein.

Vier Jahre alter Volnay. *Sehr guter Jahrgang.*
Aus einer sehr viel kleineren Ernte. Die Farbe ist
intensiver, sieht reicher aus und weniger reif als
beim vorigen Wein. Der tiefe Stierblutton lässt
vermuten, dass es kein *sehr* junger Wein mehr ist.

Sechs Jahre alter Volnay. *Sehr gutes, heisses Jahr.*
Aus einem Jahr, in dem die Schalen aussergewöhnlich dunkel und dick waren und die Farbe
entsprechend konzentriert. Ein weiterer intensiver Pinot mit dem Mahagoniton, der die beiden
zusätzlichen Jahre verrät. Wird gut reifen.

Elf Jahre alter Volnay. *Gute, sehr reife Jahre.*
Ein perfekt reifer Burgunder, in dem das intensive Rot der jüngeren Weine in das Mahagoni des
Alters übergegangen ist. Der gelbe Rand lässt vermuten, dass der Wein jetzt auf dem Höhepunkt ist.

Verkostung/Farbe/Rotweine

Brouilly. *Ein Jahr alter Beaujolais.*
Das volle, violette, jugendliche Rot eines jungen Beaujolais. Gamay sollte immer so aussehen: weder zu schwer noch zu leicht, aber reizvoll fruchtig.

Chinon »Vielles Vignes«. *Ein Jahr alter Rotwein aus der Touraine*
Eine sehr schöne Farbe von alten Cabernet franc-Reben; ein reiches Karminrot mit jungem Purpurrand.

Crozes-Hermitage. *Drei Jahre alter Côtes-du-Rhône.*
Sehr tiefes Brombeerrot, wie von einem jungen Syrah von einer guten Lage und einem guten Jahr zu erwarten.

Kalifornischer Zinfandel. *Vier Jahre alt.*
Ebenso intensiv wie der Crozes-Hermitage, reiches Rot von Schwarzen Johannisbeeren, keine Altersanzeichen. Die Rosinenartigkeit am Gaumen und sogar das Tannin kündigen sich schon in der Farbe an, die sehr langsam altern wird.

Saint-Émilion Grand Cru Classé. *Vier Jahre alt.*
Volles, reiches Rot, beginnt zu reifen. Der Merlot
hat normalerweise dieselbe Intensität wie Cabernet-Sauvignon, Syrah oder Zinfandel. Dieser ist
noch fest und jung.

Margaux Cru Classé. *Drei Jahre alter Médoc.*
Sehr tiefe, pulsierende Farbe eines sehr gelunge-
nen Haut-Médoc; der Cabernet-Sauvignon hält
die Festigkeit länger als andere Bordeaux-Reben.
Dieser hat noch keine Spur von Altersreife.

Margaux Cru Classé. *Elf Jahre alter Médoc.*
Ein vollreifer Bordeaux aus einem guten, aber
nicht grossen Jahr. Die Farbe, zwischen Stierblut
und Ziegelrot mit einem lohfarbenen, leicht blei-
chen Rand lässt vermuten, dass dieser Wein auf
dem Höhepunkt ist.

Vacqueyras. *Fünfzehn Jahre alter Côtes-du-Rhône.*
Dies ist ein vollreifer Rotwein von der südlichen
Rhône aus einem sehr guten Jahr. Der gelbliche,
lohfarbene Rand zeigt, dass der Wein seine Farbe
und Frucht zu verlieren beginnt; er wird sich
noch halten, aber nicht mehr verbessern.

185

4
Spezial-
Gebiete

Wein und Essen 1

Die vier Geschmacksqualitäten

Das Wechselspiel zwischen Essen und Wein, wo eine Fülle von Kombinationen möglich ist, ist eine komplexe Angelegenheit. Es gibt zwar nur vier Grundqualitäten des Geschmacks – salzig, sauer, süss und bitter – jedoch nehmen die Geschmacksknospen diese vier Qualitäten nicht gleichzeitig wahr, und die Geschmackskomponenten bleiben auch nicht gleich lange im Mund wirksam. Süsse Aromen z. B. werden praktisch sofort wahrgenommen, halten jedoch kaum länger als zehn Sekunden im Mund an. Säure und Salzigkeit werden ebenfalls schnell wahrgenommen, tönen jedoch länger auf der Zunge nach. Bitterkeit andererseits muss sich erst entwickeln; dann jedoch wirkt sie länger nach als die drei übrigen Empfindungen.

Forschungen haben ergeben, dass sich diese Grundqualitäten wie folgt beeinflussen:

Salzigkeit verstärkt Bitterkeit.

Säure verbirgt Bitterkeit, jedoch nur vorübergehend, und steigert die Wahrnehmung von Süsse.

Süsse verringert die Empfindung der Salzigkeit, Bitterkeit und Säure.

Bitterkeit verringert die Säure.

Grosse Weine werden natürlich dazu gemacht, um zum Essen getrunken zu werden, und deshalb sollten Essen und Wein stets sorgfältig aufeinander abgestimmt sein.

Die richtige Reihenfolge

Für die Reihenfolge der Speisen gelten einige grundlegende Regeln, u. a. die folgenden:

Man beginnt nicht mit würzigen Speisen; die Aromaintensität sollte langsam zunehmen.

Salzige Gerichte reicht man immer vor süssen.

Niemals zu viele stärkehaltige Speisen dazu reichen.

Nicht zu viele Gerichte in schweren Saucen zu Tisch bringen.

Bei den Weinen gelten folgende Grundsätze:

Man beginnt mit dem jüngsten und endet mit dem ältesten.

Man schreitet vom leichtesten zum körperreichsten fort, vom kühlsten zum temperiertesten, vom alkoholärmsten zum kraftvollsten, und vom trockenen zum süssen.

Weissweine reicht man vor Rotweinen.

Wenn man den Wein nicht wechselt, sollte man wenigstens den Jahrgang wechseln.

Die Abstimmung der Weine mit den Speisen ist ein schwieriges Geschäft, und es ist nicht immer möglich, all diese Regeln einzuhalten; wichtig ist jedoch immer, dass der

neue Wein den vorangegangenen nicht in schlechtem Licht erscheinen lässt.

Die Regeln der Tradition verlangen, dass Gleiches zu Gleichem passt: Ein delikates Gericht zu einem delikaten Wein, ein aromaintensiver Gang zu einem körperreichen, robusten Wein. Kühne Kombinationen können unerwartete und köstliche Kontraste hervorbringen, jedoch werden z. B. regionale Spezialitäten möglicherweise mit gebietsfremden Weinen keine gute Verbindung eingehen. Schliesslich sollte man zu einem mit Wein zubereiteten Gericht stets auch den gleichen oder einen geringfügig besseren Wein trinken.

Menus mit einem Wein

Ein Essen mit nur einem Weintyp ist vielleicht einfacher zu organisieren, jedoch muss man sich auch hier vor Fehlern hüten.

Bei Rotweinen hat man mehr oder weniger freie Hand, während mit Rosé die Speisenfolge schwieriger zu planen ist und man sich auf einfache mediterrane Küche beschränken sollte.

Wenn nur Weissweine kredenzt werden, beschränkt man sich auf Fisch, helles Fleisch und Ziegenkäse.

Bei einem klassischen Champagneressen hat man die Möglichkeit, zwischen einfachen und Spitzensorten auszuwählen. Roter Bouzy passt zu Käse, während man natürlich zu fromage des Riceys am besten Rosé de Riceys trinkt.

Oben: Hummer und Forellen mit einer Flasche Sancerre.

Links: Brie mit grünem Pfeffer und ein weisser Käse mit Paprika, begleitet von einem Gewürztraminer.

Wein und Essen 2

Aperitifs

Traditionell trinkt man Weissweine zum Aperitif, jedoch gibt es einige Alternativen. Ausgeschlossen sind allerdings Weinbrände, da sie den Gaumen für die folgenden Weine verderben.

Aperitifs kann man alleine oder mit Erdnüssen, würzigen Keksen, Kaviar oder Lachsröllchen, Cocktailwürstchen, Käsestückchen, Anchovis usw. trinken. Solche Häppchen beeinträchtigen den Geschmack des Weines nicht, jedoch hüte man sich vor Oliven und sauer eingelegtem Gemüse. Trockene Weissweine, weisse Schaumweine und trockener Champagner (Blanc de Blancs) sind vorzügliche Aperitifs, wie auch manche Rosés, während die Regel »trocken vor süss« gelegentlich missachtet werden darf, wenn man Sherry oder ähnliche verstärkte Weine vor dem Essen reicht. Süssweine und vins doux naturels bringt man natürlich zunächst einmal mit Desserts in Verbindung, jedoch ist die Kombination von gezuckerten Desserts und süssen Weinen nicht zwangsläufig ideal (siehe unten); ausserdem könnten die Gäste am Ende eines Mahls manchmal auch so gesättigt sein, dass sie nicht unbedingt mehr Appetit auf einen schweren Wein verspüren.

Vor einer Melone, die man als Hors d'œuvre reicht, sollte man einen verstärkten Wein ausschenken, den die Gäste über die kühle, erfrischende Frucht giessen können.

Hors d'œuvre, kaltes Fleisch

Selbstverständlich reicht man Wein niemals zur Suppe, und eine Sauce Vinaigrette verbietet sich von selbst, denn Essig ist der Todfeind des Weines. Desgleichen sind Dressings auf Zitronenbasis unerwünscht, und man kann das Problem einfach dadurch lösen, dass man statt dessen, z. B. für den Kartoffelsalat, Weisswein nimmt.

Hors d'œuvres mit Eiern sind zu vermeiden, es sei denn, die Eier sind selbst in Wein zubereitet. Kaltes Fleisch passt gut zu einem Rosé, einem leichten Rotwein oder vielleicht einem Elsässer Weisswein. Auch hier ist Vorsicht am Platze, da gekochter Schinken dem Wein, insbesondere Rotwein, einen metallischen Beigeschmack gibt.

Rillettes und einige Pâtés habe eine Milde und Fülle, die sich mit einem Coteaux du Layon hervorragend steigern lässt, dessen Süsse mit einer lebendigen Säure gepaart ist.

Gewarnt sei auch vor Versuchen, Schnek-

Rechts: Jambon persillé mit Mâcon Viré.

ken und Weine zu kombinieren: Der bei der Zubereitung der Schnecken verwendete Knoblauch macht dem Geschmack eines jeden Weines den Garaus.

Schalentiere

Zu Austern trinkt man normalerweise einen trockenen Weisswein, jedoch kann Seewasser die Säure des Weines unangenehm steigern, weshalb manche einen leichten Rotwein vorziehen. Tannin verträgt sich nicht mit dem Eiweiss von Schalentieren, und ein übermässig fruchtiger Wein kollidiert zweifellos mit dem intensiven Geruch der Meeresfrüchte.

Wer unbedingt einen Weisswein möchte, kann einen trockenen und gerundeten Chablis oder einen etwas sanfteren Côte de Beaune nehmen. Auch ein Manzanilla oder Fino passt perfekt.

Krustentiere

Die meisten Krustentiere – Hummer, Flusskrebs, Langusten usw. – sind sehr teuer und verdienen daher die Begleitung grosser Weissweine von Bordeaux, Burgund oder Rhône.

Fisch

Die meisten Fische passen gut zu Weisswein, und je schwieriger die Zubereitung, desto feiner sollte der Wein sein. Kalten Fisch mit Mayonnaise isst man am besten zu einfachen Weissweinen, während Fischsoufflés eher zu komplexen Weinen passen.

Zu gebratenem oder gegrilltem Fisch genügt ein ordentlicher trockener Weisswein oder auch ein Rosé, wenn der Fisch einen intensiven Eigengeschmack hat.

Geräucherten Fisch geniesst man am besten mit trockenen Weissweinen von ausgeprägtem Charakter oder auch mit Sherry. Die grossen weissen Burgunder, die reifen Loire-Jahrgänge (Vouvray) und die besseren Champagner sind immer noch erste Wahl zu gebratenem oder gedünstetem Fisch.

Wenn Fisch in Rotwein zubereitet wird (Aal, Forelle oder Seezunge), reicht man den gleichen oder einen etwas besseren Wein. Zu Bouillabaisse trinkt man unkomplizierte Rosés oder trockene Weissweine, da der Safran jeden komplexeren oder subtileren Jahrgangswein übertönt. Kaviar schliesslich verlangt einen trockenen Weisswein mit Distinktion, wie z. B. einen Burgunder oder einen Champagner.

Unten links: Ecrevisses à la nage mit Seyssel.
Unten: Quiche mit Meeresfrüchten, dazu Listel Gris.

Wein und Essen 3

Geflügel

Früher wurde Geflügel vor dunklem Fleisch und Wild gereicht, und dies erforderte einen leichten Rotwein. Heute ist jedoch Geflügel ein selbständiges Hauptgericht und verträgt daher einen besseren Jahrgang eines Bourgueil oder Chinon (helles Geflügel wie z. B. Huhn) oder einen körperreicheren Rotwein wie Cahors oder Madiran bei dunklerem Fleisch (Ente).

Die regionalen Gewohnheiten sind immer zu respektieren: In der Gegend um Sauternes und Barsac z. B. trinkt man zu gebratenem Huhn süsse, reiche Weine, während man in der Champagne gebackenes Huhn mit Schaumwein geniesst.

Tanninreiche Weine sollten confit d'oie und confit de canard begleiten (Médoc, Saint Émilion, Madiran); coq au vin jaune oder au Chambertin verlangt natürlich den Wein, in dem das Huhn zubereitet wurde.

Helles Fleisch

Da gebratenes helles Fleisch – Kalbfleisch, Schweinefleisch und Lamm – nicht sehr intensiv schmeckt, ist als Begleiter ein delikater Rotwein vorzuziehen. Lamm und Médoc sind eine schon legendäre Kombination; wer Burgunder liebt, nimmt am besten einen Côte de Beaune.

Kalbsbries und -nieren verlangen viel Feingefühl bei der Zubereitung, weshalb auch ihre Tafelbegleiter Weine von Rasse und Distinktion sein sollten: Médoc, Graves, Pomerol oder erste Gewächse aus Volnay, Pernand-Vergelesses aus dem Burgund.

Nudelgerichte und Gemüse

In der Regel gehen Wein und Gemüse keine gute Verbindung ein. Spargel, Artischocken, Spinat und Sauerampfer ruinieren durch ihre hohe Säure jeden Wein; der Anisgeschmack des Fenchels ist zu stark, jedoch hat Weisskohl in Form von Sauerkraut im Elsässer Wein seinen Freund gefunden.

Pilze sind das einzige Gemüse, das sich mit Rotwein und Weisswein gleich gut verträgt, und insbesondere die Trüffel ist die perfekte Ergänzung zu den besseren Pomerol-Jahrgängen, zu reifem Jurançon, Champagner, Côte Rôtie und anderen. Ein weiteres klassisches Paar sind Morchel und vin jaune, wie auch Steinpilze und Saint-Émilion oder Pomerol.

Pasta und Reis lassen in der Regel einen Wein trotz ihrer relativen Neutralität nicht so gut zur Geltung kommen; zu ihnen passt am ehesten ein einfacher *ordinaire* – und natürlich ein leichter italienischer Rotwein.

Links: Coq au vin jaune aux morilles mit einem vin jaune aus dem Jura.

Unten: Volaille au vinaigre mit Beaujolais-Villages.

Dunkles Fleisch

Rindfleisch ist ein kraftvoll aromatisches Fleisch, das sich in Gesellschaft von Rotwein am wohlsten fühlt. In Eintöpfen passt es gut zu Beaujolais und Weinen aus dem Mâconnais. Perfekte Begleiter von gegrilltem Rindfleisch sind die besseren Gewächse des Beaujolais, Burgunder oder die kleineren appellations wie z. B. Saint-Émilion. Roastbeef verlangt kraftvolle und prononcierte Weine wie z. B. gute burgundische AOC's und Weine aus dem Rhônetal.

In Wein zubereitetes Rindfleisch isst man natürlich zu einer Flasche des gleichen Stils, aber von etwas höherer Qualität.

Wild

Zu Wild sollte man stets »warme« und körperreiche Weine reichen, die die kräftigen Aromen des Fleisches steigern können. Zu Federwild wählt man ein klassifiziertes Gewächs aus Graves oder Médoc, ein erstes Gewächs der Côte d'Or oder einen der besseren Jahrgänge der Côte Chalonnaise.

Alles übrige Wild erfährt eine perfekte Steigerung durch die grossen Rotweine des nördlichen (Côte Rôtie) oder südlichen (Châteauneuf-du-Pape) Rhônetals. Um einen Übergang zu haben, wenn der Käse gereicht wird, wähle man einen guten Côte de Nuits oder möglicherweise einen distinguierten Saint-Émilion oder Pomerol.

Würzige Speisen

Stark gewürzte Speisen sind problematisch, da es um eine gute Flasche sicherlich schade wäre. Man nimmt daher am besten einen Wein, der süffig und durstlöschend ist – einen leichten frischen Rotwein, Rosé oder auch einen nicht zu herben Weisswein.

Ein Gewürztraminer kann ein einigermassen subtiles Currygericht begleiten, während ein körperreicher, robuster Rotwein (z. B. Rioja) mit einem nicht allzu pikanten chili con carne durchaus mithalten kann.

Links: Tarte aux cailles mit einem elsässischen Pinot Noir.

Wein und Essen 4

Wein und Käse

Zwar passen Wein und Käse perfekt zusammen, jedoch gibt es keinen Zweifel, dass der Käse mehr von der Begleitung des Weines profitiert als umgekehrt.

Natürlich ist Käse nicht gleich Käse, und es gibt nicht allzu viele gute Erzeuger. Darüber hinaus werden unter dem gleichen Namen oft Erzeugnisse angeboten, die ausser diesem nicht viel gemeinsam haben. Ein guter Käse hat allerdings einen guten Jahrgangswein verdient, und es gibt viele lokale und regionale Weine und Käse, die ganz selbstverständlich zusammenpassen: Münster mit Elsässer Wein (Gewürztraminer), Epoisses und Burgunder (Côte d'Or), Banon und Côtes de Provence, Crottin de Chavignol und Sancerre, Morbier und Arbois Rouge, um nur einige zu nennen.

Grundsätzlich sollte man sich bei der Wahl des Weines am Grundmaterial des Käses und am Herstellungsverfahren orientieren. Hierzu einige Richtlinien:

Alle Frischkäse: Trockene Weissweine, Ro-

Rechts: Käse aus dem nördlichen Burgund (Montrachet, Langres, Gratte-Paille und Charolais mi-chèvre) zu Côte de Beaune-Villages.

sés oder leichte Rotweine.

Ziegenkäse: Trockene, fruchtige Weine.

Blauschimmelkäse: (z. B. Bleu d'Auvergne, des Causses, de Bresse usw. aus Kuhmilch oder Roquefort aus Schafkäse): Weine mit viel Saft, robuste, körperreiche Weine aus dem Rhônetal, oder verstärkte Weine. Die traditionelle Kombination von Roquefort mit Sauternes in Südwestfrankreich geht auf die britische Sitte zurück, zu Stilton Port zu trinken.

Weichkäse mit Rinde: (Brie, Camembert). Die Würzigkeit dieser Käse kollidiert meist mit der von Weinen, jedoch sind kräftige Rotweine mit guten Rundungen (lokale Côte d'Or-Appellationen) gute Begleiter.

Weichkäse mit feiner Rinde: (Pont l'Evéque, Livarot). Diese geniesst man mit Weinen, die robust (Madiran, Bandol) und reich sind (Côte de Nuits *premier crus).*

Hartkäse: (Gruyère, Emmentaler). Hartkäse aus entrahmter Milch (Reblochon, St. Nectaire, Edamer usw.). Diese Käse passen zu einer Vielzahl von Weinen, wenn auch Cantal wegen seiner Bitterkeit problematisch ist. Die meisten Hartkäse passen gut zu Rotweinen von der Loire, aus Bordeaux, Burgund oder dem Rhônetal; ein Beaufort z. B. ist die ideale Ergänzung zu einem reifen Bordeaux, und es darf ruhig ein sehr guter sein.

Weine und Desserts

Nachspeisen mit Schokolade, sei es als mousse, als Kuchen oder als Sauce, die über frisches Obst gegossen wird, machen den Genuss von Wein unmöglich, da der Geschmack der Schokolade den Mund ausfüllt und die Aromen des Weins untergehen lässt, ehe sie sich entwickeln können. Auch Zitronen vertragen sich nicht mit Wein – ihre Säure erschlägt jedes andere Aroma, und dies gilt für das meiste Obst (Orangen, Aprikosen, Stachelbeeren usw.).

Schwere, sahnereiche Nachspeisen übersättigen den Mund; die Anwesenheit von Alkohol in Fruchtsalaten oder Soufflés überdeckt den Geschmack eines guten Jahrgangs, wenn er nicht wirklich sehr ausgeprägt ist. Dasselbe gilt für zuviel Zucker.

Zu den Desserts, die zum Wein passen, gehören u. a. Madeira-Kuchen oder Mandelgebäck, Nüsse, Walnusskuchen, Blätterteiggebäck, crêpes, Kastaniendesserts, petitsfours ohne Sahne, Apfelkuchen, Birnenpudding usw. Diese mässig süssen Desserts geniesst man mit halbtrockenen Champagnern oder einem Süsswein von der Loire oder aus Südwestfrankreich. Die vins doux naturels (Muscat, Rasteau usw.) oder Schaumweine aus aromatischen Rebsorten (Clairette de Die) sind ebenfalls geeignet.

Eis und Sorbets isst man am besten alleine, jedoch ist ein halbsüsser trockener Weisswein oder Champagne Brut ein guter Abschluss. Schliesslich verträgt sich frisches Obst in Rotwein niemals mit Wein, schon gar nicht mit Rotwein.

Das Servieren des Weines 1

Wann kommt die Flasche aus dem Keller?

Wer glücklicher Besitzer eines eigenen Kellers ist, holt die Flasche eine bis mehrere Stunden vor dem Essen aus dem Keller, je nach dem, ob sie entkorkt und/oder dekantiert werden soll. Ein junger Wein wird aufrecht getragen und entkorkt, während ein älterer Jahrgang, bei dem Depot zu erwarten ist, vorsichtig in ein Dekantierkörbchen gelegt und in dieser Lage ausgegossen wird.

Wer seinen Wein im Laden holen muss, sollte ihn so spät wie möglich am Tag vor dem Genuss einkaufen und über Nacht an einem kühlen, dunklen Ort stehen lassen. Nie sollte ein Wein im Kühlschrank stehen, auch wenn er gekühlt getrunken werden soll.

Wann wird entkorkt?

Wenn ein Wein vor dem Essen entkorkt wird, tut man dies deshalb, um den Wein atmen und Sauerstoff aufnehmen und um Fremdgerüche entweichen zu lassen (Schwefeldioxid, Mercaptane usw.). Da der Luftaustausch stets minimal ist, ist Oxidation in aller Regel kein Problem. Der berühmte Önologe Emile Peynaud behauptet sogar, dass es keinen Unterschied macht, ob eine Flasche drei Stunden oder drei Minuten vor dem Essen geöffnet wird, weshalb man es auch unmittelbar davor tun könne.

Die einfachste Lösung des Problems besteht wohl darin, die Flasche zu entkorken, den Wein zu verkosten und dann zu entscheiden, ob man den Korken wieder einsteckt (gesunde junge Weine, sehr alte Weine mit subtilen, flüchtigen Estern), die Flasche offen lässt (um Fremdgerüche zu entfernen), oder dekantiert.

Wann wird dekantiert?

Dekantieren dient dem Zweck, den Wein vom Depot zu trennen, ein Vorgang, der den Wein notwendigerweise mit Sauerstoff in Kontakt bringt. Positiv wirkt sich diese Behandlung insbesondere auf Bordeaux-Weine und gelegentlich einige Rotweine aus dem nördlichen Rhône-Tal aus, da sich sonst verhaltene Aromen dadurch besser entwickeln können. Bei Weissweinen, Rosés und den feingliedrigen Rotweinen dagegen bringt das Dekantieren keinerlei Vorteile mit sich.

Manche Leute dekantieren dagegen grundsätzlich jeden Wein, und auf Château Palmer mit seinen klassifizierten Médoc-Gewächsen wird niemals eine Flasche, aus welchem Jahrgang auch immer, undekantiert serviert.

Temperatur

Grundsätzlich kann man sagen, dass Weine, die kühl getrunken werden sollten, meist zu kalt sind, und diejenigen, denen Zimmertemperatur (chambré) angemessen ist, zu warm sind. In der Tat hat der Ausdruck Zimmertemperatur seinen ursprünglichen Sinn verloren, da unsere Wohnungen im Winter zentral auf 24° C aufgeheizt werden, während es im Wohnzimmer unserer Grosseltern niemals wärmer als 17–18° C war.

Für jeden Weintyp gibt es eine optimale Trinktemperatur, jedoch ist auch diese relativ, da ein Glas Wein mit 18°C je nach Jahreszeit und äusseren Bedingungen unterschiedlich schmeckt. Die meisten Weissweine sind kühl, aber nicht eiskalt zu trinken, und alles, was deutlich kälter als 6°C ist, liegt jenseits der Geschmacksschwelle. Vorsicht ist immer am Platze, wenn ein Wein die Aufschrift »gut gekühlt servieren« trägt – der

Unten: Korkenzieher müssen eine weite Spirale ohne scharfe Kanten haben und so lang sein, dass auch die längsten Zapfen gezogen werden können; v. l. n. r.: Holzmodell mit Gegengewinde, Doppelhebelkorkenzieher, Screwpull, Sommellier-Korkenzieher (oben) und Butlers friend (unten).

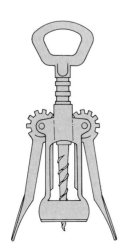

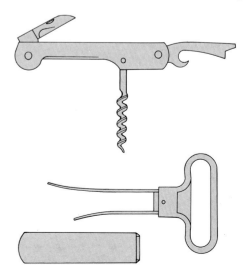

Inhalt hat wahrscheinlich Fehler, die bei sehr niedrigen Temperaturen verborgen bleiben. Wichtig ist auch, den Wein langsam abzukühlen. Man stellt die Flasche in einen Eiskübel, der zur Hälfte mit Wasser gefüllt ist und gibt dann Eiswürfel dazu. Im Glas erwärmt sich der Wein schnell um 1–2° C.

Süsse Weissweine. Sofern man nicht die Süsse des Weines besonders betonen möchte, sollten diese unter Berücksichtigung des Vorgesagten auf etwa 6° C gekühlt werden.

Champagner und Schaumweine. Als Richtwert gelten 6° C im Glas; 1–2° C mehr können bei Schaumweinen vorteilhaft sein, die einige Jahre gelegen haben.

Trockene Weissweine. Bei diesen Weinen hängt die Temperatur weitgehend von der Qualität des Jahrgangs ab. »Kleine« trockene Weissweine (Entre-Deux-Mers, Gros Plant usw.) sollten sehr kühl getrunken werden, während man komplexere Weissweine, die noch ausgeprägt trocken sind (Graves, Elsass) am besten bei 10–12° C trinkt. Die reichen Weissweine mit einer winzigen Spur Süsse (die grossen Burgunder, weisser Châ-

teauneuf-du-Pape, Condrieu usw.) vertragen 13–14° C im Glas ohne weiteres.

Vin jaune. Dies ist der einzige Weisswein, der relativ temperiert (16° C) getrunken werden kann.

Rosés. Dies sind per definitionem junge, frische und fruchtige Weine, die bei Kellertemperatur (d. h. 9–10° C) zu servieren sind.

Rotweine. Leichte, jung zu trinkende Rotweine geniesst man ebenfalls leicht gekühlt, da ihre Fruchtigkeit dann besser erhalten bleibt (Beaujolais, alle Gamays usw.).

Loire-Rotweine wie Bourgeuil und alle Cabernet-Francs sind besser strukturiert und vertragen daher 1 oder 2° C mehr, wenn sie ziemlich jung getrunken werden (13–14°C). Die grossen Weine des Rhône-Tals und Burgunds präsentieren sich am schönsten bei 15–16° C, während man den tanninreicheren Bordeaux mit Temperaturen um 16–18°C am besten gerecht wird, wobei 18°C den älteren Jahrgängen vorbehalten bleiben sollten.

Das Servieren des Weines 2

Rechts: Phasen des ein-
wandfreien Entkorkens
der Weinflasche.

Wie man entkorkt

Zunächst schneidet man die Kapsel etwa
5 mm unterhalb des Halses ab, um zu verhindern, dass der Wein mit Metall in Berührung kommt.

Unten: Das Glas muss
zum Wein passen; v. l. n.
r.: ISO-Degustationsglas,
Burgunder, Bordeaux,
Pariser Kelchglas (Rot-
weine), Tulpenglas,
Kelchglas, Elsässer
(Weissweine).

Der Korkenzieher sollte eine weite Spirale
ohne scharfe Kante haben und möglichst so
lang sein, dass man Korken jeder Grösse
damit herausziehen kann. Beim Öffnen darf
der Wein nicht geschüttelt werden – kein
guter Wein verdient eine rauhe Behandlung.
Champagnerkorken sollte man niemals
knallen lassen, da die plötzliche Freisetzung

von Gas der Qualität des Inhalts schadet.

Eine Flasche, die in ein Dekantierkörbchen eingelegt wurde, sollte dort auch entkorkt werden. Man hebt die Flasche nur geringfügig an, indem man einen zweiten Korken zwischen Flaschenhals und den Rand
des Körbchens legt.

Weingläser

Wein giesst man vorsichtig ins Glas, jedoch
nicht irgendein Glas. Form und Wandstärke
spielen eine sehr wichtige Rolle. Grundsätzlich ist ein gutes Weinglas farblos, nicht ge-

schnitten und weist einen Stiel und einen Fuss auf. An der Académie du Vin benutzen wir AFNOR-Gläser (französische Norm), die für Weissweine, Rotweine und Schaumweine gut geeignet, exzellent zum Degustieren, aber nicht ideal für den täglichen Weingenuss beim Essen sind. Hierfür gibt es andere Formen, wie z.B. das tulpenförmige Bordeauxglas, das bauchige Burgunderglas, das am Trinkrand etwas enger ist, das Elsässer Glas und die vertraute Champagnerflöte. Unbedingt zu warnen ist vor flachen Sektschalen: durch die fehlende Tiefe kann man

das Aufsteigen der Bläschen nicht beobachten, und durch den weiten Rand verflüchtigt sich das ganze Bukett.

Grundsätzlich sollten der Durchmesser des Fusses und des Trinkrandes kleiner sein als der grösste Durchmesser des Glaskörpers, damit das Aroma des Weines erhalten bleibt. Das Glas ist zur Hälfte bis zu drei Vierteln zu füllen, niemals randvoll. Wichtig ist schliesslich auch noch ein sauberes weisses Tischtuch, das den einzig akzeptablen Hintergrund für die Farbe eines guten Jahrgangs abgibt.

Unten: v. l. n. r.: Sherry, Portwein, Port/Madeira, Champagnerflöten, Champagnerschwenker und empfohlenes Cognacglas.

Verstärkte Weine/Vins doux naturels und Vins de Liqueur

Süsse Muskatweine werden in Zentren an der Mittelmeerküste erzeugt: Bei Lunel, Rivesaltes, Frontignan sowie bei Beaumes-de-Venise in der Vaucluse.

Diese beiden Arten alkoholverstärkter Weine werden wie alle verstärkten (»aufgespriteten«) Weine hergestellt: Dem Most wird während der Gärung Alkohol zugesetzt, wodurch der Gärprozess aufhört. Die Folge ist ein niedriger Gehalt an natürlichem Alkohol und ein entsprechend höherer Gehalt an natürlichem Zucker. Der Alkoholzusatz kann zwischen 6% und 10% schwanken. Hierfür kommen nur Trauben mit mindestens 250 g/l natürlichem Zucker (= 14% Alkohol) in Frage. Im Französischen wird dieser Prozess »mutage« genannt, d.h. Stummachen des Mosts, da der Alkohol die Gärung beendet oder »abstoppt«.

Die Unterscheidung zwischen vins de liqueur und vins doux naturels ist rein verwaltungstechnischer Art, d.h. die ersteren werden wie Branntweine, die letzteren wie Weine besteuert. Geschmacklich sind sie sehr unterschiedlich, da sie in verschiedenen Gegenden aus verschiedenen Trauben erzeugt werden; das Herstellungsverfahren ist jedoch das gleiche.

Der bekannteste französische vin de liqueur ist der Pineau des Charentes (siehe Verkostung verstärkte Weine, Seite 179), der aus Trauben aus dem Cognac-Gebiet unter Zusatz von Cognac hergestellt wird. Er kann entweder als Aperitif oder als Dessertwein – eisgekühlt – getrunken werden. Der Alkoholgehalt liegt zwischen 16,5 und 22%. In der Champagne wird ein ähnlicher verstärkter Wein, der Ratafia, aus Champagne-Trauben erzeugt. Der verwandte Floc de Gascogne besteht aus Traubensaft und Armagnac. Alle drei haben AOC-Status.

Die Weine haben einen natürlichen Zuckergehalt, sind aber verstärkt und dürfen nicht mit den *vins liquoreux* verwechselt werden, die ihre natürliche Süsse von überreifen oder edelfaulen Trauben haben. Die wichtigsten Rebsorten sind Grenache und Muscat, daneben auch Malvoisie und Maccabeo. VDNs können Weissweine, Rotweine oder Rosés sein, und ihr Alkoholgehalt darf nicht brennend oder rauh sein. VDNs können nach zwei oder drei Monaten verkauft

200

werden, während diejenigen aus dem Grenache komplexer werden und von vielen Jahren Fasslager profitieren können. Solche Weine nehmen einen »maderisierten« Ton an, den man »rancio« nennt und auch bei alten Cognacs und Armagnac findet. Zehn und zwanzig Jahre alte Weine dieses Typs können eine grossartige Aromakonzentration aufweisen und gleichzeitig am Gaumen ein lebhaftes Spiel haben.

Die besten dieser Weine sind Banyuls (rot) und die Muscats (weiss). Der Banyuls kommt aus den steilen, terrassierten Schieferhängen des Roussillon an der spanischen Grenze, das auch die Heimat des Maury und Rivesaltes ist. Um die appellation Banyuls Grand Cru zu erhalten, muss der Most mindestens fünf Tage gären, bevor die mutage

erfolgt; ausserdem muss der Wein auf Holz ausgebaut werden. Ein guter Banyuls kann es durchaus mit einem Port aufnehmen (siehe Verkostung verstärkte Weine, Seite 179).

Die süssen Muscats (nicht zu verwechseln mit den sehr aromatischen, aber knochentrockenen Muscats d'Alsace) wachsen an der Mittelmeerküste bei Lunel, Rivesaltes und Frontignan und in den südlichen Côtes-du-Rhône bei Beaumes-de-Venise (siehe Verkostung verstärkte Weine, Seite 179). Sie zeichnen sich aus durch eine herrliche goldene Farbe, ein stiebendes Bukett von gewaltiger aromatischer Fülle und einen konzentrierten, sonnenreifen Geschmack. Sie müssen sehr kalt getrunken werden, und sie verbessern sich mit dem Alter nicht.

Ratafia ist ein verstärkter Wein, der in der Champagne aus Champagnertrauben erzeugt wird.

Verstärkte Weine/Sherry, Port und Madeira

Die renommiertesten verstärkten Weine, deren internationaler Ruf bei weitem denjenigen der französischen übertrifft, sind Sherry, Portwein und Madeira.

Sherry

Sherry unterscheidet sich von anderen verstärkten Weinen dadurch, dass er vollkommen durchgegoren ist und der Alkohol erst später hinzugefügt wird. Da nach dem üblichen Verfahren der Most während der Gärung aufgespritet wird, verbleibt Restzucker im Wein, der diesen süss macht. Sherry ist trocken; die Süsse der volleren Typen stammt von der Hinzufügung von Weinen, die speziell für diesen Zweck selektiert werden.

Die Heimat des Sherrys sind die Rebgärten des südlichen Andalusiens zwischen Cadiz und Sevilla, wobei die besten um die Stadt Jerez de la Frontera liegen. Hier vor allem findet man den weissen, kreidigen albariza-Boden, der dem Sherry seine feine Rasse und sein unvergleichliches Bukett verleiht. Die vorherrschende Rebe auf diesem Boden ist der Palomino, aus dem alle besseren Sherrys gemacht werden. Verschiedene andere Rebsorten werden für den Verschnitt angepflanzt, vor allem Pedro Ximénez; die Trauben der letzteren werden einige Tage in der Sonne getrocknet, bevor sie zu einem kraftvollen, süssen Verschnittwein für die schwereren Sherrys vergoren werden.

Nach der Gärung folgen die entscheidenden Schritte der Sherry-Bereitung: Die Selektion und der Verschnitt. Eine Vorselektion findet im Dezember nach der Lese im September statt. Aus den leichteren, feinen Weinen werden Finos oder Amontillados hergestellt, indem man sie auf 15,5% aufspritet; vollere Weine mit weniger Finesse werden auf 17–18% verstärkt und kommen zu den Olorosos. Der Wein ist immer noch knochentrocken. Nach der Verstärkung werden die verschiedenen Weine in getrennten criaderas gelagert. Auf den Finos entwickelt sich dann in Fässern, die nur zu drei Vierteln gefüllt sind, eine Hefeschicht (flor). Wenn sie nach drei Jahren abgefüllt werden, ist ein bleicher, sauberer, trockener Sherry entstanden. Der klassische Amontillado ist ein gereifter Fino, der durch den Holzausbau mehr Farbe und eigenartigerweise auch Alkohol angenommen hat. Die Olorosos können gereift und ungesüsst sein, in welchem Fall man einen komplexen, nussigen Wein erhält, oder mit PX (Pedro Ximénez) gesüsst; dann werden sie als Cream Sherry verkauft. Während des gesamten Fassausbaus werden die Sherrys von Fass zu Fass abgezogen und verschnitten (Solera-System).

Bei Sanlúcar de Barrameda unweit von Jerez an der Atlantikküste wird ein »Manzanilla« genannter Fino aus den gleichen Trauben wie Sherry erzeugt; er soll seinen sehr trockenen, an Seetang erinnernden Geschmack der dort herrschenden ständigen Meeresbrise verdanken.

Port

Portwein ist vermutlich der bekannteste der verstärkten Weine. Er stammt aus den Gebieten Cima Corgo und Baixo Corgo des Douro-Tals im Nordwesten Portugals. Wohl

Rechts: v. l. n. r.: Leichtere, feinere Weine werden für die Herstellung von Finos und Amontillados verwendet; Manzanilla ist ein Sherry Fino, der nur in Sanlúcar de Barrameda erzeugt wird.

nirgends in der Welt muss in den Weinbergen schwerere Arbeit verrichtet werden als hier auf den steilen, terrassierten Schieferhängen. Es gibt eine Vielzahl blauer und weisser Rebsorten, jedoch spielt ihre Eigenart gegenüber dem Boden, dem Klima und dem menschlichen Faktor eine eher untergeordnete Rolle. Gelesen wird Mitte September. Während der anschliessenden kurzen Maischegärung wird den Trauben ein Höchstmass an Farbstoffen entzogen, bevor die natürlich entstandenen 4–6% Alkohol mit »eau de vie« auf 22,5–24,5% gebracht werden. Dadurch verbleibt ein hoher Restzuckergehalt, der dem Port seine Süsse gibt. Im darauffolgenden Frühjahr kommt der Wein in die oberirdischen Port Lodges in Vila Nova de Gaia, wo er dem endgültigen Verschnitt entgegenreift.

Es gibt zwei Typen von Port: Vintage Port und Wood Port. Ersterer ist ein Jahrgangswein, manchmal auch von einem einzigen Gut, der nach der Lese zwei Jahre im Fass bleibt, bis er abgefüllt wird und in der Flasche weiterreift. Nicht alle Handelshäuser deklarieren den gleichen Jahrgang; manche sind auf Weine aus geringeren Jahren spezialisiert, und viele von ihnen bieten Weine an, die länger als üblich auf Holz ausgebaut wurden. Wood Port gibt es als White, Ruby oder Tawny Port. Weisser Portwein ist generell weiter durchgegoren als roter Portwein, jedoch sind nur die feinsten durch jahrelanges Fasslager sehr trocken. Ruby Port wird nach drei bis fünf Jahren auf Holz abgefüllt; in dieser Zeit verliert er seine tiefe Farbe und wird immer mehr lohfarben (tawny) und immer weniger süss. Die Port-Handelshäuser halten grosse Reserven älterer Jahrgänge, mit denen sie die Typizität ihrer Produkte wahren. Ein Old Tawny ist ein Verschnitt aus mehreren Jahrgängen, und die Angabe »20 Jahre alt« besagt z. B., dass der Verschnitt durchschnittlich mindestens 20 Jahre alt ist. Ruby und White Port sind billiger als Tawny Port, weil diese Weine früher abgefüllt werden. Ein feiner Tawny ist nicht schlechter als ein reifer Vintage Port, aber anders geartet. Diese Unterschiede sind in der Verkostung auf Seite 179 dargestellt.

Madeira

Madeira-Wein kommt von der gleichnamigen portugiesischen Insel und ist fast ebenso bekannt wie Port. Allerdings findet er hauptsächlich in Saucen und Kuchen Verwendung. Der Ruhm des Madeira begann, als Schiffe auf der Reise nach Amerika hier Frischwasser bunkerten und als Ballast Fässer mit Wein an Bord nahmen. Durch die lange Seereise bei hohen Temperaturen bekam der Wein einen brandigen Ton, der sehr geschätzt wurde. Heute wird der gleiche Effekt durch das estafugem genannte Vinifikationsverfahren erzielt.

Madeiratrauben wachsen auf vulkanischem, kaliumreichem Boden und liefern vier Weintypen. Sercial, der bleichste und trockenste, ist ein vorzüglicher Aperitif. Bei jahrelanger Fasslagerung wird er tiefarbener und bekommt ein intensives Nussaroma, verliert jedoch nie seine Säure.

Links: Cream-Sherrys sind Sherrys, die mit der Pedro Ximénez-Rebe gesüsst sind.

Weinbrände/Cognac

Branntweine

In Frankreich ist das Recht der Destillation von Weinen oder ihren Nebenprodukten zu Weinbränden immer mehr ein Privileg der grossen Brennereien. Die grossen Weinbrände – Cognac und Armagnac – geniessen AOC-Status, während andere Recht auf gesetzlich geschützte appellations haben, z.B. die Weinbrände von Burgund, Champagne und anderen Gebieten.

Die Destillationsverfahren unterliegen strengen Vorschriften. Die Brennblasen können direkt oder über das Wasserbadverfahren (bainmarie) erhitzt werden, wobei der marc direkt oder indirekt durch den Dampf erhitzt wird, der den Alkohol aufnimmt. Die Vorlage des Destillierapparats muss sorgfältig gekühlt werden, damit nichts von dem kostbaren Aroma verlorengeht, und aus dem gleichen Grund wird stets langsam destilliert. Der stündliche Ausstoss und die Spezifikation des Ausgangsmaterials sind ebenfalls amtlich festgelegt.

Die Kunst des Weinbrennens besteht darin, den richtigen Apparat für den Destillationsprozess auszuwählen und das Destillat in Holzfässern richtig auszubauen; Holzart, Alter und Grösse dieser Fässer sind dabei ebenso wichtig wie der Alterungsprozess selbst.

Cognac

In der Charente wird seit dem 18. Jh. gebrannt. Seither hat die Ugni Blanc-Rebe, die hier »Saint-Émilion« genannt wird, die weniger zuverlässige Folle Blanche verdrängt.

Die Reben werden in weiten Zeilenabständen von 2–3 m gepflanzt und maschinell abgeerntet. Sie liefern einen mässigen, säuerlichen Wein von 7–8% Alkohol, der weder geschwefelt noch chaptalisiert wird. Der Hektarertrag ist zwar nicht beschränkt, jedoch wird auf 60000 Augen pro Hektar zurückgeschnitten. Das Erzeugungsgebiet ist in sechs Zonen eingeteilt, die sechs Gütekategorien entsprechen, und in den meisten Fällen ist Cognac ein Verschnitt aus diesen sechs Zonen.

Grande Champagne. Im Herzen dieses Gebietes liegen etwa 13000 ha krümeligen Kalkbodens, der die delikaten Weinbrände mit dem anhaltendsten Nachgeschmack liefert.

Die **Petite Champagne** liegt neben der Grande Champagne und liefert auf 16000 ha Kalkboden feine Weinbrände, die schneller reifen als diejenigen aus dem Herzen des Gebietes.

Les Borderies. Aus diesem Gebiet im Norden der Grande Champagne kommen von 5000 ha Kiesel/Lehmboden Cognacs, die für ihre Rundungen bekannt sind.

Les Fins Bois. Dieses 40000 ha grosse Gebiet liegt um die drei vorgenannten herum. Der Boden besteht aus Lehm und Kiesel. Die Fins Bois-Cognacs sind harmonisch und elegant und reifen schnell.

Les Bons Bois. Dieses Gebiet bildet wieder-

Rechts: Dichteprüfung eines Cognacs.

um die Umrandung des vorigen und umfasst etwa 2100 ha Lehmboden, der einen weniger harmonischen und komplexen Weinbrand liefert.

Les Bois Ordinaires. Von den 4000 ha quaternären Alluvialbodens dieses Gebietes am Atlantik kommt ein eher alltäglicher Weinbrand, in dem man angeblich das Salz des Meeres schmeckt. Fine Champagne ist keine Gebietsbezeichnung, sondern ein Verschnitt von mindestens 50% Grande Champagne mit Petite Champagne.

Cognac wird stets zweimal gebrannt: Die erste chauffe liefert den brouilli, der mit einem Alkoholgehalt von etwa 30% abläuft. Dieser wird wiederum zu einem Cognac von 60–70% aufdestilliert. Während des anschliessenden Ausbaus in Eichenfässern verdunstet ein Teil des Inhalts – insgesamt schätzungsweise 50000 hl pro Jahr! Der Cognac, der schliesslich abgefüllt wird, ist ein Verschnitt verschiedener Jahrgänge; der Alkoholgehalt wird durch Zugabe von Wasser gesenkt. Karamelextrakt verleiht dem Weinbrand seine Eigenartigkeit und Geschmeidigkeit. Eine Jahrgangsangabe erfolgt bei Cognac nicht. Statt dessen geben z.B. drei Sterne an, dass der Inhalt mindestens zwei Jahre alt ist; VSOP, VO und Reserve stehen für vier Jahre. Die Bezeichnungen Vielle Réserve, Extra und Napoléon schliesslich garantieren ein über fünfjähriges Fasslager; das Durchschnittsalter des Verschnitts ist jedoch in der Regel erheblich höher.

Links: Unter einer Cognacbrennblase wird Feuer gemacht.

Weinbrände/Armagnac

Historisch gesehen ist der Armagnac mindestens so alt wie der Cognac; die erzeugte Menge beträgt allerdings nur ein Zehntel. Hinzu kommt, dass die Qualität weniger gleichmässig und die Vermarktung entsprechend schwieriger ist. Das Appellationsgebiet liegt nur zum Teil in Armagnac selbst und gliedert sich in drei Zonen mit jeweils eigener Herkunftsbezeichnung. Das Bas-Armagnac umfasst über 11000 ha Reben auf tertiärem Oberboden aus Sand und Kies über einer Schicht kieselhaltigen Lehms. Teil dieses Gebietes ist das Grand Bas Armagnac, in dem der unbestritten beste Armagnac erzeugt wird.

Le Bas Armagnac. Dieser Armagnac muss mindestens fünf Jahre reifen, nicht selten bis zu 30 Jahre (im Fass), bis er es mit den besten Cognacs aufnehmen kann.

Le Tenarèze. Über 8000 ha Rebgärten östlich des Bas Armagnac mit Kalk- und Lehmböden liefern einen im Vergleich zum Bas Armagnac aromatischeren und rustikaleren Armagnac mit Pflaumenaroma.

Le Haut Armagnac. Hierbei handelt es sich um ein grosses Gebiet im Süden und Osten der vorgenannten Gebiete, in dem jedoch nur 500 ha für die Erzeugung von Armagnac bestockt sind; der Rest liefert Tafelweine. Der Boden ist meist kalkhaltig, und das Gebiet insgesamt hat keinen besonderen Ruf.

Die beste Rebsorte ist hier Folle Blanche; hinzu kommen u. a. die weitverbreitete, nach ihrem Züchter benannte Baco (22 A), Colombard und Ugni Blanc.

Die Brennverfahren sind sehr unterschiedlich, jedoch bevorzugen Liebhaber eines echten Armagnac den Brannwein aus

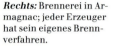

Rechts: Brennerei in Armagnac; jeder Erzeuger hat sein eigenes Brennverfahren.

den eigentlichen Armagnac-Brennereien. Der Weinbrand wird nicht rektifiziert und ist 50–55% stark.

Die Verdünnung auf 40–45% Alkohol geschieht auf natürliche Weise in Eichenfässern von 400 l Inhalt. Der Weinbrand wird niemals abgezogen, so dass jedes Fass »seinen« Armagnac hat und diesem sein ganz individuelles Gepräge gibt.

Die echten alten Armagnac-Brennereien sind heute kaum mehr zu finden, von denen jede ihre unverwechselbare Eigenart hatte. Die modernen Brennereien sind für die Erzeugung von Weinbränden mit 60–65% Alkohol ausgelegt. Es ist klar, dass bei geringerem Alkoholgehalt die Rolle der übrigen Komponenten umso wichtiger wird, die den Armagnacs, die sehr lange im Fass reifen sollen, Fülle und Charakter verleihen. Nach

40 Fassjahren wird der Weinbrand jedoch ausgezehrt und muss in Flaschen oder kleinere bonbonnes abgefüllt werden.

Man kann den Armagnac wie einen Cognac auch doppelt brennen, jedoch hat das Endprodukt dann weniger Charakter und Haltbarkeit.

Anders als die Cognacs können die grossen Armagnacs eine Jahrgangsangabe tragen. Bei den übrigen wird mit drei Sternen oder der Bezeichnung Monopole angegeben, dass sie älter als ein Jahr sind; VO, VSOP und Réserve bedeuten, dass der Weinbrand mindestens vier Jahre alt ist, während XO, Napoléon, Vielle Réserve und Hors dage älter als fünf Jahre sind.

Links: Verschnittfässer; die Stärke des Armagnacs verringert sich im Fass, jedoch wird der Branntwein niemals von Fass zu Fass abgezogen.

Eiche

In Burgund und Bordeaux wurden eine Reihe von Versuchen durchgeführt, um den Einfluss des Holzes auf das Reifen des Weines im Fass zu bestimmen. In Burgund wurde 1978 eine cuvée von rotem Mercurey und eine mit Chassagne-Montrachet mit verschiedenen Eichenholzarten (Limousin, Nièvre, Burgund, Tronçais, Vogesen usw.), verschiedenen Porengrössen und unterschiedlichem Tanningehalt systematisch untersucht.

Eine Rolle spielt auch, ob die Dauben geschnitten oder gespalten sind, und ob das Holz natürlich oder künstlich abgelagert wurde. Die Dauben können auch mit Heissdampf oder über einer Flamme gebogen sein.

Holz ist ein durchlässiges Material und ermöglicht einen Gasaustausch, durch den sich die Zusammensetzung des Weines ändert; Weine, die in neuen Eichenfässern gereift sind, haben andere Eigenschaften als solche, die in alten Fässern lagern oder die in emaillierten Stahltanks ausgebaut wurden.

Chemische und sensorische Prüfungen, die während der obigen Versuche in viermonatigen Abständen durchgeführt wurden, zeigten folgendes:

In Fässern aus halbgespaltener, dampfgebogener burgundischer Eiche und Fässern aus Tronçais-Eiche, die gesägt und gespalten waren, waren die Alkoholverluste höher.

In gebrauchten Fässern gab es weniger flüchtige Säuren. Der biologische Säureabbau dauerte in alten Fässern länger.

Gesamtsäure und Extrakt waren in allen Behältern ungefähr gleich.

Auf neuem Holz ausgebaute Weine besassen die meiste Farbe und Gerbsäure; ausserdem teilte das neue Holz dem Wein Polysaccharide (Zucker) mit.

Zwanzig Fachleute nahmen während des 16monatigen Ausbaus drei Verkostungen vor, die letzte unmittelbar vor der Abfüllung. Ihre Entscheidung fiel insgesamt zu Gunsten der neuen Eichenfässer aus. Dies war jedoch noch nicht alles. Es gab auch Unterschiede zwischen den einzelnen neuen Fässern.

Diejenigen mit den dampfgebogenen Dauben erwiesen sich als weniger günstig für den Wein als diejenigen, deren Dauben über einer Flamme gebogen wurden. Bei letzterem Verfahren wird Lignin im Holz zerstört, wodurch ein Vanillearoma entsteht, während die in den Hemicellulosemolekülen vorhandenen Zucker ein Karamelaroma verleihen. Das Sägen der Stäbe schien gegenüber dem Spalten keine nachteiligen

Wirkungen auf den Wein zu haben.

Bei den Rotweinen erwies sich der Holzton aus den Fässern aus dem Tronçais, Nièvre und Burgund als qualitativ am ansprechendsten, während bei den Weissweinen die Burgundereichen aus Mercurey und Citeaux den besten Geschmack verliehen. Interessanterweise bekam gesägtes Holz aus Tronçais dem jungen Wein besser als gespaltenes Holz aus der gleichen Gegend.

Diese Versuchsreihe wird selbstverständlich fortgeführt, wenn die Proben einige Jahre Flaschenausbau hinter sich haben.

Oben: Das Anbringen der Fassreifen auf einem neuen Eichenfass, das schliesslich dem Wein eine besondere Note geben wird.

Wein und Gesundheit

Es ist natürlich Unsinn, zu behaupten, dass Wein gesundheitsschädlich sei; allerdings muss man zwischen Gebrauch und Missbrauch unterscheiden. Wie jedes andere Nahrungsmittel verwandelt sich Wein, wenn im Übermass genossen, in Gift; ein zu hoher Alkoholgehalt ist immer schädigend, da beim Abbau Körperzellen zerstört werden, was zu einem Vitamin- und Eiweissverlust führt.

Die individuelle Alkoholtoleranz schwankt natürlich und ist wegen des Gewichtsunterschiedes insbesondere auch zwischen den Geschlechtern verschieden. Eine Rolle spielen auch die Umstände, unter denen der Wein genossen wird, ob für sich, ob zum Essen, oder zu welchem Essen. Alkohol ist gefährlicher bei einer Diät, die arm an Fleisch, Fisch oder Milchprodukten ist, während zu magere oder zu fette Speisen die Ausscheidung aus dem Körper um bis zu 20% verringern können.

Wein ist, wenn in Massen und langsam genossen, sogar gesundheitsfördernd. Die französische medizinische Akademie hat die Unbedenklichkeitsgrenze für die Aufnahme von Alkohol auf 1 g pro kg Körpergewicht täglich festgelegt. Das bedeutet, dass ein Erwachsener von 70 kg Gewicht täglich ohne weiteres eine Flasche Wein trinken kann – natürlich nicht auf einmal. Wein als Nahrungsmittel kann bis zu einem Viertel unseres Brennstoffbedarfs decken. Er ist zwar nicht reich an Vitaminen oder Mineralsalzen, jedoch ist der Alkohol eine Kalorienquelle, die Lipide, Zucker und Aminosäuren einsparen hilft, die dadurch für zusätzliche körperliche oder geistige Leistungen zur Verfügung stehen. Es gibt keinen besseren Tafelbegleiter als Wein – er enthält Wasser (85%), und viele seiner Inhaltsstoffe sind verdauungsfördernd. Die Weinsäuren regen die Kontraktion der Magenmuskeln an und helfen den natürlichen Magensäuren, Stärke und eiweissähnliche Substanzen abzubauen. Die im Wein vorhandenen Tannine stimulieren die Muskelfasern und regen den Stoffwechsel an; ausserdem scheinen sie gute Vitamin C-Träger zu sein.

Weiterhin ist Wein blutdrucksenkend und hat daher eine beruhigende und euphorisierende Wirkung. Untersuchungen haben ergeben, dass in Altersheimen, in denen zum Essen ein Gläschen Wein gereicht wird, eine deutlich entspanntere Atmosphäre herrscht.

Das Wine Institute of San Francisco glaubt sogar herausgefunden zu haben, dass mässige Weintrinker länger leben als Abstinenzler, und Dr. Arthur L. Klasty schreibt dies teilweise den positiven Wirkungen des Alkohols auf Herz und Kreislauf zu. Dr. John P. Kayne vom Cardiovascular Research Institute der University of California behauptet, dass der Alkohol die Konzentration der Lipoproteine hoher Dichte (HDL) im Plasma günstig beeinflusst, die wiederum vor Arteriosklerose schützen.

Schliesslich ist noch darauf hinzuweisen, dass Leberzirrhosen, die durch Weingenuss allein verursacht sind, heute zu den ganz seltenen Fällen gehören. Wer Wein mit Massen trinkt, braucht um seine Gesundheit nicht zu fürchten – im Gegenteil.

Oben: Die Alkoholverträglichkeit ist individuell verschieden, jedoch besteht Übereinkunft darüber, dass mässiger Weingenuss gesundheitsfördernd ist.

Degustationskarten

Degustationskarten können unterschiedliches Aussehen haben und von unterschiedlicher Komplexität sein. Die nachstehende Karte wird in Frankreich viel benutzt; ihr Vorteil liegt darin, dass der Verkoster gezwungen wird, die verschiedenen Aspekte genau zu prüfen, die letztlich sein Urteil über einen bestimmten Wein ausmachen.

Weintyp (weiss, rot, rosé)			Herkunftsbezeichnung	
Typ:				
Laborbefunde und Schlussfolgerung			**Datum der Analyse**	
Dichte			Gesamtsäure	
Alkohol			Feste Säure	
Restzucker			Flüchtige Säuren	
Potentieller Alkohol			(als Schwefelsäure berechnet)	
SO_2 gesamt pH				
freie SO_2 Farbindex P/x				
Permanganatindex				
Vinifikationsverfahren				
Optische Prüfung	**Oberfläche der Flüssigkeit**		glanzhell – stumpf klar – sauber spiegelnd – fleckig	
	Farbe	**Weisswein**	bleich mit grünen oder gelben Reflexen – bleiches Gelb – strohgelb – kanariengelb – golden – bernsteinfarben	
		Rosé	bleich mit violetten oder rosa Reflexen – gris – hellrosa – tiefes Rosa – œil de perdrix – Zwiebelschalen	
		Rotwein	rot mit karminroten oder violetten Reflexen – kirschrot – rubinrot – granatrot – rotbraun – ziegelrot – mahagoni – lohfarben	
		Farbdichte	offen – oxidiert – wolkig	
	Erscheinungsbild		kristallin – brillant – durchsichtig – Schleier – wolkig – stumpf – bleiern – grauweiss – opaque – mit oder ohne Depot	
	Tränen		bilden sich schnell oder langsam – nicht vorhanden – gering – stark	
Temperatur des Weins			**Faktoren, die die Degustation beeinträchtigen**	
Olfaktorische Prüfung	**Erster Eindruck**		angenehm – gewöhnlich – unangenehm	
	Aroma	**Intensität**	kraftvoll – angemessen – schwach – ohne	
		Qualität	sehr gut – rassig – distinguiert – gut – normal – gewöhnlich – dürftig – sehr dürftig	
		Charakter	primär – sekundär – tertiär – floral – fruchtig – vegetal – würzig – animalisch – oxidiert	
		Länge	lang – mittel – kurz	
	Fehlgerüche		CO_2 – SO_2 – H_2S – Merkaptan – stark oxidiert – Holzton – Milchsäure Essigstich – phenolisch – Korkgeschmack Fehler { vorübergehend – bleibend leicht – schwer	
	Besonderheiten			
Faktoren, die eine Unterbrechung oder Beendigung der Degustation notwendig machen				

Gustatorische Prüfung	Erster Eindruck			
	Aromen und Emp-findungen	**Süsse**	Zucker	wuchtig – sehr süss – süss – trocken – brut
			Glycerin und Alkohol	weich – ölig – samten – geschmeidig – rauh – ausgezehrt
		Säure	übermässig	spitz – grün – nervig – herb
			harmonisch	frisch – lebendig – geschmeidig – fein
			mangelnd	flach – ausdruckslos
		Körper	Alkohol	leicht – genügend – reichlich – zu Kopf steigend – brandig
			Fleisch	fett – rund – voll – dünn – mager
			Tannin	reichlich – harmonisch – ungenügend – adstringierend – bitter
		Mund-aromen	Intensität	kraftvoll – mittel – gering – lang – kurz
			Qualität	sehr gut – elegant – angenehm – gewöhnlich – verlöschend
			Art	floral – fruchtig – vegetal – würzig – Holzton – chemisch – animalisch – andere jung – entwickelt – komplex
	Inhärente oder abnormale Aromen	**»Terroir«**		ausgeprägt – feststellbar – schwach – nicht vorhanden
		Krankheit		schleimig – Bruch – Aldehyde – süß – sauer – firn – Essigsäure – Milchsäure
		Fehler		abgestanden – Schimmel – Hefe – Holz – Kork – Metall – H_2S – grasig – scharf
	Schluß-eindruck	**Balance**		harmonisch – gelungen – korrekt – unharmonisch – zuviel Säure, Zucker, Tannin, Alkohol
		Nachgeschmack		ehrlich – unangenehm
		Nachtönung		> 8 s > 5–7 s > 4–5 s < 3 s sehr lang lang mittel kurz
Schluß-folgerung	**Gebiets- und Sortentypizität**			
	Punkte von 20			
	Zusammenfassung der Degustation (Eigenart des Weins, Zukunft, wann trinkfertig)			

Degustationsausdrücke 1

(Formuliert und definiert vom Forschungs- und Versuchslabor des Départements in Tours)
Der Weinverkoster muss nicht nur über lange Erfahrung, geschärfte Sinne und eine breite Wissensgrundlage, sondern auch über einen speziellen Wortschatz verfügen, um seine Empfindungen und Schlussfolgerungen präzise ausdrücken zu können.

Aus diesem Grund hielten wir es für sinnvoll, hier eine kleine Auswahl einfacher Degustationsausdrücke vorzustellen. Diese Ausdrücke sind in der Fachwelt üblich und ermöglichen es dem Fachmann – aber auch dem Laien – den Wein korrekt und mit grösstmöglicher Genauigkeit anzusprechen.

Erscheinungsbild

Das Aussehen des Weins

Bourbeux: schmutzig; starke Trübungen in einem Wein, der noch nicht abgezogen wurde.

Brillant: glanzhell; sehr grosse Klarheit, wird bei Weissweinen verwendet.

Clair: siehe limpide.

Crémant: leicht schäumend; ein Schaumwein mit einem Druck von 3,5 bar. Der »Crémant de la Loire« ist ein Wein, der nur in der Touraine erzeugt werden darf.

Cristallin: kristallklar; vollkommen durchsichtig und hell wie ein Kristall.

Disque: eigentlich »Scheibe«: Die Oberfläche des Weins im Glas. Sie sollte normalerweise spiegelnd sein. Wenn der Wein in Ordung ist, zeigt er eine stumpfe, fleckige Oberfläche.

Jambes: »Tränen« oder »Kirchenfenster«. Wenn der Wein im Glas geschwenkt wird, hinterlässt er am oberen Rand einen öligen, farblosen Ring. Dieser Ring kann sehr ausgeprägt oder fast nicht vorhanden sein. Die Tränen, die von diesem Ring nach unten laufen, sind die jambes. Sie können dick oder dünn sein, sich mehr oder weniger schnell bilden und mehr oder weniger zahlreich sein. Sie zeigen an, wie reich der Wein an Alkohol, Zucker und Glycerin ist.

Limpide: klar; einwandfreie Durchsichtigkeit bei vollkommenem Fehlen von Schwebstoffen.

Louche: wolkig; Wein mit mangelnder Durchsichtigkeit und Klarheit.

Moussex: voll schäumend, wie z. B. Champagner. Die an die Oberfläche steigenden Bläschen sind fein und beständig, am stärksten bei einem Druck von 4 bis 5 bar. Die Bläschen hinterlassen einen feinen Schaum an der Oberfläche und laufen vom Mittelpunkt zum Rand, wo sie einen Perlenkranz bilden, der cordon, collier oder collerette genannt wird.

Perlant: perlend; bezieht sich meist auf junge Weine, die auf der Hefe liegen (Muscadet) und direkt vom Fass verkauft werden, oder auf Weine, in denen ein biologischer Säureabbau oder eine leichte alkoholische Gärung stattfindet.

Pétillant: leicht schäumender Wein, der nach dem Champagnerverfahren erzeugt wird und einen Druck von 2 bis 3 bar aufweist. Die Kohlensäure ist an den feinen, jedoch nicht sehr zahlreichen Bläschen zu erkennen, die an die Oberfläche aufsteigen und dort einen sehr flüchtigen Schaum bilden. Deutlicher ist sie am Gaumen festzustellen, wo sie eine leicht prikkelnde Empfindung hervorruft.

Tranquille: still, nicht schäumend; völliges Fehlen von Bläschen.

Trouble: trüber, wolkiger Wein; mangelnde Klarheit wegen Schleim oder Schwebstoffen.

Die Farbe des Weins

Robe: Optischer Gesamteindruck, das »Kleid« des Weines; ergibt sich aus der Farbe und der Transparenz. Ein Wein hat eine schöne Farbe (une belle robe), wenn er sauber und klar ist.

Robe chatoyante: Eine glanzhelle Farbe.

Rotweine

Clairet: Rotwein, der wegen einer kurzen Maischegärung wenig farbintensiv ist (Bordeaux-Gebiet).

Rouge grenat: granatrot; eine Farbe, die nur bestimmte Weine beim Reifen annehmen.

Rouge pelure d'oignon: Zwiebelschalenfarbe.

Rouge pourpré: karminrot; tiefes Rot mit violetten Reflexen.

Rouge roubis: rubinrot; intensive, strahlende Farbe von Weinen, die noch jung mit guter, fester Säure sind.

Rouge tuilé: ziegelrot; rot mit einer Spur orange; Farbe reifender Weine.

Rouge violacé: purpurartiges Rot; Farbton mancher Weine mit zu wenig Säure.

Rosés

Rosé pelure d'oignon: Zwiebelschalenrosa; dunkles, kupfernes Rosa (Rosé d'Arbois, Tavel usw.).

Rosé saumoné ou ambré: Lachs- oder Bernsteinrosa; Rosa mit gelblichem Ton.

Rosé vif: glanzhelles Rosa; ein sehr leuchtendes Rosa.

Gris Rosés

Vins gris rosés: sehr helle Rosés mit einem Farbton, der zwischen den Weissweinen und Rosés liegt. Entsteht durch direktes Auspressen blauer oder grauer Trauben (Pineau d'Aunis).

Weissweine

Jaune ambré: bernsteingelb; ähnelt der Farbe von gelbem Bernstein.

Jaune beige: beige-gelb; bleiches Gelb mit einer Spur Grau (stumpfe Farbe).

Jaune citron: zitronengelb; intensives Gelb wie die Farbe einer Zitrone.

Jaune doré: Goldgelb; intensives Gelb wie die Farbe von Gold.

Jaune miel: honiggelb; bleiches Goldgelb, leicht lohfarben.

Jaune paille: strohgelb; wenig ausgeprägtes Gelb wie die Farbe von Stroh.

Jaune plombé: bleiernes Gelb; graue Schattierung von Weinen, denen Tannin hinzugefügt wurde.

Jaune vert: grüngelb; bleiches, brillantes Gelb mit grünlichen Reflexen.

Vieil or: altgolden; Gelb mit ausgeprägt warmem Ton (bei alten Weinen).

Geruch

Allgemeine Beurteilungsausdrücke

Vins aromatiques: aromatische Weine; Weine mit sehr ausgeprägtem Geruch, wie z. B. Sauvignon-Weine.

Bouquet: der komplexe, reiche Geschmack, der sich durch das Altern entwickelt (ein Wein mit Bukett ist bouqueté).

Fumet: Wird von manchen Fachleuten zur Bezeichnung der tertiären Gerüche verwendet (siehe Odeurs tertiaires).

Nez: »Nase«; die Gesamtheit der Gerüche, die ein Wein verströmt.

Nez fleuri: fruchtige Nase; zur Beschreibung eines Weines mit fruchtigem Geschmack. Wird insbesondere von jungen Weinen gesagt, die noch das Aroma der Trauben aufweisen, aus denen sie erzeugt wurden.

Nez subtil: subtile Nase; bezeichnet Weine mit feinem, delikatem Geruch.

Odeurs primaires: Primäraromen; bezeichnet Gerüche, die von der Traube selbst herstammen. Für junge Weine.

Odeurs secondaires: Sekundäraromen oder Gäraromen; entstehen durch die Tätigkeit der Hefen während der Gärung.

Odeurs tertiaires: Tertiäraromen (oder Altersbukett); entwickelt sich beim Ausbau des Weines in der Flasche aufgrund von Oxidations- und Reduktionsvorgängen. Es sind sehr komplexe Aromen, abstrakter und reicher als die vorgenannten. Sie sind es, die dem Wein erst ein wirkliches Bukett verleihen (z. B. alter Chinon oder Bourgueil).

Perspective odorante: aromatische »Perspektive«, das »Zusammenfliessen« der Aromen; bezeichnet den Komplex der primären, sekundären und tertiären Gerüche, die ein aussergewöhnlicher Wein verströmt und die sich manchmal gegenseitig ergänzen und steigern.

Gerüche nach Gruppen geordnet

Odeurs animales: animalische Gerüche; Moschus, Ambra, Wild, Wildbret, Pelz, Leder.

Odeurs balsamiques: balsamische Gerüche; Weihrauch, Vanille, Kampfer.

Odeurs empyreumatiques: vom Feuer herstammende Gerüche; Toast, geröstete Mandeln, Kaffee, Rauch, Tabak, Tee, verbrannte Kräuter, Heu.

Odeurs épicées: würzige Gerüche; Pfeffer, Sandelholz, Gewürznelken, Zimt.

Odeurs florales: florale Gerüche; Rose, Veilchen, Reseda, Jasmin, Orangenblüten, Iris, Gartennelke, Linde, Goldlack, Primel, Verbene, Weissdorn, Akazie, Flieder, Geissblatt, Glockenblume, Pfingstrose usw.

Odeurs fruitées: fruchtige Gerüche; Apfel, Brombeere, Kirsche, Pfirsich, Quitte, Pflaume, Schwarze Johannisbeere, Banane, Haselnuss, Limone, Erdbeere, Walnuss, Aprikose, Rote Johannisbeere, Mandeln usw.

Es gibt jedoch noch viele andere Gerüche, die nicht in diese Gruppe fallen, z. B.:

Odeur d'iode: Jodgeruch; tritt in Weinen von Küstengegenden auf oder solchen aus edelfaulen Beeren, wie z. B. Vouvray oder Montlouis. Wenn dieser Geruch zu stark ist, ist er als Fehler zu betrachten.

Odeur de suie, de fumée: Geruch von Russ oder Rauch; für manche Weine typisch.

Odeur de »pierre a fusil«: Feuersteingeruch; erinnert an denjenigen, der beim Aufeinanderschlagen zweier Feuersteine entsteht (typisch für die Weine der AOC Jasnières).

Odeur de résine: Harzgeschmack; tritt in Weinen auf, die in Koniferenholz gelagert weden, oder bei griechischem Wein, der mit Pinienharz versetzt wurde.

Fehlgerüche

Odeurs dues à la vendange: Gerüche, die ihre Ursache in der Lese haben; Erdgeschmack (am Traubengut anhaftende Erde), rambergue (Anwesenheit der Osterluzei bei der Lese), Jodgeruch (übermässige Erdfäule), Foxgeruch (Merkmal der Amerikanerreben).

Odeurs dues à une maladie: Gerüche, die auf eine Krankheit *ou à un mauvais traitement du vin* oder auf Behandlungsfehler zurückzuführen sind; Essigstich, dumpfer oder mostiger Geschmack (Bildung von Äthylalkohol, der an den Geruch von Äpfeln erinnert; Wein, der vernachlässigt und zu lange an der Luft gelassen wurde), Geraniengeruch (Veränderung des Ascorbinsäuregehalts), Schwefelböckser (SH_2, Geruch fauler Eier wegen später Schwefelspritzung des Weines oder einer Schwefelbehandlung während der Gärung).

Odeurs dues aux contenants: Auf Behälter zurückzuführende Gerüche; Fassgeruch, Geruch von trockenem Holz, Zement, Kunststoff; muffige, modrige Gerüche, Korkgeruch.

Degustationsausdrücke 2

Geschmack und Gaumen

Acerbe: sauer, unangenehm, d. h. zu hohe Säure.

Acre: bitter; Wein mit zuviel Tannin und flüchtiger Säure – stechend, brennend.

Agressif: aggressiv; unangenehm, zu hohe Säure (auch zuviel Alkohol).

Aimable: angenehm; im Gleichgewicht.

Alcalin: alkalisch; enthält viel Natriumchlorid und Kalium.

Altéré: qualitativ nicht mehr einwandfreier Wein, der seine normalen Eigenschaften durch Krankheit oder falschen Chemikalieneinsatz eingebüsst hat.

Amaigri: abgemagert; bezeichnet Weine, deren natürliche Farbe und Kraft erschöpft ist (z. B. überalterte Rotweine, oder Weine mit zu langem Fasslager).

Amer: bitter; auf Farbstoffe oder Gerbsäuren zurückzuführende Bitterkeit – eine Krankheit, die auf die Zersetzung von Glycerin (Acrolein) zurückzuführen ist.

Apre: unangenehm rauh und streng wegen übermässiger Säuren oder Gerbstoffe.

Aqueux: wässerig; flaches, dünnes Erscheinungsbild, Merkmal eines Weines, der gepanscht ist oder kahmig (fleur) geworden ist.

Austère: strenger, harter Wein mit zuviel natürlicher Kraft, der unangenehm zu trinken ist (z. B. gewöhnlicher Tafelwein aus bestimmten Hybriden).

Bien en bouche: ein reicher, harmonischer Wein.

Bouchonné: Korkaroma, das überwiegend über die Nase wahrgenommen wird (Korkgeschmack).

Bref: kurz; ohne angenehme oder anhaltende Nachtönung.

Brûlant: brennende Empfindung wegen zu hohen Alkoholgehalts.

Brut: sehr trocken; wird für Schaumweine mit geringem Zuckergehalt verwendet (völliges Fehlen von Zucker wird mit Extra Dry bezeichnet).

Capiteux: zu Kopf steigend; hoch im Alkohol, betäubend.

Charnu: fleischig; füllt den Mund gut, hinterlässt an den Geschmackspapillen einen anhaltenden Eindruck – körperreich.

Charpenté: gut konstituiert, grosser Rückhalt und alkoholreich.

Chaud: Wärmend; alkoholreich.

Corsé: körperreich; Wein mit hohem Alkoholgehalt und guter Konstitution; ein Wein hat Körper, wenn er eine Empfindung der Fülle und kraftvoller Konsistenz hervorruft.

Coulant: süffig; angenehm, geschmeidig, nicht zu alkoholreich.

Creux: hohl; wenig Körper, unharmonisch, zuviel Säure.

Cru: rauh; bezeichnet einen jungen, unterentwickelten, säurebetonten Wein, dem es an Fülle mangelt.

Decharné: ausgezehrt, arm an Körper; hat die ursprünglichen Qualitäten verloren.

Délicat: delikat; feiner, eleganter, leichter Wein.

Dépouillé: »ausgezogen«; altersbedingtes Nachlassen einzelner Inhaltsstoffe (bei alten Rotweinen).

Désequilibré: unharmonisch; schwacher Körper, schlechte Konstitution und fehlendes Gleichgewicht, z. B. durch ausgeprägt dominierende Säure.

Distingué: distinguiert; schöner Qualitätswein mit Persönlichkeit.

Doucereux: süsslich; mit uninteressanter, etwas unangenehmer Süsse.

Doux: süss; mit einem gewissen Zuckeranteil, der den Gaumen nicht schockiert.

Dur: hart; fehlende Geschmeidigkeit, schwer zu schlukken wegen übermässiger flüchtiger Weinsäure oder übermässigem Tannin.

Edulcoré: künstlich gesüsst.

Elégant: elegant; distinguiert und erlesen, jedoch nicht schwer (vins de cru).

Epais: dick; gewöhnliche, wuchtige Weine ohne Auszeichnung.

Epanoui: gut entwickelt; Weine, die am Gaumen haften.

Equilibré: im Gleichgewicht; harmonische Abstimmung aller Komponenten (Merkmal aller grossen Weine).

Etoffé: voll; gut konstituiert, mit Stoff; bei der Farbe: dicht.

Exubérant: üppig; lebendige Fülle.

Fade: fad; schwacher, dünner Wein, wenig Charakter und Geschmack.

Ferme: fest; wenig Geschmeidigkeit, reich an Tannin und Extrakt.

Filant: fadenziehend; der Wein ist schleimig geworden und zieht viskose oder gelatinöse Fäden, oder er enthält zu viel Dextran.

Fin: fein; bezeichnet Weine erlesener Qualität, harmonisch und im Gleichgewicht (z. B. vins de cru – die grossen Weine).

Fini court: kurzer Abgang; nicht anhaltender Geschmackseindruck.

Fondu: mit Schmelz; gut gereift, die Inhaltsstoffe sind in vollkommener Harmonie.

Fort: stark; der Alkohol dominiert.

Frais: frisch; mit guter, aber nicht übermässiger Säure; erfrischende Art, angenehm, durstlöschend.

Franc: ehrlich; natürlich, sauber, tadelloser Wein ohne Fehler.

Friand: köstlich; Wein mit angenehmem Geschmack, angenehm zu trinken.

Fruité: fruchtig; hat noch das frische, natürliche Aroma der Traube.

Gazeux: mit übermässiger Kohlensäure, die durch Nachgärung in der Flasche oder eine Krankheit entstanden ist.

Généreux: generös; nobel, reich an Alkohol, gut konstituiert, körperreich, reich an Estern.

Gouleyant: süffig; leicht und angenehm.

Grain: ausgezeichnete Konsistenz; bezeichnet einen erstklassigen Wein von erlesener Qualität (»il a du grain«).

Gras: extraktreich; fleischig, körperreich, süss; reich an Alkohol und Glycerin (bei einem wirklich grossen Wein).

Grossier: plump; gewöhnlicher, schwerer Wein, wenig Qualität.

Harmonieux: harmonisch; Wein, dessen Inhaltsstoffe in schöner Balance zueinander stehen.

Jeune: jung; neuer Wein oder Wein, der seinen jugendlichen Charakter behalten hat.

Joyeux: fröhlich; ein munterer Wein, der erfreut.

Léger: leicht; ausgeglichener Wein mit nicht zu viel Alkohol und Extrakt, jedoch angenehm zu trinken (z. B. Rosés).

Liquoreux: likörartig; Süsswein mit viel Zucker, zu Kopf steigend.

Long: lang, nachhaltig; ein Wein, dessen Geschmack intensiv im Mund nachtönt. Weissweine haben ein nachhaltigeres Aroma als Rotweine. Als Richtwerte für die Nachtönung können die folgenden Zeiten gelten:
– *vin ordinaire:* einfacher Wein; 1–3 sec.
– *vin de qualité:* Qualitätswein; 4–5 sec.
– *grand vin:* erlesener Wein; 6–8 sec.
– *vin blanc sec:* trockener Weisswein; 8–11 sec.
– *très grand vin:* Spitzenwein; 11–15 sec.
– *vin blanc liquoreux:* süsser Weisswein; 18 sec.
– *Grand Vouvray:* die grossen Weine von Vouvray; 20–25 sec.
Statt in Sekunden wird die Nachtönung auch in Caudalies gemessen.

Loyal: verlässlich, ehrlich; ein natürlicher Wein, der gemäss den gesetzlichen Vorschriften erzeugt wurde und keine versteckten Mängel aufweist.

Mâche: Biss; ein körperreicher, mundfüllender Wein mit Biss »a du mâche«.

Mâché: zerschlagen; vorübergehender Krankheitszustand des Weines nach der Abfüllung (leichte Oxidation).

Maigre: dünn; wenig Alkohol und Extrakt, füllt den Mund nicht (Gegensatz: charnu). Sehr viel flüchtige Säure macht den Wein ebenfalls dünn.

Marchand: marktgängig; ein Wein, der allen lokalen Handelsgesetzen und -vorschriften entspricht.

Mielleux: honigartig; ein Wein mit hervortretendem Zuckeranteil, der das Gleichgewicht mit anderen Inhaltsstoffen stört.

Moelleux: füllig; ein voller, gut gerundeter Wein mit einer gewissen Fülle an Zucker und Glycerin und wenig Säure (grosse trockene Weine können moelleux sein, z. B. Meursault).

Mou: schlaff; wenig Körper und Frische.

Muet: nichtssagend; wenig Charakter und unattraktiv.

Mur: reif; ein ausgereifter Wein.

Nerveux: nervig; lebendig, mit gutem Körper, einer gewissen Säure und gutem Alterungspotential. Diese Eigenschaften können auf den Boden zurückzuführen sein, auf dem der Wein wuchs.

Neutre: neutral; gewöhnlich und ohne besondere Eigenschaften (ein Wein, der andere Weine, mit denen er verschnitten wird, nicht ändert).

Normal: ohne Fehler.

Onctueux: ölig; geschmeidig mit guter Viskosität, wirkt körperreich (reich an Zucker und Glycerin).

Pâteux: cremig; dichte, schwere Konsistenz, extraktreich, haftet am Gaumen.

Petit: klein, d. h. arm an Alkohol und anderen Inhaltsstoffen.

Piquant: spitzig; stechende Empfindung an der Zungenspitze, die von Kohlensäure oder (stärker) von einem Essigstich herrührt.

Plat: flach; arm an Körper, Alkohol und Säure.

Plein: vollständig; gute Harmonie; ein Wein mit Körper, reich an Inhaltsstoffen, füllt den Mund gut.

Pommadé: verfälscht durch übermässige Aufzuckerung.

Puissant: kraftvoll; reicher, harmonischer Wein.

Pulpeux: Fruchtfleischgeschmack; ähnlich: zerschlagen.

Qualité: Qualität; ein Qualitätswein ist ein Wein, der dank der Rebsorte und des Bodens überdurchschnittlich gut ist.

Raide: stramm; ohne Geschmeidigkeit, sehr herb.

Rance: firn; fehlerhafter Wein (oxidiert).

Râpeux: kratzig; rauhe Empfindung auf der Zunge, die durch das Tannin hervorgerufen wird.

Rassis: entwickelt; am Ende der Reifezeit angelangt.

Riche: reich; viel Alkohol und Farbe.

Rond: rund und voll; harmonisch, geschmeidig, meist auch körperreich.

Savoureux: aromareich; sehr ansprechend am Gaumen.

Sec: trocken; arm an Zucker. Bezeichnet bei Rotweinen (im strengen Sinne) mangelnde Dichte, die durch schlechtes Lesegut zustande kommt.

Solide: soilde; gut konstituiert, haltbar.

Souple: geschmeidig; angenehm zu trinken, wenig Tannin und Säure, weich am Gaumen.

Soyeux: seidig; geschmeidig, erinnert an die Struktur von Seide.

Tannique: tanninreich; Wein mit einem Übermass an Tannin.

Tendre: fein, zart; delikater Wein mit wenig Säure, geschmeidig, leicht, etwas süss.

Terne: fad; es fehlen Frische und Charakter, uninteressant.

Usé: ausgezehrt; der Wein hat den Höhepunkt deutlich überschritten und seine ursprünglichen Qualitäten verloren, hält sich nicht mehr.

Velouté: samtene Struktur; geschmeidig, gleitet weich über Zunge und Gaumen, fühlt sich an wie Samt, weich im Mund.

Vert: grün im Sinne von unreif; säurebetont und zu jung (zu viel Apfelsäure durch unreife Trauben im Lesegut).

Vieux: alt; das Merkmal von Weinen, die in der Flasche gereift sind. Kann auch abwertend im Sinne von usé gebraucht werden (siehe dort).

Vif: lebendig; frischer, leichter Wein mit durchschnittlichem Säure- und Alkoholgehalt.

Vineux: weinig; ein hoher Alkoholgehalt beherrscht die übrigen Merkmale; verkostet sich warm.

Jahrgangstabelle

Jahrgangstabellen geben Auskunft über die Güte der einzelnen Jahrgänge in einem bestimmten Anbaugebiet, können aber nur ganz allgemeine Hinweise bezüglich der relativen Qualität geben. Die Tabelle der Académie du Vin beruht auf Angaben von Winzern und négociants, die aufgrund eigener Verkostungen ggf. korrigiert wurden.

Jahrgangstabellen müssten alljährlich geändert werden. Ältere Jahrgänge sind nur mehr von akademischem Interesse, insbesondere bei Weissweinen, und jüngere Jahrgänge ändern ständig ihre Qualität. In manchen Tabellen ist angegeben, wann ein Wein getrunken werden sollte, aber sie können zwangsläufig nicht berücksichtigen, wer den Wein trinkt, wo er getrunken wird und wie er gelagert wurde. Die Franzosen trinken ihren Wein lieber jung; die Engländer mögen ihn lieber älter; europäische Weine können in Amerika oder Australien früher trinkfertig sein als z.B. in Belgien, weil auch die Verschiffung berücksichtigt werden muss. Die Lagerung ist ausser bei den jüngsten Weinen von entscheidender Bedeutung, denn sie bestimmt letztlich den Zustand des Weines.

JAHRGÄNGE		'45	'47	'48	'49	'52	'53	'55	'57	'59	'61
ROTE BORDEAUX	Médoc/Graves	20	18	15	19	16	19	17	12	16	20
	Saint-Émilion/Pomerol	19	20	14	19	16	19	18	10	16	20
WEISSE BORDEAUX	Sauternes/Barsac	19	19	14	18	16	18	18	15	18	17
ROTE BURGUNDER	Côte de Nuits	19	17	16	20	18	17	16	14	18	19
	Côte de Beaune	19	17	16	20	17	18	16	14	18	19
WEISSE BURGUNDER		16	15	15	16	14	14	16	13	16	15
BEAUJOLAIS		18	19	12	18	16	19	17	16	17	19
RHÔNE	Nördl. Côtes-du-Rhône	18	16	—	16	16	18	16	14	16	20
	Südl. Côtes-du-Rhône	18	16	—	18	15	18	18	16	16	17
LOIRE	Muscadet/Touraine/Anjou	19	20	13	14	14	13	15	13	19	16
	Pouilly-Fumé/Sancerre		19	15	14	14	13	14	15	19	14
ELSASS		19	18	16	19	13	18	18	16	20	18
JAHRGANGSCHAMPAGNER						17	16	19		15	16
DEUTSCHLAND	Rhein						19	11		18	11
	Mosel						19	11		18	11
ITALIEN	Toskana										
	Piemont										
PORTUGAL	Vintage Port	20	17	18			18				
SPANIEN	Rioja										12
KALIFORNIEN	Rot										18
NORDKÜSTE	Weiss										18
		'45	'47	'48	'49	'52	'53	'55	'57	'59	'61

Auch der beste Service und der grösste Optimismus können einen »toten« Wein nicht wiedererwecken.

An der Académie du Vin benutzen wir folgende Zwanzig-Punkte-Skala:

    0- 9   schlecht oder sehr schlecht
    10–11 akzeptabel
    12–13 zufriedenstellend
    14–15 gut
    16–18 sehr gut
    19–20 hervorragend

Wir beginnen mit 1945 und geben alle Jahrgänge ab 1969 an. Davor haben wir diejenigen Jahrgänge übersprungen, die allgemein als schlecht galten. Durch die Verbesserungen im Weinbau und bei der Vinifikation gibt es heute weniger »schlechte« Jahrgänge, wie die Karte zeigt. Die 80er Jahre waren in der Tat ganz ausserordentlich. Naturkatastrophen wie der Frost des Jahres 1956 in Saint-Émilion können zwar niemals ganz ausgeschlossen werden, aber die Winzer und Weinerzeuger sind heute doch besser gegen die Unbilden der Natur gerüstet.

'62	'64	'66	'67	'69	'70	'71	'72	'73	'74	'75	'76	'77	'78	'79	'80	'81	'82	'83	'84	'85	'86	'87	'88	'89	'90
17	16	18	14	11	19	17	9	13	13	18	15	11	18	17	13	17	19	17	15	18	18	12	17		
17	18	18	13	11	19	18	9	13	13	18	16	11	17	17	13	16	18	17	11	17	15	11	17		
15	12	15	19	12	18	15	11	13	11	18	16	12	14	17	15	17	13	16	13	18	18	11	18		
17	16	17	14	17	14	17	16	13	13	5	18	9	18	14	15	12	13	16	12	19	14	15	17		
16	17	17	14	18	14	16	15	13	12	7	18	9	18	16	13	14	14	17	13	19	14	15	17		
18	16	16	14	18	16	12	16	13	14	16	13	17	17	12	18	18	18	14	17	18	16	16			
17	16	17	14	16	16	12	16	12	13	17	8	19	15		14	16	14	14	16	17	12	19			
16	15	15	14	17	16	14	14	14	12	10	16	12	19	16	15	13	14	19	14	19	16	17	18		
16	14	15	18	16	14	16	14	13	12	10	16	11	18	16	15	15	12	16	13	18	17	13	16		
14	15	13	11	15	14	15	10	14	10	16	16	11	16	14	13	15	14	17	14	18	16	14	18		
16	16	14	14	14	14	19	8	16	14	16	18	12	17	15	15	16	13	15	14	17	16	15	16		
14	19	13	15	14	15	19	10	17	14	16	18	12	17	16	13	17	14	20	13	18	16	15	17		
17	15	16	12	17	17	15		16		18	16		15	16	14	15	17		13	18	16	14	16		
	15	15	16	16	11	19	8	12	5	14	18	8	9	15	8	15	11	18	10	17	15	12	17		
	18	16	12	16	11	19	8	13	5	17	18	8	9	15	8	15	11	18	10	17	16	12	17		
		12	15	16	16	20	8	8	14	16	8	16	20	16	16	12	18	19	13	19	17	13	15		
		4	16	14	16	20	4	10	18	10	10	10	20	16	14	12	20	17	14	19	16	13	15		
	20	18		17			13		19		15		15	17		18									
13	20	16	14	13	20	11	7	17	13	15	14	8	19	13	15	17	16	15	14	19	16	16	17		
14	19	16	16	17	20	18	14	16	20	18	18	16	19	18	18	17	15	13	13	19	17	17	16		
14	19	16	16	17	18	18	14	16	18	18	18	16	17	18	19	17	15	14	15	18	18	17	16		
'62	'64	'66	'67	'69	'70	'71	'72	'73	'74	'75	'76	'77	'78	'79	'80	'81	'82	'83	'84	'85	'86	'87	'88	'89	'90

Glossar

Alcool acquis   Der tatsächliche Alkohol-gehalt eines Weines

Alcool en puissance   Der potentielle Al-koholgehalt eines Weines

Ampelographie   Die Wissenschaft von den Rebsorten

Anthocyan   Ein Polyphenol, das jungen Rotweinen ihre Farbe gibt

AOC   Appellation d'Origine Contrôlée. Besser als VQPRD

Appellation   Herkunftsbezeichnung; sie garantiert den Ursprung des Weines und die Rebsorte, jedoch nicht unbedingt die Qualität

Assemblage   Das Verschneiden von Wei-nen der gleichen Herkunft

Biologischer Säureabbau   Vorgang, bei dem die Apfelsäure durch Enzyme in Milchsäure umgewandelt wird

Blanc de Blancs   Weisswein, der durch Keltern weisser Trauben entsteht

Blanc de Noirs   Weisswein, der durch Keltern blauer Trauben entsteht

Bourbes   Trubstoffe, die durch Schönen entfernt werden

Caudalie   Masseinheit für die aromati-sche Nachtönung, entspricht einer Se-kunde

Cépage   Rebsorte

Cépage teinturier   Einfache Rebsorte, die sehr gewöhnlichen Wein liefert; ihr Hauptmerkmal ist ihre Farbintensität

Chapeau   Der »Tresterhut«, der auf dem gärenden Most schwimmt

Chaptalisierung   Hinzufügung von Zuk-ker zum Traubenmost, um dessen Alko-holgehalt zu erhöhen

Coller (un vin)   schönen

Consume   Durch Verdunstung verloren-gehender Wein oder Branntwein (der »Anteil der Engel«)

Coupage   Das Verschneiden von Weinen unterschiedlicher Herkunft

Cuvée   In der Champagne erstens die er-sten zehn Fässer (205 l) der Pressung und zweitens das Verschneiden des Weines

Débourbage   Entfernen der Trubstoffe aus dem Traubenmost, Schönung

Dégorgement   Entfernung des Depots, das sich bei der Flaschengärung von Schaumweinen gebildet hat

Ecoulage   Entleeren eines Gärtanks

Egrappoir/Erafloir   Maschine, die die Trauben abbeert

Extract   Gesamtheit der im Wein enthal-tenen Feststoffe

Durchflusspasteurisation   Pasteurisa-tion bei 70°C

Fleur du vin   Hefedecke, die sich auf der Oberfläche des Weines bildet

Fouloir   Traubenmühle

Fouloir/érafloir   Maschine, die in einem Arbeitsgang entrappt und mahlt

Franche de pied   Wurzelechte Rebe

Klon Vegetativ   vermehrte Rebe

Kohlensäuremazeration   Vergärung ganzer Beeren unter Kohlensäure, wo-durch ein fruchtiger, jung zu trinkender Wein entsteht

Liqueur de dosage (oder liqueur d'expé-dition)   Zuckerlösung, die Schaum-weinen vor dem Verkorken zugesetzt wird

Liqueur de tirage   Zuckerlösung, die dem jungen Wein zur Einleitung der zweiten Gärung (prise de mousse) zuge-setzt wird (méthode champenoise)

Moût de goutte   Unvergorener Trau-bensaft, der ohne Druck abläuft, Vorlauf

Moût de presse   Abgepresster Trauben-saft, Pressmost

Mutage   Künstliche Beendigung der Gä-rung, Stummachen des Mostes

Önologe   Jemand, der in der Önologie bewandert ist

Önologie   Die Wissenschaft vom Wein

Palissage   Erziehung der Reben an Drahtrahmen

Passerillé   Eingetrocknet (Beeren)

Pasteurisierung   Erhitzung des Weines auf 70°C, um Mikroorganismen abzu-töten

Pigeage   Untertauchen des Tresterhutes

Porte-greffe   Unterlagsrebe, auf die das Pfropfreis (greffon) aufgepfropft wird

Pourriture noble   Edelfäule, verursacht durch den Befall der Trauben mit dem Edelfäulepilz Botrytis cinerea

Première taille   Der Wein der zweiten Pressung bei der *méthode champenoise*

Primäraroma   Von der Traube herstam-mendes Aroma, Fruchtaroma

Prise de mousse   Zweite Gärung in der Flasche (méthode champenoise)

Reblaus   Pflanzenlaus, die ab 1865 die europäischen Rebgärten zu verwüsten begann

Remontage   Untertauchen des Trester-hutes durch Übersprühen mit Wein im Gärtank

Seconde taille   Der Saft der dritten Pres-sung bei der *méthode champenoise*; wird für Qualitätswein niemals verwendet

Sekundäraroma   Von der Gärung her-rührende Aromen

Sélection massale   Auswahl der besten Rebstöcke durch optische Prüfung

Soutirage   Umfüllen oder Abziehen des Weines von einem Fass

Sur lattes   Horizontale Lagerung von Weinflaschen auf Latten

Sur pointe   Lagerung von Flaschen mit dem Hals nach unten (bei der méthode champenoise)

Tannin   Ein bitterer und adstringieren-der phenolischer Inhaltsstoff

Tertiäraromen   Bei der Reife entstehen-de Aromen

Tri, trie   Das Auslesen einzelner Beeren von den Trauben (z. B. für die Herstel-lung von Ausleseweinen)

Ouillage   Das Ergänzen des natürlichen Schwunds in Fässern durch Verdun-stung usw.

VDQS   Vin de Qualité Supérieure, Kate-gorie unterhalb VQPRD

Véraison   Der Zeitpunkt, zu dem die Bee-ren Farbe anzunehmen beginnen

Vin de goutte   Vom Gärtank abgezogener Wein

Vin de pays   Landwein

Vin de presse   Presswein, der beim Pres-sen der Maische abläuft

Vin de table   Tafelwein; in der französi-schen Gesetzgebung eine Kategorie un-ter dem *vin de pays*. In Italien und Spa-nien handelt es sich vielfach um vorzüg-liche Weine, die wegen ihrer Sortenzu-sammenstellung nicht den offiziellen Normen entsprechen.

Vin marchand   Gut verkäuflicher Wein

Vin viné   Wein, der durch Hinzufügung von Alkohol stumm gemacht wurde (siehe mutage)

Vinage   Hinzufügen von Alkohol zum Wein oder Traubenmost

VQPRD   Vin de Qualité Produit dans des Régions Délimitées, Qualitätswein, der in bestimmten Anbaugebieten unter Einhaltung von EG-Qualitätsvorschrif-ten erzeugt wurde.

Index

Kursiv gesetzte Seitenzahlen beziehen sich auf Bildunterschriften
Abkürzung: Ch. = Château

Bibliografie

AMERINE, Maynard A, and SINGLETON, Vernon L.:
Wine: An Introduction, University of California Press, Berkeley, 1978, korrigierte Auflage

ANDERSON, Burton:
Voni: The Wine and Winemakers of Italy, Little, Brown and Co., Boston, 1980; Hutchinson, London, 1980

BEZZANT, Norman and BURROUGHS, David:
The New Wine Companion, Heinemann, London, 1980

BLANCHET, Suzanne:
Les Vins du Val de Loire, ed. Jema S. A., Saumur, 1982

BROADBENT, Michael:
The Great Vintage Wine Book, Alfred A. Knopf in association with Christie's Wine Publications, New York, 1980;
Pocket Guide to Wine Tasting, Mitchell Beazley in association with Christie's Wine Publications, London, 1982, (in Bibliothek)

BRUNEL, Gaston:
Guide des Vignobles et Caves des Côtes du Rhône, ed. J. C. Lattès, Paris, 1980

DEBUIGNE, Gérard:
Dictionnaire Larousse des Vins, ed Larousse, Paris, 1969, (Bibliothek)

DION, Roger:
Histoire de la Vigne et du Vin en France des Origines au XIXe Siècle, ed. Paris, 1959

DOVAZ, Michel:
Les Grands Vins de France, ed. Julliard, Paris, 1979;
Encyclopédie des Crus Classés du Bordelais, ed Julliard, Paris, 1981;
Encyclopédie des Vins de Champagne, ed. Julliard, to be published

DUIJKER, Hubert:
Die Spitzenweine von Bordeaux, 2. Auflage, Albert Müller Verlag, Rüschlikon-Zürich, 1987;
Die guten Weine von Bordeaux, 2. Auflage, Albert Müller Verlag, Rüschlikon-Zürich, 1988

ENJALBERT, Henri:
Les Grands Vins de Saint-Émilion, Pomerol et Fronsac, ed. Bardi, Paris, 1983

FERET, Claude:
Bordeaux et ses Vins, ed. Féret et Fils, Bordeaux, 1982

FORBES, Patrick:
Champagne: The Wine, the Land and the People, Gollancz, London, 1972, Reynal, New York, 1968

HANSON, Anthony:
Burgundy, Faber, London, 1982 and Boston, 1983

JEFFS, Julian:
Sherry, 3rd edition, Faber, London, 1982 and Boston, 1982

JOHNSON, Hugh:
Pocket Encyclopaedia of Wine, Mitchell Beazley, London, 1977; Simon & Schuster, New York, 1977;
Wine, Nelson, Sunbury-on-Thames, 1973; Simon & Schuster, New York, 1975; *The World Atlas of Wine,* korrigierte Auflage, Mitchell Beazley, London, 1977; Simon & Schuster, New York, 1978

LEGLISE, Max:
Une Initiation à la dégustation des grands vins, ed Défense et Illustration des Vins d'Origine, Lausanne, 1976

LICHINE, Alexis:
(New) Encyclopaedia of Wines and Spirits, 4. Auflage, Alfred A. Knopf, New York, 1974; Cassell, London, 1979;
Guide to the Wines and Vineyards of France, Alfred A. Knopf, New York, 1979; Weidenfeld and Nicolson, London, 1979

LIVINGSTONE-LEARMONTH, John and MASTER, Melvyn:
The Wines of the Rhône, Faber, London, 1979 (korrigierte Auflage 1983) and Boston, 1983

PENNING-ROWSELL, Edmund:
The Wines of Bordeaux, Penguin Books, London, 1979

PEPPERCORN, David:
Bordeaux, Faber, London and Winchester, Mass., 1982

PEYNAUD, Emile:
Die Hohe Schule für Weinkenner, Albert Müller Verlag, Rüschlikon-Zürich, 1984

PIJASSOU, René:
Le Médoc, ed Tallendier, Paris, 1978

READ, Jan:
Spanische Weine, Albert Müller Verlag, Rüschlikon-Zürich, 1984, (in Bibliothek)

ROBERTSON, George:
Port, Faber, London, 1978 and Boston, 1983

ROBINSON, Jancis:
The Great Wine Book, A & C Black, London, 1979

SALE, Jacques:
Dictionnaire Larousse des Alcools, ed. Larousse, Paris, 1982

SARFATI, Claude:
La Dégustation des Vins, ed. Université du Vin, 1981

SCHOONMAKER, Frank:
Encyclopaedia of Wine, Hastings, New York, 1979; A & C Black, London, 1979

SUTCLIFFE, Serena:
The Wine Drinker's Handbook, David & Charles in association with Pan Books, Newton Abbot, 1982

VANDYKE-PRICE, Pamela:
The Taste of Wine, Macdonald, London, 1975; Random House, New York, 1975

VEDEL, A., CHARLES, G., CHARNAY, P., et TOURNEAU, J.:
Essai sur la Dégustation des Vins, ed. Société d'Edition et d'Information viti-vinicoles, Mâcon, 1972

WOUTAZ, Fernand:
Dictionnaire des Appellations, ed. LITEC, Paris, 1982

Fotonachweis
Académie du Vin (Steven Spurrier), 15, 17, 19, 20, 23, 25, 41 (unten), 180–5, 187, 197, 198 (links und rechts), 199 (links und rechts)
Agence Photographique TOP, 1, 2, 38, 39, 48 (rechts), 55, 60, 72
Comité national des vins de France (CNVF), 51 (oben und unten), 58, 74 (links), 75, 76, 80, 83
Food and Wine from France, 206, 207
Michael Freemann, 33, 41 (oben), 126 (oben), 133, 135
The High Commissioner for New Zealand, 137
Denis Hughes-Gilbey, 8–9, 11, 12, 16, 30 (links und rechts), 31, 33, 34, 35, 36, 37, 40 (oben und unten), 45, 46, 48 (left), 49, 50, 52, 53 (links und rechts), 54 (oben und unten), 56, 57, 59, 61, 62 (oben und unten), 64, 65, 69, 70, 71, 73 (oben und unten), 74 (rechts), 77, 81, 82, 88, 91 (oben und unten), 92, 93, 94, 96, 97, 98, 99, 100, 101, 106, 188, 189, 190, 191 (links und rechts), 192 (oben und unten), 193, 194, 195, 204, 205, 208, 209
Chris Jansen Photography, 139
Lightbox Library, 63, 86, 89 (oben und unten), 138
Geoffrey Roberts Associates, 29, 124, 126 (unten), 127, 134
Vinos de Espana, 118, 119, 120, 121

Degustationsausdrücke (Seite 212–15)
Laboratoire départementale et régionale d'analyses et de recherche de Tours;
Le centre technique expérimental de l'Institut technique du vin de Tours;
Le comité interprofessionel des vins de Touraine

Diagramm (Seite 27)
E. Peynaud, *Le goût du vin,* Bordas, Paris, 2. Auflage, 1983